本著作为湖北民族学院“鄂西生态文化旅游研究中心”招标课题（课题编号：STZX20120702）成果
湖北民族学院“湖北省第一批旅游管理专业战略性新兴（支柱）产业人才培养计划项目”成果
第51批中国博士后基金项目（课题编号：2012M510921）研究成果

王孔敬◎著

# 三峡库区退耕还林政策绩效评估及后续制度创新研究

中国经济出版社
CHINA ECONOMIC PUBLISHING HOUSE
北京

**图书在版编目（CIP）数据**

三峡库区退耕还林政策绩效评估及后续制度创新研究/王孔敬著.
北京：中国经济出版社，2014.5
ISBN 978-7-5136-2916-4

Ⅰ.①三… Ⅱ.①王… Ⅲ.①三峡水利工程—退耕还林—林业政策—经济绩效—评估
Ⅳ.①F326.277.19

**中国版本图书馆 CIP 数据核字（2013）第 265759 号**

责任编辑 张 卉
责任审读 霍宏涛
责任印制 马小宾
封面设计 华子图文

**出版发行** 中国经济出版社
**印 刷 者** 三河市佳星印装有限公司
**经 销 者** 各地新华书店
**开　　本** 710mm×1000mm 1/16
**印　　张** 17.75
**字　　数** 262 千字
**版　　次** 2014 年 5 月第 1 版
**印　　次** 2014 年 5 月第 1 次
**书　　号** ISBN 978-7-5136-2916-4/C·454
**定　　价** 49.80 元

**中国经济出版社** **网址** www.economyph.com **社址** 北京市西城区百万庄北街 3 号 **邮编** 100037
本版图书如存在印装质量问题，请与本社发行中心联系调换（联系电话：010-68319116）

# 前　言

我国自 1999 年开始实施的退耕还林工程已进入成果巩固的后续时期。在工程实施的 10 多年时间里，中央政府和各省（市）地方政府制定了一系列政策指导和执行退耕还林工程建设。然而，由于我国地域辽阔，广大退耕区域自然环境差异巨大，社会经济发展水平参差不齐，中央政府主导的退耕还林政策能否适应各区域退耕还林建设的实际需要？退耕还林政策的绩效如何？退耕还林政策的绩效如何评价？退耕还林后续时期的政策体系如何完善和构建？后续政策体系构建的路径和实施的保障机制如何建立？这一系列问题还需要做进一步的深入研究。

基于我国退耕还林工程的复杂性和各区域自然与社会经济的巨大差异性，本文选择三峡库区作为特定研究区域来探究上述问题。选择该区域作为特定研究区主要基于以下考虑：从自然环境看，三峡库区位于四川盆地与长江中下游平原的结合部，地势以山地和沟谷为主，该区域生态环境脆弱，自然灾害频繁，作为长江中下游和三峡工程的重要生态屏障保护区域，有着重要的生态地位；从社会经济发展来看，三峡库区人口密集，人地关系紧张，少数民族众多，社会经济发展水平相对滞后，是我国西部连片贫困区之一。同时，该区域也是目前我国最大的非自愿性工程移民地区，社会问题错综复杂，是一个集“老、少、山、穷、库、移”等多种特征于一体的典型区域，在广大西部地区具有代表性。因此，对三峡库区退耕还林政策问题的研究，不仅具有重大的战略意义，而且可以揭示出我国现行退耕还林政策存在的主要问题和解决的主要对策。

本书立足于上述问题和研究目标，在退耕还林政策的后续时期，试图将规范研究与实证研究、定量研究与定性研究相结合，运用区域经济学、生态经济学、制度经济学和公共政策学等相关理论和原理与三峡库区退耕还林的实践相结合，从自上而下和自下而上两个视角来进行分析研究。通过田野调查法、层次分析法、货币价值法和农户意愿评价等方法的运用，在对我国现行退耕还林政策体系分析梳理的基础上，对该政策在三峡库区实施的绩效从农户意愿、生态效益、社会经济效益等方面进行了全面分析和评价。在此基础上，探究了我国现行退耕还林政策在制度设计和政策体系中存在的缺陷与主要问题，提出了构建退耕还林后续政策体系的路径和主要内容，并进一步分析了退耕还林后续政策体系实施的保障机制，由此得出全书的研究结论及后续政策建议。

本书在内容结构上由九个部分组成。导论部分主要介绍研究背景与选题意义、国内外研究状况、研究方法、技术路线以及本书的主要内容及创新点；第一章的内容主要是分析退耕还林政策绩效评估与制度创新的理论基础；第二章主要是对我国退耕还林工程的现行政策体系及其实施成效进行回顾和梳理；第三章主要介绍了本书研究区与案例区的自然环境、社会经济概况以及案例区概况；第四章主要从农户意愿评价的角度，分析了三峡库区农户对退耕还林政策的意愿评价，并分析退耕还林政策与农户意愿的矛盾和一致之处及其产生原因；第五章是对本书的案例区——重庆市万州区的退耕还林政策的现实生态效益进行评估研究，在选择的模型基础上，运用实物价值化和货币价值法，对案例区退耕还林政策的生态效益从水源涵养、水土保持、土壤改良、固碳释氧四个方面进行了定量研究；第六章是对重庆市万州区实行退耕还林政策后取得的社会经济效益进行评估研究，通过层次分析法，在评价层级和指标体系及其权重确立的基础上，运用无量纲的计算方法，分别从经济领域和社会领域得出了退耕还林政策的社会经济效益指数及其社会经济效益的综合评价；第七章是在对现行退耕还林政策理论体系梳理和对三峡库区政策效益评估的基础上，对退耕还林政策存在的缺陷和问题进行深入探究，在此基础上分析了我国后续退耕还林政策体系的构建与保障机制；最后，在全文分析的基础上，得出整体研究结论并给出建议。

在本书研究的基础上，得出了以下结论。

第一，实施退耕还林政策对增加三峡库区的森林覆盖率、减少水土流失等环境问题具有积极的抑制作用，符合我国实施该项政策的主要目的。这也从深层次表明我国生态状况的变化与具体的生态制度和公共政策的设计紧密相关。

第二，三峡库区退耕还林政策的社会经济效益评价结果说明：我国退耕还林政策在提高其社会经济效益方面还存在诸多缺陷；单一的政府主导模式和依靠林业部门一家来实施很难实现预期目标；退耕还林政策必须与“三农”问题的解决紧密结合起来，大力实行制度创新，才能完全实现预期目标。

第三，从农户意愿评价的角度来看，三峡库区的大部分退耕农户因各种因素的影响对退耕还林政策的成效评价存在差异，退耕还林政策与农户的利益既有一致也有矛盾和冲突之处。农户意愿评价的结果说明：我国的退耕还林政策在调动退耕农户的积极性和维护其利益方面还有许多需要完善和改进的地方，巩固退耕还林成果的社会主体基础不稳定。

整体而言，我国的退耕还林政策取得了比较明显的阶段性效益，但由于其现行政策体系在制度设计上的缺陷和执行层面的某些偏离，政策成果的巩固还面临许多不确定因素。因此，如何克服现行退耕还林政策体系的制度缺陷和实现制度创新，建立一套具有系统性、科学性和前瞻性的政府主导的后续退耕还林政策体系，就成为巩固我国退耕还林政策成果的关键。

本书对退耕还林政策的研究仅仅是粗浅的尝试，希望以此抛砖引玉，激发更多人对此问题的探索热情。由于作者的经验和水平有限，加之退耕还林政策的复杂性和研究区域的地域性限制，本书的不足之处在所难免，欢迎各位读者批评指正。

王孔敬<br>2013 年 9 月

# 目 录
CONTENTS

# 导 论

1999年以来实施的退耕还林工程，是我国林草业生态建设史上涉及面最广，规模最大，投入最多，政策性最强，与农民关系最密切的综合性生态工程。退耕还林就是从保护和改善生态环境出发，将易造成水土流失的坡耕地有计划、有步骤地停止耕种，按照适地适树的原则，因地制宜地植树造林，恢复森林植被，包括坡耕地退耕还林和宜林荒山荒地造林。其基本政策措施是“退耕还林，封山绿化，以粮代赈，个体承包”。在整个退耕还林工程的实施中，我国政府部门制定了一系列的政策和制度，规范和指导整个退耕还林工程的实施和开展，以保障其预期目标的实现，各级地方政府和学术界也纷纷对退耕还林工程的政策绩效等相关问题进行了广泛的研究，取得了比较丰硕的成果。但是，由于退耕还林工程的系统性和预期目标的多重性、复杂性，以及退耕还林地区自然、社会经济环境的巨大差异性和复杂性，这就使得我国各个地区的退耕还林政策的绩效评价面临着诸多困难，如不同地区的评价标准能否一致，区域性评价标准和评价指标应如何科学构建，区域性的后续政策体系应如何制定才能巩固其退耕还林的实践成果等。因此，只有科学地分析和解决上述问题，才能真正得出各区域退耕还林政策实施的绩效，找出各区域退耕还林在政策和实践层面所存在的问题和原因，从而针对这些问题制定科学合理的对策，实现制度创新，最终实现退耕还林工程的预期目标和生态建设政策的可持续发展。

## 一、研究背景与选题意义

### (一)研究背景

生态环境是人类生存与发展的基本条件,是经济社会发展的基础。新中国成立60多年来,我国先后实施了一系列生态环境治理工程,取得了巨大成绩,但总体而言我国生态环境仍很脆弱。到20世纪90年代末,全国水土流失面积达356万平方千米,占国土面积的36.9%,荒漠化土地面积达267.4万平方千米,沙化土地面积达174.31万平方千米。1997年的黄河断流和1998年的长江特大洪灾为退耕还林工程得以实施提供了契机,退耕还林由此成为中国进行环境整治的重要手段和内容。由于退耕还林工程既是一项大规模的生态建设工程,又是一项重要的经济活动,同时也是一个具体的社会林业项目,因此,它的开展和实施还必须有充足的粮食储备和雄厚的财力支持。而20世纪末我国粮食总产量连续突破1万亿斤大关,粮食出现了阶段性、结构性和区域性的供大于求局面。随着改革开放的深入发展,我国的综合国力和财力大为增强,为大规模地开展退耕还林工作提供了坚实的物质基础和经济基础。

在我国退耕还林政策10余年的实践中,可以以2007年为界大致分为两大阶段,第一阶段为1999—2007年,该阶段主要是退耕还林政策的试点、推广和全面实施,第二阶段为2007年以后,其主要任务是退耕还林政策成果的巩固。据《国家林业重点工程社会经济效益监测报告》显示:退耕还林工程政策经过10余年的实践,工程进展总体顺利,成效显著,在生态效益和社会效益方面发挥了重要作用。但是由于我国的退耕还林政策是边试点、边制定,这就使得最初政策设计比较仓促,政策设计已经滞后于实践,政策执行结果与预期存在一定差距。尽管各级政府及林业主管部门采取了多种办法来推进工程的顺利实施,想实现"退得下,还得上,能致富,不反弹"的政策目标,而实施中却暴露出了诸多制约和影响退耕还林工程的政策因素。特别是解决退耕农户长远生计问题的长效机制尚未建立,即使退耕还林工程政策补助陆续到期发放,部分退耕农户生计也存在一定困难。为此,国家发改委、财政部、西部开发办、国家林业局以及国务院相关部门从2003年开始着手研究退耕还林工程补助到期后的政策延续问题,并不断完善现行政策的不足,但受原有政策框架的限制,始终没有取得大的突破。

2007年8月,国务院下发了《关于完善退耕还林工程政策的通知》(国发[2007]25号),决定延长一个补助周期,继续对退耕农户给予适当的现金补助;中央财政也安排一定规模资金,作为巩固退耕还林工程成果专项资金,主要用于西部地区、京津风沙源治理区和享受西部地区政策的中部地区退耕农户的基本口粮田建设、农村能源建设、生态移民以及补植补造,并明确指出向特殊困难地区倾斜等原则性规定。这一通知的出台标志着巩固和发展退耕还林工程成果的政策措施有了重大突破:一是中央对退耕还林工程的投入从2200多亿元增加到4300多亿元。二是工程建设中的一些实际问题得到了妥善解决。对提高种苗造林费补助标准、安排补植补造资金、解决基层工作经费、放宽林粮间作限制等问题有了更加明确的意见和要求,有利于减轻基层林业部门的负担,有利于工程顺利推进,为今后的退耕还林工程工作创造了宽松的环境,提供了强有力的保障。因此,该通知实际上是对前一阶段退耕还林实施过程中所暴露出来的诸多问题进行纠偏和部分完善,在一定程度上提高了地方政府和农户的积极性。但是,对退耕还林的巩固问题,有关部门仍然缺乏一个系统性的政策体系设计和制度安排,许多巩固措施没有考虑到各区域之间社会经济和自然环境巨大的差异性和复杂性,其政策的绩效能否达到预期目标仍缺乏可靠的制度与机制保障。

由于诸多因素的影响和制约,我国目前退耕还林的后续政策还存在许多问题,这些问题如果得不到合理的解决,势必影响到退耕还林政策的实施绩效和成果保障。例如,无论是退耕还林工程第一轮补助政策,还是新一轮补助政策,对补助对象及标准的制定都太过粗糙,只就长江和黄河流域进行了大的划分;退耕还林后林地的产权落实及林木采伐管理等方面都没有做出具体规定。与此同时,退耕还林工程资金投入机制单一,没有引入市场机制,对于这样一个庞大的生态建设工程,完全依赖于政府主导和现有政策很难达到预期目标。特别是在几轮补助政策到期后,如何保证退耕还林稳得住、不复耕,将是考验国家生态可持续战略的重大课题。另外,我国现行的农地补偿政策与退耕还林政策存在明显的冲突,使许多农户对退耕地管护的积极性受到影响。最后,我国的退耕还林政策的制定和评价体系没有考虑到具有典型代表性的各个区域的实际情况,因此,如何构建适合各个典型区域的多重政策绩效评价体系和完善的后续政策体系,是退耕还林政策在各个区域得到广大农户和地方政府支持的重要前提,也是退耕还林成果巩固的重要保障。历史的教训表明,如果没有各个区域成果的巩固和完备的后续政策作支撑,就不能建立退耕还林工程长效机制,1.24 亿退耕农民的切身利益得不到保障,将会造成大范围的复耕,4300 多亿元的工程资金将付之东流。正是基于这一背景,本书以长江流域的一个典型区域——三峡库区为代表,通过对其退耕还林政策的绩效评价和评价体系的构建,分析我国退耕还林政策存在的问题,在此基础上,大力实现制度创新,探索构建适合我国退耕还林工程实践的后续政策体系及其实施的保障机制,为退耕还林工程政策的可持续发展和预期目标的实现提供坚实可靠的制度和机制保障。

(二)选题意义

退耕还林工程是我国 20 世纪末开展的林业六大重点工程中涉及面最广、规模最大、投入最多、政策性最强、与农民关系最密切、反弹的可能性最大的生态建设项目。许多研究者认为:该工程自 1999 年试点,2002 年全面实施以来取得了显著成效,对深入推进西部大开发、改善环境、增加投资、扩大消费、促进西部地区经济的持续发展和社会的全面进步起到了重要作用。但是在广大的西部地区,巩固退耕还林成果、解决退耕农户长远生计问题的任务依然十分艰巨。西部工程区生态环境虽有局部改善,但仍十分脆弱,稳定性还比较差;退耕还林工程营造的林木大多还处在未成林或幼林阶段,短期内难有经济效益;退耕农户大多还缺乏增收的门路,解决长远生计问题的长效机制尚未建立。

目前,我国退耕还林政策已进入其成果巩固的后续时期,作为我国一项重要的公共投资项目,其工程建设的绩效和后续制度的创新受到越来越多的学者和政府的关注。但我国退耕还林工程的评价目前还存在着许多误区。

第一,评价过程中数量代替质量。退耕还林工程的根本目标是实现退耕区域的生态环境好转,但是生态环境的改善及衡量,不仅需要时间而且需要质量指标系统来衡量。然而,我国目前退耕还林的实施效果,为了操作的简便,其评价主要是根据各地退耕还林的规模以及存活率、保存率等简单指标来衡量,并以之作为退耕还林执行部门业绩水平的评价标准。这就造成各地纷纷盲目扩大退耕规模,甚至为了检查时的效果,将耕地成片统一规划,忽视地貌的多样性,将部分平地都纳入退耕范围,导致退耕工程依靠政策强行推进,而补助停止后可能复耕的危险。

第二,上报代替监测。退耕还林工程是以地方政府逐级上报项目实施结果和抽查来判断项目的实施效果,因此,许多地方政府为了应对检查,往往弄虚作假,以减轻地方政府的接待负担和蒙混过关的目的,这将严重影响国家在宏观上对退耕还林工程效果的把握和判断,不利于工程的可持续发展。

第三,评价不全面。由于目前上级部门对退耕还林的实施效果主要是依靠下级上报的数据或开会及抽查来判断,因此作为工程实施的核心主体的农民的意愿却无法正常表达,工程往往是被动实施,甚至是被强迫实施,农民的意见和建议无法表达,这将导致信息的不对称和信息歪曲与不全面,影响工程实施效果。

第四,缺乏独立的评价机制。我国的退耕还林按照其条例规定,各级林业行政部门既是该工程的实施部门,同时又是检查和监督部门,这就很难发挥监督的作用,也就不太可能对工程实施的效果做出真正的客观评价。

退耕还林工程全面实施以来,其绩效评价主要集中在宏观层面研究,区域性和微观层面的评价研究不够,评价的对象又主要集中在生态效益方面,而对于退耕还林工程的社会效益和经济效益很少评价。在评价的过程中,正面评价的多,负面影响评价的少,同时,由于我国退耕还林区域类型多样,各区域的自然环境与社会经济发展有着巨大的差异性,因此,如何建立适合各区域自然环境和社会经济发展水平的综合评价体系,从而能够比较客观公正地得出各区域退耕还林工程的实施效果,并从中找出退耕还林政策需要进一步调整和完善的地方,促进该项工程的可持续发展,正是本书的研究目的所在。

本书的特定研究区域三峡库区是一个自然环境与社会经济发展都非常复杂的典型区域。该区域主要以山地和坡耕地为主,其中坡耕地坡度大于

25°以上的面积占了全部区域耕地的70%以上。由于历史、自然和现行体制等多种因素的制约,该区域生态环境脆弱,自然灾害频繁,水土流失现象严重,社会经济发展滞后,城乡二元经济结构明显,人地关系非常紧张,劳动力转移和就业压力大,是一个典型的人多地少的欠发达区域。同时,该区域还是土家族、苗族等少数民族的重要聚居区之一,因此该区域退耕还林政策的实施,会对少数民族地区的社会经济发展起到怎样的影响和作用,也是值得关注的一个问题。更为重要的是,该区域是我国目前最大的水利枢纽三峡工程所在地,而三峡工程实施后所产生的诸多移民后续问题至今仍未全面解决。因此,该区域退耕还林政策实施的成效如何,不仅关系到三峡工程的生态安全,也更关系到三峡库区社会的发展与稳定。因此,从这个层面上来说,三峡库区退耕还林工程实施的成效如何,不仅是一个重大的社会经济与生态环境问题,而且也是一个重大的政治问题。

综上所述,本书的研究,有着非常重要的理论意义和现实意义。

首先,本研究不仅可以为我国退耕还林工程实施的区域性成效评价提供新的评价视角和切实可行的评价体系,从而找出退耕还林政策的不足和需要进一步完善之处,实现制度创新,促进退耕还林工程的可持续发展;而且,本书的研究也可为我国以后的重大公共投资项目的绩效评价提供一个很好的评价体系和思考视角,从而不断提高我国公共投资的成效。

其次,通过对退耕还林后续政策体系的构建,不仅可以为巩固退耕还林的成果提供坚实的制度和机制保障,而且也可以为其他区域完善适合自身实际的退耕还林后续政策提供很好的实践借鉴和智力支持。

最后,本书的研究,不仅可以促进三峡库区重大生态建设工程预期目标的实现,确保三峡工程的生态安全,而且也可以为我国西部地区类似三峡库区这样一个集"老、少、山、穷、库"等多种特征于一体的欠发达区域的社会经济的可持续发展提供一些启迪与思考。

## 二、国内外研究现状

随着生态问题重要性的逐渐凸显,退耕还林逐渐成为国内外林业学术界研究的热点,同时,随着我国退耕还林工程不断深入开展,学术界和各级政府也纷纷针对其存在的问题进行了广泛的研究,以下主要对与本书内容相关的研究加以介绍和述评。

(一)国内研究概况

1. 关于退耕还林政策体系的制定与完善的研究

1999年我国的退耕还林工作先后在四川、甘肃、陕西三省试点,随后于2002年全面展开,中央政府根据试点工作的经验,针对工程的预期目标要求,先后制定了一系列的政策和条例,形成了我国退耕还林工作的政策体系。学术界针对退耕还林实践中所反映出来的问题,分别从退耕还林政策制定和实施的背景、实践进程、存在的问题以及该政策的完善等方面进行广泛深入的研究。

(1)关于退耕还林政策实施的背景、实践进程

首先,关于退耕还林政策制定与实施的背景,几乎所有的学者都是从我国生态环境的恶化、粮食储备盈余和社会经济实力增强与农村产业结构调整等几个方面来进行探讨,并指出了在我国实施退耕还林政策的必要性、可行性和重要性,由此也反映出了我国退耕还林政策研究的现实指向性。

其次,关于退耕还林的实践进程与阶段的划分,许多学者都采取了长时段和宏观的分析与划分方法。贾卫国把我国的退耕还林政策分为三个阶段(第一阶段,20世纪70年代至80年代中期;第二阶段,20世纪80年代中期至90年代末期;第三阶段,20世纪90年代末期至今),并对不同阶段的政策进行了评价。① 杨旭东把我国的退耕还林分为四个阶段(第一阶段,1949—1978年;第二阶段,1978—1983年;第三阶段,1983—1998年;第四阶段,1998年至今),对四个阶段的政策特点和实施效果进行了分析和评述。② 李世东对中国的退耕还林进程也分为四个阶段(第一阶段:号召动员阶段,1949—1998年;第二阶段:试点示范阶段,1999—2001年;第三阶段:工程建设阶段,2002—2010年;第四阶段:后期巩固阶段:2011—2020年),对每个阶段分别从主要标志、重点内容、基本特点、目标效果等方面进行了分析和评述。③ 其他学者也从不同的角度对退耕还林的进程进行了划分,但是大家一致认为,我

① 贾卫国. 我国退耕还林政策持续性研究[D]. 南京:南京林业大学,2005:11.

② 杨旭东. 中国西部地区退耕还林工程效益评价及其影响研究[D]. 北京:北京林业大学,2004:41~42.

③ 李世东. 中国退耕还林研究[M]. 北京:科学出版社,2004:24~30.

国真正国家层面上的退耕还林政策的实施是从1999年开始的,而且从研究的内容和对象上看,几乎都是1999年及以后的退耕还林工作为主。

(2)退耕还林政策方案存在的问题

我国的退耕还林政策是在生态环境恶化与社会经济快速发展和转型的过程中制定的,政策的目标首要是生态效益,同时兼顾社会效益和经济效益,因此,这种政策目标的多重性和工程的系统性、复杂性的特点,就要求其政策方案具有很好的预见性和科学性,而政策的实施表明其预见性和科学性均尚有不足。国内许多学者针对现行的退耕还林政策方案所存在的问题进行了广泛深入的探讨。

第一,退耕还林政策目标存在差异。中国社科院农村发展研究所李周指出,政府和农户(企业)的退耕还林还草目标是有差异的。政府追求的是实现特定目标的成本最小化或特定投入的水土流失减量最大化,农户(企业)追求的是特定收入的要素投入更少、风险更小或特定要素投入的收入最大化。① 支玲、邵爱华认为,国家和农民对退耕还林政策目标存在差异性,支撑农民退耕还林的动力仍然是对未来收益的预期,因此她们提出,要使退出的耕地不复耕,国家必须长期保持(对退耕户的补助)政策的稳定性,现行政策补助时间的设计不利于退耕还林政策问题(在生态状况日益恶化的大环境下)的最终消除。②

第二,退耕还林政策目标预期过高。尽管政策评估的主流观点肯定退耕还林政策的多重目标有效,但政策实际效果仍然对过高的政策预期提出挑战。奉国强认为,即使坡耕地全部还林,改善全国整体生态状况的作用也是有限的。他认为,必须遵循自然演变规律,对于一些造林困难的地区,要放宽粮食补助政策,最好的办法是鼓励农民停耕封山。③ 李周对此也持支持态度,他认为,目前许多人以为通过退耕还林还草对边际土地上的生产结构进行调整,将种植业结构调整为林业结构或牧业结构,就可以达到既减少水土流失又增加农民收入的目标,这种想法很可能是不切实际的。

第三,退耕还林政策成本偏高。国家对全国30个省(市、区)退耕农户

---

① 李周. 生态环境治理评价[J]. 林业经济,2001(8):34.

② 支玲,邵爱华. 退耕还林的实践与思考[J]. 林业经济,2001(3):29.

③ 奉国强. 退耕还林还草与发展西部经济政策建议[J]. 林业经济,2001(1):47.

的补助标准是统一的,现金和种苗费全国一致,这样容易操作,透明度高,农民利益有保障,但是由此造成的政策成本偏高问题也非常突出。奉国强认为,一是国家补助大大高于农民实际收益,二是每斤补助粮食统一按 0.7 元折算不合理。中国各地的粮食市场价格经常大大低于这个折算价格,折算价格不合理将直接增大国家财政支出,影响退耕还林还草规模,同时也助长粮食部门获取不正当利益。①

第四,公共投资“汲水效应”明显。由于相应鼓励非公有制林业投资的商品林发展政策滞后,林业投资结构出现生态林与商品林投资严重背离现象,退耕还林公共投资的相对“拥挤”,对非公有制造林投资形成“挤压(出)效应”,致使非公有制投资造林相对萎缩,公共投资对私人投资发挥了极强的“挤压作用”。针对这种现象,国家应实施鼓励非公有制林业发展的优惠政策,且该政策应首先适用于退耕还林户。

2. 退耕还林政策的经济学理论研究

(1)退耕还林的经济学动因研究

杨旭东、李敏、杨小勤三位学者运用供求理论、机会成本以及宏观财政政策,系统阐述了退耕还林的经济学基础,指出实施退耕还林政策是国家实施积极财政政策、增加农民收入、刺激有效需求、拉动国民经济增长的主要措施之一。② 首先,从供求理论上来看,工程实施的目的是缓和粮食供求和生态环境产品供求矛盾;其次,从经济资源稀缺性来看,农民种粮与退耕还林之间存在机会成本问题;最后,从宏观层面上看,政府实行退耕还林政策的收益高于农民种粮的收益,国家有推行退耕还林政策的利益驱动。刘璠③从公共政策选择的角度,运用奥尔森的集体行动逻辑理论,对退耕还林经济行为动因作了分析,通过成本—收益分析的方法寻找中央政府、地方政府及农民行为的经济动因,揭示了退耕还林政策有效性和机制创新的理论基础及实现途径,并提出保证退耕还林工程顺利进行的关键是建立健全生态效益补偿机制。李世东从微观层面上分析退耕还林导致的农业资源配置效益

① 奉国强. 退耕还林政策分析与建议[J]. 林业经济,2000(5):63.

② 杨旭东,李敏,杨小勤. 试论退耕还林的经济理论基础[J]. 北京林业大学学报,2002,1(4):19~22.

③ 刘璠. 退耕还林行为动因的经济分析[J]. 北京林业大学学报,2003,2(4):22~27.

的变化和从宏观层面对退耕还林政策的成本效益关系的分析，概括了退耕还林政策的补偿问题和退耕规模的经济学基础。① 张蕾以西部退耕还林工程的生态补偿问题为研究对象，运用经济学的外部性理论对退耕还林补偿政策及相关生态补偿政策进行了分析与评述，探讨了财政补偿政策对农民退耕还林的激励作用、最佳的退耕还林规模、补偿标准的确定及国家对于退耕还林实行长期补偿政策的必要性等问题，并提出了完善退耕还林补偿政策的相关对策与建议。②

(2)退耕还林的生态经济学研究

王继军着重分析了退耕还林的生态经济学基础，在提出生态经济系统演变三阶段理论的基础上，分析了“以粮代赈”、远期建设生态系统与经济系统的“弹性资源”和发展林草产业来解决农民的经济需求；对退耕还林还草工程与生态经济资源配置的关系进行了研究，认为“退耕还林(草)、封山绿化”建立在“因地制宜”基础上，且是农村产业结构调整的要求；分析了退耕还林还草工程中的“个体承包”适应农村产业结构调整和农业资源合理配置中对农业经营形式的需要。因此，退耕还林还草工程适时适地地满足黄土丘陵区生态经济系统演变第Ⅱ阶段的需求，才能够实现经济增长和生态改良的同步。③

(3)退耕还林的制度经济学研究

对于我国退耕还林中的制度设计，许多学者认为，我国目前的退耕还林政策的产权安排有着明显的缺陷。王万山等④介绍了退耕还林中的一些典型问题，认为中央政府、地方政府、林业部门和农民四方主体间的产权冲突是引起这些问题的原因，通过借鉴国外公益林的产权制度安排，用“混合产权机制”来解决目前退耕还林中“政府失效”和“市场失效”的问题。王磊认为退耕还林地产权具有不完全性，并以此为视角，进行了不完全产权下退耕还林的补偿期限和标准的理论探讨，在此基础上提出了退耕还林补偿标准

① 李世东. 中国退耕还林研究[M]. 北京:科学出版社,2004:251~252.

② 张蕾. 我国西部退耕还林经济学分析:基于外部性视角[J]. 林业经济,2008(6):58~63.

③ 王继军. 退耕还林还草的生态经济学基础[J]. 农业经济问题,2003(8):21~25.

④ 王万山,廖卫东. 退耕还林政策的产权经济学分析与优化构想[J]. 中国农村经济,2002(12):19~26.

和期限的政策建议。[①] 占绍文等经过研究发现,制度安排的绩效取决于制度安排与资产价值特征的匹配程度。[②] 这一结论既是退耕还林制度出台的内在逻辑,也是充分解决问题、保障退耕还林政策可持续性的理论依据。可持续性退耕还林政策得以实现的三个基本制度支撑点分别是以中央政府为退耕还林资金的主要来源、长期的退耕还林制度安排中必须兼顾地方的利益、政府实行已到采伐期的人工生态林的"林权"收购制度。郝爱民通过对政府与农户"委托—激励"模型的构建,探讨了退耕还林中农户的激励问题。[③] 王小龙在委托—代理框架下研究了退耕还林工程在实施过程中所面临的激励不相容问题。他首先指出了退耕还林私人承包的社会合理性。然后,给出了一个双重任务委托—代理模型,解释市场冲击如何会使农户的自利性经营行为偏离社会生态目标,并从政府规制的角度提出了若干公共政策建议,以期提高退耕还林工程的实施效率。[④]

(4)退耕还林主体利益的博弈研究

还有一些学者运用博弈论与信息经济学原理分析退耕还林工程暴露的问题。樊耀东认为目前退耕还林进程中存在的一些问题来自于信息不对称,由于信息不对称的存在导致对边际内部成本估计出现偏差,从而损害社会福利。[⑤] 李文刚等将退耕还林农户自身经济利益与政府生态效益目标相互冲突的问题看作农户与政府在经济利益与生态效益间的一个均衡博弈过程。在政策的执行过程中,退耕还林政策执行的效率好坏与激励农户退耕还林的积极性息息相关,因此政府为追求生态环境的改善,应多从退耕农户的切身经济利益方面加以考虑。[⑥] 于转利等将目前退耕还林工程效率低下归结为各主体之间博弈的存在,这种博弈存在于地方政府与中央政府之间、

---

① 王磊．不完全产权视角下退耕还林补偿标准及期限研究[J]．生态经济,2009(9):159~163.

② 占绍文,赵尔奎．退耕还林的经济学依据和可持续性分析[J]．内蒙古大学学报,2004,36(5):48~51.

③ 郝爱民．政府与农户的"委托—激励"模型的构建[J]．云南财经大学学报,2009(2):103~104.

④ 王小龙．退耕还林:私人承包与政府规制[J]．经济研究,2004(4):107~116.

⑤ 樊耀东．退耕还林边际内部成本中"信息不完全"的经济学福利分析[J]．林业经济问题,2004(5):265~271.

⑥ 李文刚,罗剑朝,朱兆婷．退耕还林政策效率与农户激励的博弈均衡分析[J]．西北农林科技大学学报,2005,5(1):15~18.

农户与中央政府之间以及农户之间,目前三种博弈均陷入困境,而改变博弈结果的方法就是制定新规则,以达到新的纳什均衡,实现资源配置的帕累托最优。① 柳亮、陈志丹通过构建不同利益主体之间的博弈模型,研究退耕还林政策在实施过程中所面临的激励不相容问题,重点研究了退耕还林中的寻租和串谋行为;从委托代理理论出发解释了这个农村政策,并给出一组政策建议。② 邢祖礼通过对退耕还林中乡干部、村干部与农户之间的博弈分析,探寻了退耕还林中的寻租行为和政策建议。③ 赵新民、蒲春玲通过对中央政府、地方政府和农户之间利益的博弈分析认为:对提供公共产品的退耕还林户给予永久性补偿是政策可持续发展的必然选择,并提出中央对地方政府追加转移支付,改变博弈方式的必要性;指出实施差别化补偿和监督,以及完善林权和配套措施有利于减低政策实施成本和提高效果;同时提出建立动态评价的退耕还林指标体系,增强政策安排的可操作性的必要性。④ 柯水发、赵铁珍运用利益相关者理论,确定了政府、林业部门和农户为退耕还林工程的主要利益相关者,进而运用动态博弈理论剖析了退耕还林工程期满后主要利益相关者的行为机理,最后通过博弈结果的分析与讨论,得出结论和相关启示。⑤

3. 退耕还林绩效评价研究⑥

我国退耕还林工作的绩效评价,目前主要是政策绩效评价和计划性工程效益的评价,尤其是对退耕还林工程本身的效益评价较多,评价的尺度多是从国家宏观层面和区域层面进行,评价的标准多是从工程的生态效益、社会效益和经济效益等三个目标进行,也有专门从某一个目标进行评价。整体来看,随着我国退耕还林的深入开展和实践中所暴露出

---

① 于转利,罗剑朝,张海鹏,等. 退耕还林(草)的博弈分析[J]. 西北农林科技大学学报,2005(3):18~20.

② 柳亮,陈志丹. 政府与农户博弈的一个分析框架:基于退耕还林政策的分析[J]. 求索,2009(1):53~57.

③ 邢礼祖. 退耕还林中的寻租行为:基于四川省内江市的实例[J]. 中国农村观察,2008(3):29~38.

④ 赵新民,蒲春玲. 退耕还林政策博弈分析[J]. 新疆农垦经济,2009(8):48~57.

⑤ 柯水发,赵铁珍. 退耕还林工程利益相关者行为动态博弈分析[J]. 林业经济问题,2008(1):47~52.

⑥ 董捷. 退耕还林绩效问题研究[D]. 武汉:华中农业大学,2004:16~17.

的诸多问题,退耕还林的绩效评价是当前该领域的一个热点研究对象,为此,有些学者也尝试从公共政策学的角度探讨退耕还林的政策绩效评价和评价方法及其评价标准。

(1)退耕还林的综合效益评价

杨旭东通过建立退耕还林工程综合效益评价指标体系,并以长江流域的一个村级示范点和一个县级示范区为基础,开展退耕还林工程的综合效益评价与分析。从分析退耕还林的生态、经济和社会效益入手,研究与退耕还林相关的经济、政策影响和粮食安全问题,比较系统地分析了我国退耕还林的效益和经济政策问题,并提出相关建议。① 姚清亮从省域尺度出发,探讨了河北省退耕还林工程的效应评价,并认为河北省的退耕还林工程效益在省内各个区域之间存在着差异,同时,为进一步分析河北省退耕还林对社会的影响效益,采用时间序列法对河北省 20 年来社会经济发展情况进行建模、预测,分析了退耕还林项目区内退耕还林项目实施前后粮食产量、各行业从业人员、各行业收入、产业结构调整等方面的变化情况。② 安和平、卢名华通过对贵州省退耕还林工程的调查评价认为:2000—2006 年贵州省共完成退耕还林工程造林面积 124.8 万公顷,使全省 7% 以上的国土得到造林绿化。森林覆盖率由 2000 年的 30.9% 提高到 2006 年的 39.9%,使贵州水土流失加剧的趋势得到有效控制,生物多样性得到提高。同时,退耕还林工程的实施不是影响区域耕地安全的主要因素,不会影响全省粮食生产;退耕还林工程的实施促进了农民增收,退耕农户收入结构得到初步调整,农村劳动力转移加快,退耕还林后续产业得到初步发展;退耕还林促进了农户生态环境保护意识的提高。③

(2)退耕还林的专项效益评价

许多学者从退耕还林的生态效益或社会经济效益等方面对其专项效益进行了评价。

首先,在退耕还林的生态效益评价方面,通过构建不同的评价标准和指

① 杨旭东. 中国西部退耕还林工程效益评价及其影响研究[D]. 北京:北京林业大学,2004:75~117.

② 姚清亮. 河北省退耕还林工程效益评价研究[D]. 北京林业大学,2009:26~140.

③ 安和平,卢名华. 贵州省退耕还林绩效与持续发展研究[J]. 亚热带水土保持,2008(3):1~6.

标评价体系,探讨退耕还林工程的生态效益。王飞等认为退耕还林(草)工程及其生态环境效益发挥的影响因素较多,不同因素之间以及各因素的不同层面之间都可以相互影响。① 文中对影响退耕还林生态效益的不同因素的作用进行分析后得出:各个因素对退耕工程生态环境效益发挥都具有很大作用。同时建议考虑不同影响因素,丰富试点内容和形式,促进退耕工程能够理智进行和生态环境效益尽可能长期发挥。周文渊等以黄土高原的甘肃省定西市安定区为个例,估算了其退耕还林工程的生态效益,并认为达到了预期生态效益目标。② 秦伟、朱清科选取中国退耕还林工程典型地区陕西省吴起县为研究区,采用替代价格法、影子工程法、直接市场法评估该县退耕还林工程的理论生态价值,在此基础上提出了完善退耕还林生态补偿机制的建议。③ 王珠娜以三峡库区秭归县的退耕还林为研究对象,通过建立相应的评价体系和评价指标,对秭归县退耕还林工程的生态效益进行了评估,认为:不同退耕还林类型的综合生态效益均大于坡耕地,采用模糊综合评价法,其综合生态效益评价值由大到小的排序为:生态经济型复合模式 > 生态林模式 > 经济林模式 > 农耕地;秭归县实施的退耕还林工程在提高林草覆盖率、维护生物多样性、改善土壤理化性质、防止水土流失和土壤侵蚀等方面具有十分明显的生态效益。通过对四种不同类型退耕还林综合生态效益评价结果表明,以生态型经济林复合模式综合效益最高,效果最好,应在三峡库区扩大示范与推广。④ 杨旭东也以三峡库区秭归县中坝村为例,通过对其工程产生的生态效益进行了评估,认为:秭归县中坝村退耕还林工程的年均生态效益为351465.8元,退耕还林工程实施后,项目区的生态环境将得到进一步改善,生态效益明显,农民生活质量得到一定程度的提高。⑤

---

① 王飞,李锐,温仲明.退耕工程生态环境效益发挥的影响因素调查研究——以安塞县退耕还林(草)试点为例[J].水土保持通报,2002,22(3):1~4.

② 周文渊,赵岩,等.安定区退耕还林工程的生态效益评价[J].中国农学通报,2009,25(20):115~120.

③ 秦伟,朱清科.退耕还林工程的生态价值评估[J].北京林业大学学报,2009(5):159~166.

④ 王珠娜.三峡库区退耕还林工程生态效益计量评价研究[D].海口:华南热带农业大学,2007:1~3.

⑤ 杨旭东.中国西部退耕还林工程效益评价及其影响研究[D].北京:北京林业大学,2004:82~96.

其次,退耕还林的社会经济效益评价,也是诸多学者研究的一个重要领域。赵玉涛、余新晓等认为退耕还林工程已经取得了一定的经济效益,与预期目标仍有很大差距,但退耕还林工程产生的社会影响重大。① 崔海兴在理论研究基础上,选取河北省沽源县、北京市昌平区和河南省中牟县三个典型县(区),实证分析评价了退耕还林工程的社会影响。他认为:退耕还林工程的实施,对地方(县级)社会发展产生了积极影响,有利于社会结构的调整和优化,促进了地方经济持续发展,提高了农村人口素质和农村生活质量,促进了农村社会进步。在纵向上,随着退耕还林工程的不断深化,其社会影响不断增加;在横向上,对退耕任务大、经济落后地区的社会影响大于对退耕任务小、经济相对发达地区的社会影响。② 周红等通过对贵州退耕还林 15 个试点县工程实施前后的社会经济情况的统计调查以及对典型案列的追踪调查,分析了退耕还林对贵州农村社会经济的影响,初步评价了试点期间贵州退耕还林的社会经济效益,提出了试点期间存在的问题和建议。③ 吴转颖采用对比研究,以调查区退耕前的社会、经济和和生态状况为对照,对退耕还林试点区的退耕成效进行综合评价。④ 杨旭东等认为从供求理论上来看,国家实施退耕还林是为了缓和粮食供求矛盾,消化库存粮食,缓解人们对生态环境需求的增加与生态环境日益恶化、环境产品严重供给不足之间的供求矛盾。退耕还林的机会成本(种粮食的收益)低于农民种粮的机会成本(退耕还林的收益)。尤其从宏观经济的角度来看,现阶段国家实施退耕还林带来的效益要高于农民种粮对国民经济增长的贡献。⑤ 实施退耕还林政策是国家实施积极财政政策、增加农民收入、刺激有效需求,拉动国民经济增长的主要措施之一。与此相反,徐晋涛等⑥通过对西部陕西、甘肃和四川三省退耕还林地

① 赵玉涛,余新晓,等. 退耕还林工程效益及社会影响[J]. 林业经济,2008(2):21~24.

② 崔海兴. 退耕还林工程社会影响评价理论及实证研究[D]. 北京:北京林业大学,2007:15~185.

③ 周红,缪杰,安和平. 贵州省退耕还林工程试点阶段社会经济效益初步评价[J]. 林业经济,2003(4):23~24.

④ 吴转颖. 退耕还林试点阶段社会、经济、生态效益评价研究[D]. 北京:北京林业大学,2004:21~35.

⑤ 杨旭东,李敏,杨小勤. 试论退耕还林的经济理论基础[J]. 北京林业大学学报,2002,1(4):19~22.

⑥ 徐晋涛,曹轶瑛. 退耕还林还草的可持续发展问题[J]. 国际经济评论,2002(2):58~60.

区进行的农户抽样调查数据，对退耕还林工程的成本有效性和工程在经济上的可持续性进行了评估。此外，许多学者也从退耕还林政策对我国的粮食生产影响，对农业和农村社会经济的影响等方面进行了广泛探讨。

最后，国内许多学者也对退耕还林绩效评价的方法进行了探讨。支玲、杨明等从退耕还林的可持续发展出发，在探讨退耕还林工程可持续发展能力内涵的基础上，从环境、经济、社会、智力四大系统的支持能力，建立退耕还林工程可持续发展能力评价指标体系；根据相关指标的内涵，对各指标的影响因子及计算方法进行分析，依据距离函数模型的基本要求，提出选择参照评估的思路。① 周映梅根据退耕还林工程对环境的影响，建立了效益监测指标体系，并对工程效益的评价方法进行了探讨。② 杨建波等从退耕还林后的涵养水源、固土保肥、纳碳吐氧、减免灾害、改善生活环境 5 方面对退耕还林生态效益评价方法进行探讨。③ 尹少华、朱玉雯等以湖南省退耕还林工程综合效益为研究对象，采用层次分析法（AHP）和德尔菲法（Delphi）对湖南省退耕还林工程的综合效益进行分析，提出湖南省退耕还林工程综合效益评价指标体系。该评价指标体系总目标层为湖南省退耕还林工程综合效益，准则层为经济效益、社会效益、生态效益，指标层为 26 项；对工程综合效益中各项评价指标的权重分析结果，生态效益占 65.9%，社会效益占 18.5%，经济效益占 15.6%；生态效益最为显著。④

4. 退耕还林补偿机制研究

生态补偿尤其是生态补偿机制问题是退耕还林政策中的一项重要制度设计，随着我国退耕还林政策在实施中其补偿制度设计的诸多缺陷的暴露，众多学者也开始从理论层面和实践层面纷纷探讨退耕还林政策的生态补偿机制问题。

康慕谊、董世魁等分别就退耕还林（草）生态补偿的理论基础、补偿的依据、原则、措施以及退耕还林生态补偿组织体系的建立、生态补偿的内容、补偿量的确定等生态补偿机制进行了分析。⑤ 汪小勤等认为，退耕还林是一项

---

① 支玲，杨明，等．退耕还林工程可持续发展能力评价指标体系研究[J]．林业经济，2009（5）：51～58.

② 周映梅．退耕还林（草）工程效益监测与评估技术[J]．草业科学，2005，22（1）：12～14.

③ 杨建波，王利．退耕还林生态效益评价方法[J]．中国土地科学，2003，17（5）：54～58.

④ 尹少华，朱玉雯，等．退耕还林工程综合效益评价指标体系研究[J]．林业经济，2008（5）：29～34.

⑤ 康慕谊，董世魁，等．西部生态建设与生态补偿[M]．北京：中国环境科学出版社，2005：166～196.

涉及亿万农民利益的生态工程，政府应特别注意对农业和农民经济的保护和补偿，从而减少摩擦，降低政策实施成本，使政策实施达到最大的效果。在文中，作者还提到了市场经济条件下，应综合运用补偿方式，推动退耕还林工程的顺利开展。① 黄富祥等建立了生态补偿的概念模型，对退耕还林(草)过程中的补偿的理由、数量、办法以及多层次补偿制度等进行了探讨。② 刘震、姚顺波针对退耕还林的经济补偿政策存在的不足，运用黄土高原地区陕西吴起、定边及甘肃华池的调查数据进行实证分析，分别运用收入增长法及征地法确定更合理的退耕还林补偿标准及其补偿年限；同时基于现实的考虑，认为应在原有退耕还林经济补偿政策基础上适当降低补偿标准，延长补偿年限。③ 杨明洪从退耕还林还草是一项具有“正的”外部性经济活动出发，在分析了庇古等人的利益调整观点和科斯等人的改变利益调整的初始条件的观点这两种相对立的解决外部性问题观点以后，指出外部性问题解决的办法就是让政府找到一种内生交易费用与外生交易费用“两难冲突”的最优折中方案，在解决退耕还林还草的外部性问题时保持产权模糊性是非常有利的，因而应采取利益调整的办法。为此，作者建议加快建立退耕还林还草补偿机制，在此基础上，对退耕还林农户利益补偿机制进行了分析。④ 张军连等人则运用经济学的有关理论，对补贴政策的效率、激励机制和监督机制进行了分析，提出要增加退耕社区的科技、教育、基础设施建设及改进农业经营方式等方面的补贴，按照不同地区的经济特点寻求均衡点，确定补偿标准。⑤ 黄立洪等利用经济学的相关理论，对生态产品的三大特性：产品外部性、公共产品及生态资本性进行了分析，为生态效益补偿机制的建立提供了一个较为

---

① 汪小勤，黎萍．从“退耕还林”和“禁伐”政策的实施看对农民利益的补偿[J]．改革，2001(3)：106～110.

② 黄富祥，康慕谊，张新时．退耕还林还草过程中的经济补偿问题探讨[J]．生态学报，2002，22(4)：471～478.

③ 刘震，姚顺波．黄土高原退耕还林补偿标准与补偿年限的实证分析[J]．林业经济问题，2008(1)：86～90.

④ 杨明洪．外部性校正之争与建立退耕还林还草补偿机制[J]．财经科学，2002(3)：6～9.

⑤ 张军连，陆诗文．退耕还林工程中补贴政策的经济学分析及相关建议[J]．林业经济，2002(7)：45～46.

客观的理论依据。① 秦鹏等运用外部性原理和供求关系图对退耕还林中进行生态补偿的必要性和意义进行了论证，对我国现有的生态补偿制度进行了剖析，指出现有规定存在可操作性差、补偿主体单一、补偿标准不科学等问题。在此基础上，提出了相关的完善对策，并通过建立模型设计了制定科学补偿标准的测算方式。② 陈源泉等以生态系统服务和生态足迹的理论和方法为基础，从国家宏观层面建立生态补偿的判定标准、量化模型和计算方法，在此基础上以中国各省为例，研究中国区域之间的生态补偿量化问题。③

生态购买的概念是延军平等首先提出的，其在专著《中国西北地区生态环境建设与制度创新》中对生态购买的制度设计进行了较为详尽的阐述：生态购买是指国家为了生态环境的持续安全，每年根据林草恢复的数量和自然生态质量来付给林草所有者相应的货币。④ 购买的主体是国家，它只购买林草的存在权即发挥生态效益的权益，所有权、使用权仍为村民所有。吴学灿等建议将生态补偿与生态购买相结合，以取长补短、优势互补，使生态建设变成成本低、效益高、利润稳定、风险小的经济活动和脱贫致富的手段。⑤ 马丽梅等认为，退耕还林还草是近年来国家在生态建设中的一个重大工程项目，自 1999 年实施以来取得很大成效，但由于制度设计本身的缺陷，造成工程实施中政府同时担任裁判员和运动员两种角色，使得此工程在运行过程中出现了诸多问题。针对这种现象，提出在工程实施中引入市场竞争机制，即建立市场化的生态购买制度，通过市场运作中的“看不见的手”更好地调节并完成现行的生态补偿制度，同时对这种生态市场的建立和定价模式做出详细设计。⑥

（二）国外研究概况

国外林业生态工程建设也随着生态工程的发展而逐渐兴起。⑦ 19 世纪

---

① 黄立洪，柯庆明，林文雄．生态补偿机制的理论分析[J]．中国农业科技导报，2005，7(3)：7～9.

② 秦鹏，唐绍均．退耕还林生态补偿制度的经济分析[J]．重庆大学学报，2005，28(4)：163～166.

③ 陈源泉，高旺盛．基于生态经济学理论与方法的生态补偿量化研究[J]．系统工程理论与实践，2007(4)：165～170.

④ 延军平．中国西北生态环境建设与制度创新[M]．北京：中国社会科学出版社，2004：22.

⑤ 吴学灿，洪尚群，吴晓青．生态补偿与生态购买[J]．环境科学与技术，2006，29(1)：113～114.

⑥ 马丽梅，樊胜岳，张卉．建立市场化的退耕还林补偿制度探讨[J]．中国生态农业学报，2009(3)：599～604.

⑦ 国外大型林业生态工程的实践始于 1934 年美国的“罗斯福工程”。

后期,不少国家由于过度放牧和开垦等原因,经常风沙弥漫,各种自然灾害频繁发生。20 世纪以来,很多国家都开始关注生态建设,先后实施了一批规模和投入巨大的林业生态工程,其中影响较大的有美国的"罗斯福工程"、苏联的"斯大林改造大自然计划"、加拿大的"绿色计划"、日本的"治山计划"、北非五国的"绿色坝工程"、法国的"林业生态工程"、菲律宾的"全国植树造林计划"、印度的"社会林业计划"、韩国的"治山绿化计划"、尼泊尔的"喜马拉雅山南麓高原生态恢复工程"等。这些大型工程都对各国的生态环境建设起到了至关重要的作用。

1. 对于生态治理政策绩效的评价,国外研究主要集中在宏观和微观两个层面

(1)宏观、整体效果层面的研究

自 20 世纪 80 年代以来,一些国家、国际组织和国际合作项目都纷纷建立国家、区域甚至全球尺度的生态、环境监测与研究体系。比如,美国的"长期生态学研究网络"(LTERN),英国的"环境变化研究网络"(ECN),国际地圈—生物圈计划(IGBP)及其在北半球的中国、美国以及在南半球的澳大利亚和阿根廷建立的 4 条观测带,联合国环境署(UNEP)在全球范围内建立的"全球环境监测系统"(GEMS)以及联合国教科文组织(UNESCO)和国际科联(ICSU)正在筹建的"全球陆地生态系统观测系统"(GTOS),等等。通过生态、环境监测体系的数据分析,可以从宏观层面得出生态治理政策实施前后生态环境系统的变化,从而评估生态治理政策的绩效。① 另外,"绿色 GDP"的核算把资源和环境损失因素引入国民经济核算体系,即在现行 GDP 中扣除资源消耗的直接损失以及恢复生态平衡、挽回资源损失而必须支付的投资,从而可以计算出生态治理政策的成本。② 例如,英国新经济学基金会就已计算出一种新的"国内发展指数"(MDP),将经济发展、环境成本、资源损耗和社会因素包含在一个综合度量里,以反映一段时期内经济社会可持续发展及生态环境演变的态势。③

① 联合国环境规划署,世界卫生组织.GEMS:全球环境监测系统全球环境污染评价[M].北京:中国环境科学出版社,1990:18.

② 左伟.基于 RS、GIS 的区域生态安全综合评价研究[M].北京:测绘出版社,2004:156.

③ 潘双庆.国内发展指数(MDP)对我国国民经济核算的启示[J].统计与决策,2006(12):52.

(2)微观层面的研究

①生态恢复的经济影响。美国自20世纪80年代中期开始推行“保护性储备计划”(Conservation Reserve Program,CRP),一些学者,如Bruce Babcock等量化了不同类型耕地退耕后可以产生的环境效益,Peter Feather等将环境价值的计算引入退耕还林政策分析,通过定量化分析,评判政策实施的合理性。他们预测由于水质改善和野生动物栖息地的保育,在退耕地区进行的水上休憩活动将大大增加,由此产生的旅游收入大约为3958万美元。① ②从社会经济的角度评价政策执行的效果。主要通过成本效益分析,比较粮食生产与林业生产边际收益净现值的大小,研究由于政策影响导致的经济主体的利润增减和选择行为的变化,评价政策的公平和效率特征。如Hyde和Newman等分析CRP对农户粮食生产和造林行为的影响;Ervin Heffernan和Green从理论上探讨了退耕计划对不同区域居民之间利益分配造成的影响;等等。②

2. 许多国家都广泛地进行了生态补偿实践,对生态补偿的研究国外也早于国内

由于国家经济实力和生态状况的差距,国外的研究主要侧重于生态补偿资金有效配置以及生态补偿中微观主体的行为与选择的问题。美国和欧洲一些国家在这方面的研究较为深入。如早在1870年,美国马萨诸塞大学的Larson和Mazzars就提出了第一个帮助政府颁发湿地开发补偿许可证的湿地快速评价模型,随后美国、英国、德国等建立起矿区的补偿保证金制度。欧洲、美国等地区和国家设立了森林建设补偿制度等。

荷兰政府在1993年修建高速公路时,引入了生态补偿原理。这种补偿是指对开发建设项目进行合理规划,在尽量避免和减缓开发建设对生态与自然环境产生影响的同时,对一些不可避免的损失通过异地重建新的生境(Habitat)方式来进行弥补。目的是为了在大规模开发建设项目的决策中提高对自然保护的投入,并弥补这种开发所造成的生态影响,以使生态与自然环境无净损失产生。荷兰通过近十年的研究和实践,具体提出了生态补偿

---

① 樊万选,戴其林,朱桂香. 生态经济与可持续性[M]. 北京:中国环境科学出版社,2004:112.

② 樊万选,戴其林,朱桂香. 生态经济与可持续性[M]. 北京:中国环境科学出版社,2004:118.

的法律依据、补偿额度的估算、补偿标准的确定以及补偿实施的方案。

在美国,Jun Jie 等研究了针对具体生态建设项目的生态补偿金之区域分配问题,以使生态保护的资金投入能获得最大的收益。研究结果表明,补偿金的分配必须考虑生态功能的累积效应以及各种生态功能间的相互作用和联系。美国 1985 年设立了保护与储备计划(Conservation Reserve Programme,CRP),这是一个与中国退耕还林还草工程相似、长期由政府资助、农场主自愿参加的退耕计划。针对该项目,美国学者做了大量研究,如 Plantinga 等研究了不同补助条件下农民愿意退耕的供给曲线,并利用供给曲线预测未来可能的退耕量和补助标准;Hamdar 运用线性规划和灵敏度分析确定农民退耕地的机会成本,通过与机会成本比较给出了可能的补助水平。Cooper 等针对农民的意愿开展调查,通过运用序贯响应离散选择模型和随机效用模型,分析了农民愿意继续维持 CRP 合同的比率和相应的补助要求水平。

爱尔兰的生态补偿政策实施较早。早在 20 世纪 20 年代,爱尔兰就开始了对私有林的补助,通常采用分期付款的方式。1989 年又实施了森林奖励方案,从此种植者可以每年领取一次补助,造林水平不断提高。然而,自 1994 年实施农村环境保护计划(Rural Enviroment Protection Scheme,REPS)等农业补贴方案之后,农用地的边际价值得到提高,进行农业生产比造林更具有吸引力,造林水平开始下降。McCarthy 等就如何协调造林与耕作之间的关系进行了研究,运用回归分析计算了林业和农业政策的经济激励机制对私人造林倾向的影响,其研究结果表明,要在实施农业补贴政策的同时提高造林水平并获得最佳成本效益,就需要提高造林的预付补助金。德国的 Drechsler、Johst 等针对生物多样性保护的生态补偿机制进行了较为深入的研究。他们利用生态学与经济学的交叉方法,提出了一套生态经济模拟程序,用以设计生物多样性保护的生态补偿方案。此程序可以解决一些复杂的补偿分配问题,如当涉及多区域的补偿问题时,如何设计一种合理的支付方案,使补偿金在时间和空间上的配置最为合理、有效。①

哥斯达黎加 1995 年就开始进行环境服务支付项目(Payments for Envi-

① 康慕谊,董世魁,秦艳红．西部生态建设与生态补偿[M]．北京:中国环境科学出版社,2005:45~47.

ronmental Services Programme，PESP），成为全球环境服务支付项目的先导。英国伦敦的国际环境与发展研究所（International Institute of Environment and Development，IIED）、美国"森林趋势组织"（Forest Trends）分别就环境服务市场及其补偿机制在世界范围内对自发或政府组织推动的案例进行研究和诊断，以作为理论的探讨和市场开发的依据。①

3. 国外的森林效益评价研究

自从1992年联合国环境与发展大会后，对森林持续利用的标准与指标体系已展开了国际性广泛的研讨和协调行动，一些国家制定了国家级标准与指标，少数国家开展了示范区的实验性研究。而国内对森林效益的评价与指标体系研究才刚刚起步，仅对森林综合效益定量研究进行了一定的探索，而且不够系统，如"长江中上游防护林体系的生态、经济效益评价技术研究""黄土高原水土保持林体系综合效益研究""中国生态系统结构与功能规律研究"等分单项提出了部分评价指标。

国外森林综合效益的计量评价研究始于20世纪初，最先评价的是森林的水利和水文效益，随后逐步扩大到农田防护效益、卫生保健效益和环境保护效益。20世纪60年代初，对森林综合效益分类和综合评价进行了初步尝试，到了70年代，森林综合效益测定技术和方法有了突破，使这项研究在世界范围内取得较快进展。进入90年代，森林公益效能计量评价已成为生态学界、林学界、经济学界研究的热点。

国外对于森林公益效能的研究较充分，代表性的国家有苏联、美国、德国、日本。苏联自20世纪50年代末以来，先后提出一系列森林效益评价方法，如森林公益效能经济评价的公益效能系数法，该系数为该种公益效能作用程度与自然形成公益效能最大作用程度之比。美国国会1960年通过了森林多种效益法案。Clauson M. 于20世纪60年代提出了一种关于研究"市郊森林游憩价值的方法"。美国亚利桑那州的农业研究部门利用遥感和地理信息系统技术，以基本数据和水文模型为参数，建立环境变化分析模型，研究分析预测从小流域到大流域，水能量聚集和变化，并开发了评价环境变化的新方法，具有一定的代表性。西欧各国也非常重视森林的公益效能，提出

① 宋先松．西部地区生态建设补偿机制和评价体系研究［D］．兰州：西北师范大学，2005：5.

“多效用林业”的概念,其评价方法以货币价值为主,主要有微观经济法、宏观经济法和以效益为基础的方法。德国以社会消费和社会收益为依据,对森林社会效益进行了评价,评价方法为直接成本评价、间接成本评价、可比较生产成本评价。在诸多国家中,最早有系统性地计量评估森林效能的当属日本,从明治时期以来,在森林综合效益的研究方面做了大量的工作,积累了大量的数据和研究成果。20 世纪 70 年代初日本提出了森林效益调查和评价的总体规划,并提出森林公益效能的计量方法,利用数量化理论进行多变量解析的方法,计算了全日本 7 种森林公益效能的货币价值。日本林野厅 1972 年对全国森林进行了调查,得出该年度全国森林公益效能的经济评价值为 128 亿~200 亿日元,是当年该国林业经济总产值的 20 多倍。目前,除了日本在全国范围内开展了森林公益效能的计量评价研究外,其他国家基本上都是以某个地区或某片森林进行单项和多项效益的计量评价研究。

(三)研究现状述评

整体而言,我国的退耕还林工程政策的研究无论是从其政策实施的背景、目标,政策的设计与实践,还是退耕还林政策的理论研究和后续发展,都取得了较好的成果。但是,由于退耕还林工程涉及的地理范围大、工程投资巨大以及缺乏经验等原因,对退耕还林工程政策的研究虽取得了一些可喜的成绩,积累了大量宝贵的研究资料,但相对来说对于退耕还林工程后续政策的研究不够深入,较少涉及利益对象——农民以及他们的利益问题和由此引发的相关市场行为的研究。即使是涉及农民问题和政策效果研究,也是出于对补助是否到位等政策进行的有效性考虑,对退耕还林工程后续政策和制度优化等问题研究不多。目前,还没有人研究分区域制定退耕还林工程后续政策措施,也没有人对退耕还林工程经济补偿机制设计、后续产业的培育与开发等进行深入研究。同时,对相关领域研究者关于稳定农民收入、稳定农产品生产的制度安排的研究未引起足够的重视,而这些均可能对退耕还林工程后续政策产生重要影响。归纳起来,目前,中国在退耕还林工程后续政策的研究中存在以下不足:

1. 在政策评估方面存在的缺陷

(1)现有对退耕还林政策的评估属于计划性“工程项目”评估,未能提升到现代公共政策层面,未能研究政策主体、目标群体与政策环境的协调机制;定量分析、模型分析水平低,缺乏政策投入产出研究。

(2)评估中存在着信息不对称问题,实行的是上级对下级的考核机制。实证分析多以离散、间断资料为依据,缺少系统的、全面的宏观分析。

(3)评估类型模糊,评估的权威性受到质疑。要加强对退耕还林政策的评估,必须明确政策评估的潜在用户是政策决策者、工程管理者及公众,因此,评估工作要从解决上述几个方面问题入手,逐步完善评估方法和手段。

2. 研究内容的不足

(1)国内对退耕还林工程政策的研究中,多倾向于对政策推行或执行有效性进行研究,忽视政策对农户、社区生产、生活结构的影响,以及对政策本身的持续性作用的研究。

(2)在现有的退耕还林工程政策研究中,没有引入市场机制和价格机制。

(3)在对退耕还林工程政策的研究中,对分类制定退耕还林工程的补助及后续产业扶持政策研究不多。

(4)目前还没有对退耕还林工程后续产业发展机制及后续政策实施的外部环境进行研究。

(5)对典型区域性政策的成效以及适应性和有效性研究不足,对区域政策的绩效评价体系和标准研究不足,对区域退耕还林的后续政策体系和制度创新还有待于进一步深入研究。

3. 退耕还林政策研究的重点与方向

基于上述我国退耕还林政策研究的现状和存在的不足,今后的退耕还林政策研究工作将朝着以下五个方向发展。

(1)在加强对工程执行情况(营造林面积、林种树种以及工程管理方面)监测的同时,建立完整的信息采集系统,强化对工程生态、经济和社会效益影响的全面评价;强化对政策目标群体受益程度的评估,包括退耕农户获得钱粮和种苗补助方面的内容,跟踪国家投资和其他补助的到位情况。

(2)强化对退耕还林政策执行成本和效率方面的评估,尤其是对政策目标预期的预警监测和评估,加强对实现政策目标的影响因素分析。

(3)加强对生态、经济和社会效益的计量分析方法研究,着重研究三大效益的经济计量模型。通过建立有效的信息网络,使退耕还林政策评估从时点式、离散性变为时期式、连续性监控。

(4)在政策原理研究中,不仅考虑了生态建设的外部经济性,还要对土地的非林业生态利用,如农业耕作的外部不经济性进行研究和探讨。

(5)加强典型性区域退耕还林政策的绩效评价和政策的适应性与有效性研究,着重研究适合区域特点和实际状况的后续政策体系,加强相关制度创新研究。

## 三、研究方法与技术路线

退耕还林工程是一项社会性强、政策性强、操作难度大的社会系统工程。工程涉及面广,不但有亿万农民群众的广泛参与,还需各级政府的多部门协调组织。各项政策的制定不但涉及千家万户农民的切身利益,更是关系到退耕还林工程生态目标的真正实现。退耕还林工程后续政策研究是从国家宏观战略角度,面向工程实施单位和退耕农户,涉及政府诸多部门,跨越多个学科,情况复杂,任务艰巨。

### (一)研究方法

基于退耕还林工程上述背景和特点,因此,在研究方法上,本书的整体思路是将规范研究与实证研究、定性分析和定量分析相结合,综合运用公共政策评估理论、公共管理学、生态经济学和制度经济学的相关原理,通过大量的田野调查和文献梳理,将农户访谈问卷获得的数据与地方相关业务部门的有关统计数据相结合,通过层次分析法、货币价值法等研究方法对所得数据进行分析,为论文所需结论提供数据支撑。

根据本书的研究目标和研究内容框架,其具体研究方法主要集中在以下五个方面。

(1)田野调查法。根据本书的研究任务和目标,合理地设计调查问卷,调查对象主要为地方政府和农户,通过预调研,修正问卷,赴三峡库区相关部门及部分乡村进行实地调研,查阅业务部门的统计数据和入户访谈完成基础资料搜集。

(2)层次分析法。基于退耕还林政策目标的多重性和复杂性,在进行其政策绩效评估的时候,层次分析法是比较好的方法,其基本思路是确立不同级别的目标层和评价指标体系,同时对不同层级的评价指标进行筛选和赋值,确立评价等级标准,从而得出评价结论。

(3)案例分析法。由于本书所研究的三峡库区幅员广阔，地跨重庆和湖北两个省(市)20多个(区)县，因此，为了便于分析研究，本文选取了位于三峡库区腹地的移民重镇重庆市万州区为案例区，通过对案例区的分析进而扩展到整个研究区域。

(4)农户意愿评价法、实物计算法、货币价值法。在三峡库区退耕还林政策绩效评估中，对于其政策的成效评估首先从自下而上的视角采用农户意愿评价方法评价，在生态效益评价中采用实物计算法和货币价值法，在社会经济效益中采用无量纲法进行分析评价。

(5)在资料数据搜集和分析整理方面，还用到文献查阅法和访问调查法，以及统计抽样等相关研究方法。

(二)研究的技术路线

研究路线见图1。

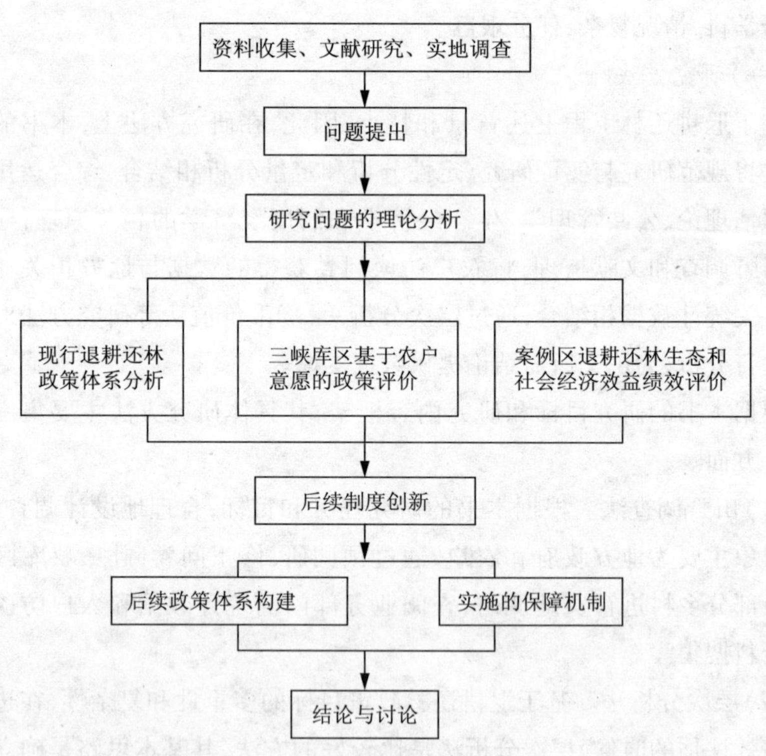


**图1 研究的技术路线**

本书研究所采用的技术路线主要由以下三个环节构成。

(1)通过查阅文献和相关资料对研究对象获得感性认识,了解退耕还林工程的政策体系,包括工程实施的背景、工程的规划与建设情况以及工程的相关政策等;从已有研究成果探讨我国退耕还林政策取得的成效和存在的问题,从而提出本文的研究问题,确定主要的研究方法。

(2)在研究问题和研究方法确定以后,为了获得对研究区域退耕还林政策客观公正的评价,需要深入研究区域进行大量的实地调研。调研的对象主要分为两个主要群体:退耕还林的主要参加者和退耕还林政策的执行者,也就是退耕还林的当地农户和地方政府,为此针对农户主要通过调查问卷和实地访谈的形式来设计指标体系及农户访谈问卷,运用层次分析法模拟计算评价结果;对于地方政府主要是地方相关的统计数据进行分析整理。通过对农户和地方政府两个角度的评价,基本可以得出研究区域的政策绩效。

(3)在退耕还林政策绩效的评价的基础上,根据前面的理论分析和国外成功经验的启示,找出存在问题,进而构建退耕还林后续政策体系,实现制度创新。

## 四、本书的主要内容与创新之处

### (一)主要研究内容

根据研究目标和研究任务,本书主要研究内容涉及以下几个方面。

全篇由九个部分组成。导论部分主要介绍研究背景与选题意义、国内外研究状况、研究方法、技术路线以及本书的主要内容及创新点。第一章的内容主要是分析退耕还林政策绩效评估与后续制度创新的理论基础。其理论分析根据本书的研究特点和研究需要主要由以下几个方面构成:第一,退耕还林政策的政策评估理论;第二,退耕还林政策的相关经济学原理分析,主要包括可持续发展理论与公共政策理论、生态经济学理论、制度经济学理论、环境经济学理论、博弈论等相关理论。第二章的内容主要是我国退耕还林工程的现行政策体系及其实施成效,主要从我国退耕还林政策实践的历程、政策实施的背景、政策的主要内容和预期目标与特点等几个方面对我国的退耕还林政策进行梳理。第三章主要介绍了研究区域概况与案例区概况,其中,研究区域概况主要从三峡库区的社会经济与自然环境等几个方面对研究区域作一整体介绍,案例区概况主要介绍了重庆市万州区的社会经济与自然环境状况,为后面的分析作准备。第四章是从自下而上的视角,通过实地调研,基于农户意愿评价的角度,分析了三峡库区农户对退耕还林政策的意愿评价。第五章是对三峡库区的案例区——重庆市万州区的退耕还林政策的现实生态效益从水源涵养等四个方面进行评估研究。第六章是对重庆市万州区的退耕还林政策的现实经济效益和社会效益进行评估研究。第七章是在对三峡库区政策效益评估的基础上,对我国现行退耕还林政策所存在问题进行分析探究;进而分析我国后续退耕还林政策体系的构建与完善后续退耕还林政策实施的保障机制构建。最后,在全文分析的基础上得出整体研究结论。

(二)本书的创新之处与不足之处

根据内容安排和预期研究目标设计,本书的创新之处主要体现在以下三个方面。

首先,从时间序列和宏观层面上对我国退耕还林政策的背景、目标、成效等几个方面进行了回顾、梳理和评价,改变了以前退耕还林评价主要是从计划性的工程效益评价的模式,避免了其缺陷,把对退耕还林政策的评价上升到国家政策评估的高度。

其次,在研究视角上采用自下而上和自上而下相结合的角度,通过对三峡库区农户对退耕还林政策意愿评价的调查分析,自下而上揭示出农户对退耕还林政策的意愿态度和相关的制度需求。同时,运用当地政府的相关统计数据和设计相关的计量模型,分别从生态效益、社会经济效益两个方面,系统设计了退耕还林政策评估与分析的指标体系。在此基础上,对三峡库区退耕还林政策的生态效益和社会经济效益进行了定量分析,从自上而下的角度揭示出了相关的成效和存在的问题。

最后,在对退耕还林政策进行理论分析与全面梳理以及对三峡库区退耕还林政策绩效不同视角的评价基础上,运用公共政策学和经济学等相关学科原理对我国现行退耕还林政策的制度缺陷和存在的主要问题进行了细致的分析,提出了退耕还林后续政策体系制度创新的路径和指导思想。在此基础上,对退耕还林后续政策体系在主体政策、投资经营政策、产权政策、补偿政策、保险政策、后续产业扶持政策等政策体系的设计建议进行了系统的探究,同时也提出了退耕还林后续政策体系实施应逐步引进全社会多主体的参与机制、加强政策实施的相关立法机制建设、强化和完善退耕还林主体的信用和风险等内在约束机制和外部监督机制的建设、积极完善退耕还林工程的相关评价和检查机制等相关保障机制和环境建设的政策建议。

由于篇幅所限和调查经费有限以及退耕还林自身的复杂性等原因,本书仍然存在不足之处。

(1)本书主要基于目前退耕还林的成效研究,静态分析多,动态分析不够,特别是对退耕还林建设相关的粮食、人口、土地资源的动态分析不够。

(2)由于调查经费有限和研究区域幅员辽阔等因素的制约,在样本区(县)选择上主要以万州区为案例区,样本区(县)较少,今后的研究还需进一步的大量调查。

(3)对研究区内外退耕还林政策绩效的横向比较研究较少,这同样需要在以后的研究中作进一步的深入分析。

# 第一章 CHAPTER 1 退耕还林政策绩效评估与制度创新的理论基础

我国的退耕还林工程是一项中央政府主导下的大型生态修复的系统性综合工程。因此,退耕还林工程属于森林生态体系建设中公益林建设的范畴,其主体作用在于蓄水、固土、防风、防沙,改善人类的生存环境,因而具有公共物品的特征。从其内在的价值取向而言,需要协调诸种权利形态之间的冲突,主要是协调公民环境权与生存权、发展权之间的冲突。同时,由于我国的退耕还林工程还有相应的社会目标和经济目标,因此退耕还林工程政策的制定过程,其实质就是在多种知识和理论的指导下,对具体问题的相关要素进行提炼、综合,最终形成在某一阶段多数人接受并可在实践中应用的过程。如果没有相应的理论支撑,退耕还林工程政策的研究和制定将很难实现科学化和规范化。退耕还林工程后续政策的制定和实施过程既涉及经济、环境、资源等相互协调,也与社会各相关利益主体紧密相连。因此,认真分析退耕还林政策的相关理论基础,不仅可以找出现行退耕还林政策设计的理论缺陷,进而为退耕还林后续政策体系的制定和完善提供决策理论依据,而且,也会使相关政策的制定更加规范化和科学化。然而,由于退耕还林工程涉及环境、经济、资源、社会学、政策学、管理学等多个学科的相关理论,因此在理论分析上不可能对所有相关学科理论进行分析,基于本书的研究目标和研究任务的需要,退耕还林政策的相关理论分析主要是从经济学、公共政策学、管理学等相关学科进行探究。

## 第一节 公共政策评估理论

公共政策评估是整个公共政策分析过程中的一个重要环节,它对政策执行过程的结果和新政策的产生都会有较大的影响。自从1951年美国学者拉斯韦尔提出"政策科学"的概念以来,世界各国学术界、政界对政策研究的重视程度与日俱增,政策研究的范畴也从决策前的政策分析逐渐扩展到政策制定、执行、评估等各个方面。世界各国特别是发达国家,政策科学研究发展的新趋势是,政策效果评估已成为研究热点。近年来,国外公共政策评估研究主要集中在:政策评估的理论基础,政策评估标准,政策评估的具体方法,政策评估活动的制度安排及其在不同国家的适用性。在理论上,政策评估正朝着独立学科的方向发展,逐步形成自己独特的模式和方法。在我国,随着公共政策在宏观调控管理中的作用日益提升,随着对科学决策和民主决策的要求的提高,政策评估正在得到政府和公众越来越多的关注与重视,不过,这方面的研究尚处于探索、起步的阶段。

### 一、公共政策评估的概念与内涵

政策评估与政策评价是不是同一概念,学术界主要有两种不同的观点。第一种观点认为两者存在着区别。有学者认为评估是对所做事情的量化,评价是对已经量化的评估标准进行判断。国内一些学者认为,政策评估是对政策方案所做的分析,政策评价是对政策效果的判断,它们是政策运行过程中的两个不同环节。第二种观点认为两者没有根本的区别。威廉·N.邓恩在《公共政策分析导论》中认为,评估与评价、估计、估价等词是同义的,这些词都包含着这样一层企图,即使用某种价值观念分析政策运行的结果。公共政策学的基本概念是从英语文献中引进的,而评估、评价的英文对应词都是Evaluation,动词是Evaluate。所谓评估,就是估量和评价,通常是指根据一定的标准对事物做出优劣判断。

国内学者对政策评价的不同理解可以概括为四类,即四种典型的观点。第一种观点认为政策评价主要是对政策方案的评价。第二种观点以林水波等为代表,认为政策评价是对政策全过程的评价,既包括对政策方案的评价,还强调对政策执行以及政策结果的评价。第三观点以朱志宏等为代表,认为政策评价就是发现误差,修正误差。第四种观点以陈振明、张金马等为代表,认为政策评价的着眼点应是政策效果。评价政策效果当然也要涉及政策方案和政策执行诸多方面,但侧重点应是政策效果。

综上所述,公共政策评估就是了解公共政策所产生的效果的过程,就是试图判断这些效果是否达到预期的效果的过程,因此,政策评估的着眼点应是政策效果。公共政策评估的定义为:公共政策评估就是依据一定的标准和程序,对政策的效果、效益、效率及公众回应进行判断的一种政治行为,目的在于取得有关这些方面的信息,以此作为政策变化、政策改进和制定新政策的依据。①

二、公共政策评估的类型与标准

政策评估实质是一种价值判断,而要进行价值判断,就必须建立相应的价值尺度,即评估标准。它是政策评估者在政策评估过程中对相关政策方案和政策效果进行优劣判断的准则和指导思想。

(一)政策评估类型

从不同的角度,依据不同的标准,多样化的政策评估可分为不同的种类。在国内评估研究的文献中,表现为两大发展趋势。一是如陈振明和宁骚②主张从评估组织活动形式上,政策评估可分为正式评估和非正式评估;从评估机构的权力、地位角度看,政策评估可分为内部评估和外部评估;从政策评估在政策过程所处的阶段,政策评估又可分为事前评估、执行评估和事后评估,也有学者称为预评估、现实评估和综合评估。二是赞同从政策影响的角度对政策评估做诸如效益、效率、效果等方面的分类。中国台湾学者林水波、张世贤则把政策评估分为四类:第一类是政策执行评估,包括内容摘要、政策的背景环境、原定政策主要特征总述、执行评价描述、总结与考虑;第二类是影响评估;第三类是经济效率分析;第四类是推测评估。

(二)政策评估标准

建立评估标准是一项复杂的工作,选择什么样的评估标准,不仅取决于评估目的和评估者,而且与评估的技术和方法密切相关。威廉·N.邓恩在《公共政策分析导论》一书中将政策评估标准分为六类,分别是效果、效率、

① 陈振明. 政策科学——公共政策分析导论[M]. 北京:中国人民大学出版社,2003:16~27.
② 宁骚. 公共政策学[M]. 北京:高等教育出版社,2003:6~24.

充足性、公平性、回应性和适宜性。美国政治学家 P. 狄辛将人类社会所追求的五种理性作为政策评价的标准:技术理性、经济理性、法律理性、社会理性和实质理性。张金马认为政策评价标准可分为基本标准(政治标准)和具体标准(科学标准)两大类。其中基本标准包括利益标准和生产力标准,具体标准包括政策投入、政策效益、政策效率和政策回应程度。① 陈振明综合各个学者的观点,归纳出政策评估的五个标准。②

(1)生产力标准,是政策评估的首要标准。解放生产力、发展生产力是社会主义的本质要求,因此,我们评价一项政策好与坏、正确与错误、进步与落后,关键是看它有无或在多大程度上解放了生产力,促进了生产力的发展。

(2)效益标准,以实现政策目标的程度作为衡量政策效果的尺度。它所关注的是政策的实际效果是否与预定目标相符合,在什么程度上完成了预定目标,还存在哪些距离和偏差。在运用这个标准时,必须注意四个因素:一是政策目标必须明确具体,评估效果才有所依据;二是要分析绩效的充分性,才能衡量政策是否充分地实现了目标要求;三是要分析政策的总体效应,政策实施之后,给社会带来了什么影响,造成了什么后果;四是注意政策的全部效益,以便进行客观而全面的评估。

(3)效率标准,即政策效益与政策投入之间的比率。效率标准有两种基本评估形式:一是单位能产生的最大价值;二是既定目标所需要的成本。它所研究的是一项政策的投入量是多少,有无产出,产出多少,投入产出的比率是多少,有无其他最有效而成本又最小的途径和方法等问题。其目的是为了寻求能以最小的投入获得最大产出的政策。效率标准和效益标准不同。一个最有效率的政策并不一定能够取得最高效益,同样,一个效益很高的政策也未必就是最有效率的政策,二者很难取得完全的一致。

(4)公平标准,指政策执行后,导致与该政策有关的社会资源、利益及成本在社会不同群体间公平分配的程度。公正是衡量政策的一个重要标准。

---

① 张金马. 公共政策分析[M]. 北京:人民出版社,2004:8~37.

② 陈振明. 政策科学——公共政策分析导论[M]. 北京:中国人民大学出版社,2003:16~27.

一项好的政策应该是努力实现公平、合理分配的政策,必须兼顾公平与效率,因为只有建立在公平基础上的效率才是真正的效率。

(5)政策回应度,指政策实施后对特定团体需求的满足程度。以政策回应度为评估标准,其目的是为了从总体上衡量一项政策对社会的宏观影响,只要政策对象认为满足了自己的利益要求,焕发出较高的热情和积极性来促进社会进步,政策的回应度就高;反之,政策的回应度就低。

## 第二节 生态经济学理论

生态经济学是研究生态系统与经济系统的复合系统的结构、功能及其运动规律的学科,是研究生态经济系统的结构和矛盾运动发展规律及其应用的经济学分支。生态经济学包括部门生态经济学、理论生态经济学、专业生态经济学、地域生态经济学。生态经济学在20世纪50年代末和60年代在国外迅速兴起。20世纪60年代,经济学家鲍尔丁首先使用了"生态经济学"这个概念。从此,生态经济学成为研究社会再生产过程中经济系统与生态系统之间物质循环、能量转化、信息交流和价值增值的经济学。它既可以为宏观战略选择提供指导,又能够引导微观的生产、管理和消费行为。①

### 一、生态经济的概念与内涵

在生态系统和经济系统中,包含人口、环境、资源、物资、资金、科技等基本要素,各要素在空间和时间上,以社会需求为动力,通过投入产出链,运用科学技术手段有机组合在一起,构成了生态经济系统。生态经济学突出强调的是保持生态系统的完整性、容纳性和服务性,尽管是以人类利益为出发点,但贯彻着以生物为中心的原则,研究重点是人类长时间的生存和福利条件。② 因此,其概念可以表述为:生态经济是指既满足当代人的需要又不危及后代人满足自身需要的经济。生态经济的核心问题是如何达到生态与经济平衡,实现生态经济效益。生态经济的本质就是把经济发展建立在生态

---

① 滕藤. 生态经济与相关范畴[J]. 生态经济,2002,18(12):2~6.

② 尤飞,王传胜. 生态经济学基础理论、研究方法和学科发展趋势[J]. 中国软科学,2003(3):131~138.

系统可承载能力的基础之上,在保证自然再生产的前提下扩大经济的再生产,建立经济、社会、自然良性循环的复合生态系统,实现经济发展与生态保护双赢的目标。生态经济的重要特征就是把经济建设与生态保护和建设有机地结合起来,良性互动,协调发展。

从上述理论可见,生态经济学理论是退耕还林效益评价研究所依托的最主要的理论基础。因为,退耕还林工程实质就是一项生态经济工程,在工程实施中,从可持续发展战略的要求,必须正确处理好生态建设和经济发展之间的关系,通过科学分析工程区自然生态结构和功能、产业结构和资源配置效果,调整和优化工程区生态经济结构和功能,建立符合生态演替规律的人工生态系统来发展高效生态经济。① 从退耕还林工程的生态环境建设而言,也离不开经济发展,退耕还林栽树、种草大都具有一定的经济效益,没有经济效益的生态环境建设工程是不存在的。因此,把生态环境建设与经济建设对立起来的观点是错误的,是不符合生态经济学理论的。②

## 二、生态经济系统的特性③

生态经济学认为生态系统与经济系统之间存在物质循环、能量相互转换、价值增值和双向耦合的规律,但生态系统与经济系统之间不能自动耦合,必须在人的劳动过程中通过技术中介才能耦合为整体。生态要素与经济要素之间通过技术手段的强化、组合和开发作用所产生的投入产出效率就是生态经济效益。生态系统与经济系统相互协调,以较小的投入取得较大的产出是经济社会发展的必然要求。生态经济系统是生态经济学的灵魂,其特性及两者耦合过程是生态经济学的核心原理。

生态经济系统是概念系统即无形要素(软要素如概念、原理、法则、方法、体系、程序等)所构成的系统与实体系统(有形系统如矿物、能源、生物群落等)融合在一起的概念——实体复合系统。生态经济系统的实体特征,使它与周围的大自然和社会环境有着物质、能量、价值与信息输入输出关系,这是控制其稳定、协调发展的依据。

---

① 戴兴安,胡日利. 退耕还林的经济特性及其风险分析[J]. 林业经济问题,2007,18(1):25~27.

② 李贤伟. 退耕还林理论基础及林草模式的实践应用[M]. 北京:科学出版社,2009:56~57.

③ 李世东. 中国退耕还林研究[M]. 北京:科学出版社,2004:78~80.

1. 生态经济系统的协调有序性

生态经济系统的协调有序性实质上是生态系统有序性与经济系统有序性的融合。首先,生态系统有序是生态经济系统有序性的基础。经济系统也遵循经济有序运动规律性,不断同生态系统进行物质、能量、信息等的交换,以维持一定水平的社会经济系统的有序稳定性。其次,这两个基本层次有序性必须相互协调,并共同融合为统一的生态经济系统有序性。生态经济系统的协调有序性,还表现在生态系统的自然生长与经济目标的人工导向协调。但是人工导向的协调不能超越生态经济阈的限度,否则很容易导致系统的逆向演替。

2. 生态系统与经济系统的双向耦合

生态经济系统中的生态循环与经济循环,都离不开生产过程中的双向耦合,即经济系统把物质、能量和信息输入生态系统后,改变了生态系统各要素的比例关系,使生态系统发生新的变化。同时,经济系统利用生态系统的新变化,从中吸取对自己有利的东西,来维持系统正常的循环运动。一方面生态自然物质、能量效益提高,另一方面经济过热的增长速度趋于稳定,从而使二者达到协调发展的目标。然而,耦合完成,经济产品产出,生态系统和经济系统就会分离,直至下次生产中再次耦合。

### 三、生态经济效益最大化理论

生态经济效益最大化是指经济系统通过科技手段与生态系统结合,形成高效、高产、低耗、优质、多品种输出,多层次互相协同进化发展的生态经济系统的演替方式,也就是经济社会持续发展阶段的生态经济特征。演替特点表现为:第一,经济系统与生态系统各要素是互补互促的协调关系,单一的生态系统因其营养再循环复合效率、生产率和生物产量都比较低,人们为了满足需要,便运用经济力量来干预生态系统中营养循环和维持平衡的机制,以便获得高转化率和高产量。这种干预引起生态系统向更加有序的结构演化,从而生产出比自然状态循环多得多的物质产品。较多的物质产品输入社会经济系统后,又会引起经济有序关系的一系列变化。第二,利用高输入高输出的投入产出关系,在技术手段的作用下,使原来有序的生态经济结构关系发生新的变化,从而产生更加有序的结构演替变化,这种演替不危及生态环境特征,从而实现生态经济效益的最大化。

讲求生态经济效益最大化是退耕还林的生态经济学理论基础。无论是毁林(草)开荒还是退耕还林,人们的生产活动的对象是生物,种植业或林(草)业生产的特点是自然再生产和经济再生产的统一过程,自然规律与经济规律相互影响、相互促进、相互制约。讲求生态经济效益具有客观必然性,因为粮食等农作物对坡耕地和沙化地没有良好的适应性,不仅产出率低,而且不能在农业再生产的同时维持生态平衡。虽然毁林(草)开荒能取得短期的经济效益,但却由此破坏了生态原有的平衡状态,造成水土流失、气候条件变得恶劣,带来极大的外部不经济性。其代价是惨重的,不仅危及自身的发展,也威胁相关地区的生态安全。因此,其综合效益低下。

退耕还林工程实施的实质就是根据生态经济学中的综合效益原理,依据不同的侧重,有效地将生态、经济效益分配在林草与环境之间,通过人为的干预,以取得最大的综合效益。林草业经营的输出成果与投入生产要素的比较,便称为林草业经营综合效益。由于效益中包括林草业货币化的直接收益,又包括非货币化的间接收益,因此较为客观地反映了林草业经营成果的大小。林草植被不仅对坡耕地有较好的适应性,而且由于本身所具有的多种生态功能和重要作用,使坡耕地和沙化地能发挥最大的综合效益,提高了土地利用率。

## 第三节　制度经济学的相关理论

制度经济学从19世纪末20世纪初在美国产生开始,至今大致经历了以凡勃伦、康芒斯为代表的旧制度经济学派,以贝利、米恩斯为代表的新旧制度经济学过渡学派,以加尔布雷斯、科斯、诺斯、威廉姆森、德姆赛茨、阿尔钦、张五常等为代表的新制度经济学派三个时期。其中,影响最大的当属以科斯和诺斯为代表的新制度经济学派。

“新制度经济学”这一概念是由威廉姆森最先提出来的。概括地讲,新制度经济学就是用经济学的方法研究制度的经济学,其研究对象为人、制度与经济活动以及它们之间的相互关系。这里的制度指人际交往中的规则及社会组织的结构和机制。新制度经济学的基本内容可以分为三部分:一是以科斯和威廉姆森为代表的交易费用经济学,它解释了企业的起源和企业规模的确定等经济学的重要课题,成为新制度经济学的基本内容之一;二是以科斯和德姆赛茨为主要代表的产权经济学,它从产权的含义、功能到制度安排及经济运行的效率关系等各个方面论证了产权制度的重要性和它对经济生活的作用;三是以诺斯为主要代表的制度变迁理论,它论证了人类社会制度变迁的动因与规则,从历史学的高度分析了制度演变及其对经济生活的作用。此外,代理理论也成为新制度经济学中的一个重要部分。其中的规范代理理论研究的是存在非对称信息的博弈双方之间的最优合同问题,分为道德风险和逆向选择两类模型。我国的退耕还林工程政策实质上就是一项政策体系的综合制度设计,因此,加强对新制度经济学的相关理论联系和研究,不仅可以揭示出我国现行退耕还林政策的制度缺陷和问题,而且可以为退耕还林后续政策体系的科学制定提供很好的理论依据和智力支持,使其后续政策更加科学化和规范化,这对于巩固该项工程的成果无疑具有重大的理论意义和现实意义。

## 一、交易费用理论

交易费用是西方新制度经济学的核心范畴,它最早来源于科斯,他在其经典论文《企业的性质》(1937)和《社会成本问题》(1960)中提出了这一理论,即著名的"科斯定理":若交易费用为零,则无论权利如何界定,都可以通过市场交易达到资源的最佳配置。显然,在现实经济生活中交易费用不可能为零,由此人们又推出"科斯反定理"或"科斯第二定理",即在交易费用为正的情况下,不同的权利界定,会带来不同效率的资源配置。由此可见,科斯定理已经将权利安排即制度形式与资源配置直接对应起来,交易费用理论提出了一个不同于新古典经济学研究模式的新范式。市场和价格竞争能有效解决资源配置问题是新古典经济学的基本看法,但是现实并非这样理想,干扰价格竞争效率最为常见的因素是正的交易费用、私有产权的残缺和非货币收入。此后,新制度经济学家逐渐将交易费用概念用于许多领域,这样交易费用概念就逐渐被一般化了。在某种程度上,交易费用概念一般化的过程也就是新制度经济学体系不断完善的过程,从零交易费用走向正交易费用增强了经济学对现实问题的解释力。也正因为如此,交易费用理论被迅速应用到现实经济生活诸多理论和实践中,产生了越来越大的影响。

### (一)交易费用的不同定义

对于交易费用,目前还没有一个统一和明确的定义。一般而言,交易费用是个人交换他们对于经济资产的所有权和确立他们的排他性权利的费用。然而,几乎所有的新制度经济学家在研究中按照其视角,都给出了各自的定义。根据各种定义的考察角度,伍山林将交易费用的定义划分为四类:从契约过程说明、从交易维度考察、设定参照系和从生产过程来加以说明。[①]

1. 从契约过程说明交易费用

从交易、契约与交易费用的孪生性出发,达尔曼(1979)认为,交易双方要达成协议,就必须相互了解,将可能提供的交易机会告诉对方,这种信息的获得和传递是要耗费时间和资源的。如果交易的一方有多个经济代理人,在决定交易条件时,还会产生某些做出决策的成本。相互同意的条件确定后还有执行所订协议的成本,以及控制和监督他方以确定是否按照所订契约条款履行其责任的成本。因此,从契约过程来看,交易费用包括了了解信息成本、讨价还价和决策成本以及执行和控制成本。

2. 从交易维度考察交易费用

威廉姆森从交易的维度间接考察了交易费用的数量。他认为,科斯的交易费用概念在可操作上存在不足,而"交易费用研究的深入有待于辨识交易费用的不同方面,以及考察组织交易的不同制度形式的经济特性"。[②] 他接受了康芒斯的做法,以交易为经济分析的基本单位,并从三个基本维度,即交易发生的频率、交易的不确定性程度和种类以及资产专用性来进一步分析交易行为。

此外,詹森、麦克林、张五常等还从设定参照系来说明交易费用,诺斯[③]和杨小凯[④]等还从生产过程来说明交易费用。综上所述,中外学者对交易费用的定义并无质的差别,只是其侧重点和范围不同而已。

(二)交易费用的性质与成因

1. 交易费用的性质

根据已有的文献和对现实经济的观察,笔者试总结出交易费用的性质。

---

① 伍山林．企业性质解释:节约交易费用与利用社会生产力[M]．上海:上海财经大学出版社,2001:27~40.

② [美]威廉姆森．企业制度与市场组织[M]．上海:上海三联书店,1996:25.

③ [美]诺斯．制度、制度变迁与经济绩效[M]．上海:上海三联书店,1994:84.

④ 杨小凯．经济学:新兴古典与新古典框架[M]．北京:社会科学文献出版社,2003:3~12,151~201.

(1)交易费用是机会成本。在科斯指出市场与企业之间的相互替代关系后,交易费用自然地被赋予了机会成本的含义,因而才能被纳入新古典经济学框架,用边际和替代概念加以处理和分析。由于资源的稀缺性,人们自然而然要对交易的方式进行选择,交易费用因而也就有了机会成本的性质。具体到一个单位,在生产的技术条件已经选定从而转化费用已经确定后,一般来说,组织生产的方式仍然是可以选择的,并且对于每一种组织生产的方式,均有一个与之对应的交易费用。根据经济理性原则,生产者总是按照自己的约束集,选择对他来说交易费用最小的组织生产的制度结构。

(2)交易费用是经济主体之间知识、信息不对称的结果,是利益冲突与调和过程中损耗的资源。经济主体之间不仅在信息上具有不对称性,而且由于分工和时空上的差异,从主观和客观上导致了知识和经验的个体差异,这就使得任何经济主体都难以完全理解和无成本地知道其他经济主体的劳动性质和产生的产品性质。经济主体之间的利益冲突,还使经济主体或自荐信息、知识和经验的差异被机会主义地利用,交易费用陡然放大。因此,使信息变得便宜的制度、使时空得以缩小的政策和技术以及人们意识形态的改善,都能起到降低交易费用的作用。

2. 交易费用的成因

关于交易费用的成因,威廉姆森将其归结为两类:第一类是交易特性因素,主要由资产专用性、不确定性和交易频率组成,决定了交易——协约的方式及协约关系中应采用的规制结构。当我们为所要完成的交易选择了恰当的规制结构,所需要的交易费用就会最小,否则就要付出较高的交易费用,甚至导致失败。第二类是人的因素,主要是指人的有限理性和机会主义倾向,这是交易费用产生的根本原因。由此产生的交易费用主要依靠各种制度提供的激励约束机制来降低。

交易费用理论对于指导我国的退耕还林工程有着非常重要的现实意义,我国的退耕还林工程,不仅涉及粮食等农产品以及各种林产品,而且涉及资金、土地等要素。目前,我国要素市场发展滞后,其市场化程度远远低于产品市场的市场化程度,原因在于由产权制度改革的不到位及政府管制等因素而引起的高额的交易费用,市场配置的比重很低,有许多要素市场交易难以进行。因此,用交易费用理论解释我国退耕还林建设中所出现的一系列问题,并用其指导后续政策的制定和实施,对于退耕还林政策的可持续性具有非常重要的作用。

## 二、产权理论

产权理论和产权分析是新制度经济学的又一重要分析工具。产权理论认为,经济学要解决的是由资源稀缺而引起的利益冲突,从而必须运用这样或那样的规则即产权来解决这种冲突。产权经济学研究的就是如何通过界定、变更和安排产权的结构,降低或消除市场机制运行的社会费用,提高运行的效率,改善资源配置,加快技术进步,增加经济福利,促进经济增长。

### (一)产权的定义

产权作为经济学的研究对象已经经历了几十年的发展过程,但西方学者对产权概念的界定并不一致,因而对产权的表述多种多样。德姆塞茨1967年在《关于产权的理论》中说,"产权是一种社会工具,它的意义来自于这个事实:产权能够帮助一个人在与他人的交易中形成一个可以合理把握的预期。这些预期通过社会的法律、习俗和道德得到表达。产权的所有者拥有他的同事同意他以特定的方式行使的权利……要注意,很重要的一点是,产权包括了一个人受益或受损的权利。产权是界定人们如何受益及如何受损,因而谁必须向谁提供补偿以使他修正人们所采取的行动。"①阿尔钦认为:"产权是一个社会强制实施的选择一种经济品的使用的权利……产权是授予特定的个人某种权威的方法,利用这种权威可以从不被禁止的使用方式中,选择任意一种对待物品的使用方式。"②菲吕博腾和配杰威齐指出:"产权是因物的存在而产生的,与这些物的利用相联系的人们之间被认可的行为关系。"

产权的定义很多,但一个被罗马法、普通法、马克思和恩格斯以及现行的法律和经济研究基本上同意的产权定义为产权不是指人与物之间的关系,而是指由物的存在及关于它们的使用所引起的人们之间的相互认可的行为关系。产权安排确定了每个人相应于物时的行为规范,每个

---

① [美]科斯,等. 财产权利与制度变迁[M]. 上海:上海人民出版社,1994:97.

② [美]科斯,等. 财产权利与制度变迁[M]. 上海:上海人民出版社,1994:167.

人都必须遵守他与其他人之间的关系,或承担不遵守这种关系的成本。因此,产权是一系列用来确定每个人相对于稀缺资源使用时的地位的经济和社会关系。①

《新帕尔格雷夫经济学大辞典》对于产权的定义就狭窄一些:“产权是一种通过社会强制而实现的对某种经济物品的多种用途进行选择的权力。属于个人的产权即为私有产权,它可以转让——以换取对其他物品同样的权利。”②可见产权是一种权利,是一种与稀缺资源配置有关的权利。同时,产权更是人们在竞争稀缺资源的过程中达成某种均衡状态时的行为规范。如果没有这些行为规范,竞争的结果必然是资源的过度使用或低效率使用。

(二)产权的基本属性与形态

1. 产权的基本属性

产权作为经济行为主体之间的权利,有其自身的一些基本属性,正确地认识这些属性,对于我们理解产权理论的其他问题有重要作用。

(1)排他性与可分割性。排他性指的是决定谁以一定方式使用一种稀缺资源的权利。排他性是所有者自主权的前提条件。只有当其他人不能分享产权所界定的效益和成本时,这些效益和成本才可能被内部化,即才能对财产所有者的预期和决策产生完全的、直接的影响。产权具有可分割性。把产权区分为占有权、使用权、收益权、转让权等就是产权的初步分解。产权要想有效地应用,还必须是可分割的,因为只有在产权能够被分割的情况下,才能有效地利用大规模集中的财产。通过分立的个人和群体,财产的各种用途才能够得到最有效的利用。同时,产权的可分割性不仅有利于资源的有效利用,而且可以拓展人们对产权的安排与产权构造的选择空间。

(2)可转让性与有限性。产权具有可转让性是指产权的可处置性。产权的有限性包括两个方面的含义:一是指任何产权与其他产权之间,必须有清晰的界限;二是指任何产权必须有限度。

---

① 吴健. 排污权交易——环境容量管理制度创新[M]. 北京:中国人民大学出版社,2005:109.

② [英]约翰·伊特韦尔,[美]默里·米尔盖特,[美]彼得·纽曼. 新帕尔格雷夫经济学大辞典(第三卷)[M]. 北京:经济科学出版社,1996:1101.

(3)产权的行为性。所谓产权的行为性就是产权主体在财产权利的界区内有权做什么,不做什么,有权阻止别人做什么,它是针对产权权能而言的。

2. 产权的主要形态

(1)私有产权。完备的私有产权具备"有效财产权"的一切特征。在私有产权下,私产所有者做出任何决策时,都会考虑未来的收益和成本倾向,并选择他认为最能实现他的私产价值最大化的方式,来做出使用资源的安排。当然,他为获取收益所产生的成本也只能由他个人承担,从而产生有效利用资源的激励。

(2)共有产权。在共有产权下,共同体内的每一个成员都有权平均分享共同体所具有的权利,在某人对一种资源行使权力时,不排斥他人对该资源行使同样的权力,也就是说产权共享,每个人如何行使权力无须与他人协商,实际是对"产权专一性"的否定。许多公共物品性资源都是具有典型的社团产权性质的自然资源,如公海渔场、天然草原、地下水体等,利用者可以自由、无偿地使用。在这种弱的产权制度下,就长期而言,随着技术进步导致的成本降低和人口增长导致的需求扩张,最终必会导致资源的过度利用,较为脆弱的资源生态系统率先出现破坏、退化直到枯竭。当然,社团产权制度并不必然导致公共自然资源枯竭,在一定条件下,社区所有产权下的资源管理,也能保证自然资源的持续利用。①

(3)集体产权或国家产权。集体产权关于如何行使各种权力的决定必须由一个集体做出,由集体的决策机构以民主程序对权利的行使做出规则和约束。国家产权就是一种典型的集体产权,大多数在国家主权范围内的公共资源都具有集体产权的性质。大多数情况下的集体决策不可能让集体中的每个人满意,势必会损害部分人的利益,因此无法取得最佳经济效率,资源配置也必定是低效的。

经济学研究表明,以上三种形态的产权在激发市场效率方面的功效是不同的。相比之下,私有产权是最强的产权形态,能够产生有效利用资源的激励,而集体产权和社团产权都不同程度地削弱了有效产权的条件,不可避

---

① [美]埃莉诺·奥斯特罗姆. 公共事物的治理之道[M]. 上海:上海三联书店,2000:168.

免地将会带来资源利用的外部影响,从而使资源配置低效率。

(三)产权的功能

根据新制度经济学的产权理论,产权具有以下主要功能,即减少不确定性、外部性内部化、激励功能、约束功能、资源配置功能和收入分配功能,本书限于研究任务和目标,着重讨论产权的激励功能。

产权经济学的一个共同特征是强调了所有权、激励与经济行为的内在联系①。产权会影响激励,进而影响经济行为,表现在以下三个方面。

(1)有效的产权为个人提供了有效使用其财产的激励。有效产权既包括排他性的使用权(所有者按他认为合适的方式使用其财产的权利),也包括转让权,这两大特征为个人提供了有效使用他们所控制的财产的激励。排他性激励着所有者将财产用于带来最高价值的用途;可转让性促使资源从低生产力所有者向高生产力所有者转移。具体来说,产权的排他性把选择如何使用资源和承担这一选择后果两者紧密地联系在一起,当财产所有者做出正确决策时会获得利润,而做出错误决策将要承受损失。这给了他很强的动力去寻求这种资源最有利可图的使用方式,为此他会有激励认真考虑决策并进行必要的调查研究,还有维护他的财产的激励。例如,防止他人侵占自己的财产,以保证自己能够获得财产的收益,所有者还会防止财产受到任何损坏,或主动维修以保护其盈利性,或者期望在以后出售时能卖个好价钱。利润动机和私人产权一起提供了有效利用资源的激励。

(2)产权为建立市场信誉机制提供激励。与法律相比,信誉机制是一种成本更低的市场监督机制,信誉的建立可以减少市场欺诈的行为。市场对信誉的需求来源于信息不对称的广泛存在,即交易双方中,有一方知道信息,而另一方不知道。“信誉”就是一种承诺,是掌握信息的一方不欺骗另一方的承诺。如果没有这种承诺,交易成本就会提高。例如,如果商店的店主没有建立起良好的信誉,顾客对商店信誉的怀疑会使他们花费更多的精力咨询和挑选商品,或签订尽可能详细和完备的合同,店主也要用很多办法来说服顾客购买,店主的经营成本和顾客的购买成本都提高了。对于消费有弹性的商品,顾客还有可能因为惧怕受骗而减少购买,甚至导致市场的萎

① 卢现祥. 西方新制度经济学[M]. 北京:中国发展出版社,1996:177.

缩。相反,信誉机制的建立可以降低交易成本,使交易更容易发生,也使交易双方能够充分利用交换的机会改善自身福利。所以信誉和法律一样,是维持市场有序运行的基本机制。而信誉是以产权为基础的,产权制度的基本功能是给人们提供一个追求长期利益的稳定预期和重复博弈的规则,假如产权不清,商店的经营者既无须对自己的行为承担责任,也不可能从商店的信誉获利,自然就没必要讲信誉。产权明确后,店主为了追求长期利益会努力去建立信誉,因为如果他这样做,店主的生意就会更好并赚取更多的利润。

(3)产权的另一个主要功能是提供引导人们实现外部性内在化的激励①。产权界定的基本特征就是建立产权的排他性,即拥有财产所带来的所有效益和费用都直接给予财产的所有者。外部性又称为溢出效应、外部影响或外部效应,指一个人或一群人的行动或决策使另一个人或另一群人受益或受损的情况。产权的排他性决定了在一个有效财产权结构的市场体系中,是不允许也不会存在外部费用和外部效益的。因为一旦出现外部性,外部性的受益者和受损者双方就可以通过产权协商获得补偿或赔付,有效产权的建立能够实现外部性内在化。前述关于产权与外部性关系的分析也已经表明,产权不清是外部性的主要根源,克服外部性可以从产权的建立入手。因此,在产权经济学家看来,产权形成史就是一个外部性内在化的过程。

当然,产权激励外部性内在化的功能与资源的稀缺程度有关,因为产权的重要性正是由于资源的稀缺性才被人们认识到的。众所周知,在资源并不稀缺的领域里,产权是不起作用的,因为资源丰富的时候,就没有激励去承担因建立产权所发生的费用。人类对产权制度的需求是与资源稀缺程度及其相对价格的变化有着内在联系的。资源稀缺性增大,相对价格上升,意味着这种资源的价值增加,会使这种资源的所有者相比其他要素的所有者而言能获得相对更多的利益,也会导致这种资源的独占性使用更具有吸引力,从而激励人们为形成排他性的权利而努力。

(四)产权与外部性

外部性是导致市场配置资源失灵的直接原因之一,人们在试图寻找外

---

① [美]R. 科斯,A. 阿尔钦,B. 诺斯,等. 产权学派与新制度学派译文集[M]. 上海:上海人民出版社,1994:98.

部性的原因时,又进一步发现了导致市场失灵的制度根源。外部性问题一直都受到产权经济学的极大关注,作为西方产权经济学创始人的科斯曾重点讨论过“外部侵害”问题,实质是一个负外部性问题;诺斯的“搭便车”问题实质上是一个正外部性问题。菲吕博腾和配杰威齐在《产权与经济理论:近期文献的一个综述》一文中总结道:“产权方法强调的思想是:外部性是与确定、交换、监察或执行产权的成本相联系的。”①

根据这种观点,将外部性分为两种基本类型:有效产权条件下产生的外部性;无产权或产权不明条件下(或称产权关系残缺条件下)产生的外部性。产权不明或产权关系残缺时,存在外部性的原因比较容易理解。根据产权的概念不难理解,市场交易的实质就是不同所有者之间对交易对象的所有权的交换,资源利用过程中相应的费用与效益归属也是以资源产权归属为根本依据的,因此有关市场交易主体只能对明确而有效地行使的那部分产权进行交易并且承担与之相应的费用或获取与之相对应的收益。对于那些产权定义不清的资源,与之对应的费用或效益的归属问题也就必然不清楚。此时,在资源利用的过程中就会出现无偿的价值转移,从而出现外部性。如鲍姆和尼斯认为:“外部性的发生,是因为公共财富出于制度或技术上的原因,其价值属性无法有效地划归私有而引起的。”②“公地悲剧”就是典型的例子。只要资源在经济意义上是稀缺的,即资源的消费存在“拥挤”问题,或对同一资源存在竞争性的使用,一个人对资源的消费就会影响到其他人对该资源的消费。此时如果没有产权,则所有人都会通过消费来享受资源的效益,而无人对资源的使用承担成本,从而出现资源使用的外部性,并进而导致资源过度使用。此时,外部性的根源是产权缺乏,解决问题的关键在于确立产权,换言之,该种外部性可以通过建立产权的制度安排来解决。

产权明晰时,为什么会有外部性?在经济生活中,这样的例子比比皆是,即便是纯粹的私人物品,有时恐怕也无法全部利用市场机会。例如,不同商店提供的同一物品存在价格差异,但消费者可能不知道这个信息或者没有能力在充分调查后利用这一获益机会。产权明确时,意味着已经具备

① 卢现祥. 西方新制度经济学[M]. 北京:中国发展出版社,1996:182.

② 戴星翼. 环境与发展经济学[M]. 上海:立信会计出版社,1995:125.

了利用市场配置资源的制度条件,在市场机制的作用下,资源应能自动流向价值最高的用途或使用者,从而实现资源最优配置。然而在非理想的世界里(非完全竞争的条件下),利用市场也是有成本的。根据科斯定理,交易成本为零的条件下,无论初始产权如何配置,市场都将达到最优配置状态。科斯定理的实际含义是,交易成本为零时,只要产权是明确的,以空气污染为例,无论是工厂拥有排污权,还是居民拥有不受污染的权利,外部性都无法存在,或者外部性总可以通过市场机制消除,所以,此时外部性存在的原因是交易成本的存在。换句话说,一切产权明晰条件下事实存在的外部性问题都应归结为交易成本。[①] 交易成本是一个很有用的概念,威廉姆森给交易下的定义是:"当一项物品或劳务越过技术上可分的结合部而转移时,交易就发生了。"[②]交易成本是指交易过程中发生的成本。威廉姆森把交易成本分为包含事前的和事后的两个部分。事前的成本包括协议的起草、谈判的成本和保障协议被执行所需的成本。事后的成本包括四种形式:第一,当交易偏离了与"契约转换曲线"相关联的序列时所引起的错误应变成本;第二,当交易双方都做出努力来校正事后的错误序列时所引起的争吵成本;第三,纠纷发生需要诉诸某种治理结构时,这种治理结构的建立和运转成本;第四,为了使承诺完全兑现而引起的约束成本。

就退耕还林还草来讲,国内一部分学者依据科斯的理论认为,只要能界定其中的产权,在市场机制的作用下就能自动地解决退耕还林还草所产生的外部性问题。这种认识并不全面,这是因为这种认识只看到了市场经济条件下产权的初始界定对于解决外部性问题方面的显著作用,但问题在于,即使我们能完全界定其产权,也未必能达到预期的目的。我国草原家庭承包没有解决草原过度放牧带来的草原退化问题,就是一个很好的证明。

退耕还林还草中所涉及的产权主要是农村土地产权、林权和草原使用权。在我国,农村土地属于集体所有的土地所有制,由此形成了农村土地的集体所有权。改革开放以后,在保持农村土地的集体所有权不变的前提下,由农户承包经营,农户取得了土地承包经营权。无论是从土地所有权主体

---

① 吴健. 排污权交易——环境容量管理制度创新[M]. 北京:中国人民大学出版社,2005:113.

② Williamson O. E. The Economic Insititutes of Capitalism[M]. New York:Free Press,1985:60.

来看,还是从生产森林和草原生态产品的主体来看,农户在其中起着其他主体不可替代的作用。在这种情况下,从界定产权入手,清晰产权是有效推行退耕还林还草工程的关键。但仅有产权分配是不够的,因为退耕还林还草为代表的异地和跨流域生态补偿的有效实施,面临着巨大的外生交易成本的问题,而目前还不存在一个针对不同生态区域补偿的生态产品交易市场,因此很难进行相关交易。

产权理论对于指导我国的退耕还林工程的理论和实践有非常重要的作用。目前在我国生态建设中,存在着明显的产权冲突:首先表现为中央政府和农民之间的产权冲突。生态建设是典型的正外部性经济活动,中央政府作为纯生态公共产品保护与供给的代理者,政策重心在于生态建设中的正外部性公共产品——生态保护;而农民作为小生产者,在生态建设中的私有权是明确的,即获得国家给予的补偿和林业收入等收益,但总收益不一定比传统耕种大。两者之间的差额,引起中央政府与农民在耕地使用权安排上的冲突。其次表现为地方政府、林管部门和中央政府与农民之间的产权冲突。地方政府、林管部门是准生态产品保护与供给的代理者,在追求生态建设的正外部生态效益的同时,也追求地方利益和部门利益,所以是一个利益综合体,既要服从中央政府的政策安排,又要为地方政府部门利益甚至是个人利益着想。因此他们与中央政府的产权冲突是由全国生态权与地方生态公共安全之间的不平衡性引起的。同时,地方政府、林管部门和农民基于土地承包经营权的产权冲突也将不可避免地发生。在这种情况下,生态建设中产权制度安排的主要内容是正外部性生产中国家公共产权、地方公共产权与农民私有产权如何衔接。因此,为了提高退耕还林补偿政策的有效性,必须引入产权理论,从政府规制和市场机制等方面建立有效的行为主体经济激励机制。

### 三、制度变迁理论

新制度经济学认为,制度是影响经济效率的重要因素,新制度经济学是用制度变迁来解释经济发展的,因而对制度变迁本身的理解和探讨,就成为新制度经济学的重要组成部分。制度变迁是制度的替代、转换与交易过程。它既可理解为一种效益更高的制度对另一种效益较低的制度的替代过程,也可理解为一种更有效制度的生产过程,还可以理解为人与人之间的交易活动的制度结构的改善过程。不管如何理解,制度变迁总是意味着“制度创立、变更随时间变化而打破的方式”。制度变迁也可称为制度创新,制度创新可以认为是人类为降低生产的交易成本所作的努力。

(一)制度变迁的理论要点

诺斯在其代表作《制度、制度变迁与经济绩效》(1994)一书中,集中阐述了制度变迁理论,其要点主要体现在以下四个方面。

(1)制度是为了确定人们的相互关系而人为设计的一些措施,它的主要作用是通过建立一个人们相互作用的稳定结构来减少不确定性。正式制度来源于社会生产的专业化和劳动分工,相对于非正式制度而言,它起着修正、修改和代替的作用;非正式制度来源于社会的文化积淀,主要用传统和道德来解决协作问题,是对正式制度的拓展、说明和修正。

(2)当要素相对价格及谈判力量对比发生变化以及组织的偏好发生变化时,制度会发生变迁。组织是制度变迁的代理。当相对价格发生变化时,组织根据最大化目标采取行动,从而勾画出制度变迁的方向。组织的最大化行为可以采取两种形式:一是在现存的约束内进行选择,二是在正在改变的约束内进行选择。具体采取哪种形式,取决于该种形式的最大化收益超过现有制约下的投资。

(3)制度变迁的过程,实际上就是实施制度的各个组织在相对价格或偏好变化的情况下,为谋取自身的利益最大化而重新谈判,达成更高层次的合约,改变旧的规则,最终建立新规则的全部过程。在这个过程中,当各个组织的谈判力量及构成经济交换总体的一系列合约的谈判给定时,如果没有一个组织能够从对重建合约的资源投入中有利可图,这时制度才会稳定下来,即形成均衡的制度。但是,由于非正式制度和正式制度的变迁方式不同,所谓均衡的制度只能是一种局部均衡,因为均衡是局部的,所以制度总是要变迁,所以制度变迁又总是渐进的。

(4)正式制度的变迁常常是非连续的,而非正式制度一般总是连续的、缓慢的。正式制度或其实施的变迁会导致一种非均衡状态,进而使非正式制度逐渐发生变化。在制度变迁的过程中,不再适应的旧正式制度往往被新的所否定和取代;在形成稳定的制度之后,新形成的非正式制度则是对正式制度的补充。

(二)制度变迁的方式

所谓制度变迁方式,是指制度创新主体为实现一定目标所采取的制度变迁形式、速度、突破口、实践路径等的总和。制度变迁方式的选择主要受制于一个社会中各个利益集团之间的权利结构和社会的偏好结构。从不同的角度,制度变迁的方式可以做不同的划分。①

1. 诱致性与强制性变迁

这种划分依赖于变迁是由一个(群)人自发还是由政府法令强制性推行。诱致性制度变迁指的是制度的创新是由一个(群)人,在得到由制度不均衡引致的获利机会时,所自发倡导、组织和实施的制度变迁。它具有盈利性和自发性等特点。② 诱致性变迁是一种自下而上、从局部到总体的制度变迁过程,因而制度的转换、替代、扩散都需要时间,是一个缓慢的过程。

强制性变迁由政府命令及法律引入和实现。国家之所以采取强制性方式变革制度,一是因为它是垄断者,通过权利垄断与其他资源的垄断,可以比竞争性组织以低得多的费用提供制度性服务;二是国家在制度供给的"生产"上,具有规模经济优势。实质上,强制性变迁是一种政府作为变迁主体的诱致性变迁。

2. 渐进式变迁与突进式变迁

这种变迁方式主要是从制度变迁的速度来划分的,所谓渐进式变迁,就是变迁方式相对平衡、新旧制度之间的轨迹平滑,不引起大的震荡的变迁方式。这种变迁方式决定了从启动变迁到完成变迁需要较长时间。突进式变迁也可称为激进式变迁或革命式变迁。它一般是迅速地废除或破坏旧制度,制定和实施新制度。

此外,从制度变迁主体的态度和变迁的范围,制度变迁的方式还可划分为主动式变迁与被动式变迁、局部变迁与整体变迁等形式。

制度变迁理论对于我国退耕还林后续制度的创新有着很强的理论和现实指导意义。制度变迁和制度创新研究的目的在于改善经济绩效,因此,如何进一步完善现行退耕还林政策中不合理的政策和制度,我们可以从制度变迁理论中找到理论依据。

## 第四节 博弈论中的相关理论

博弈论(Game Theory)又称对策论,是描述和研究行为者之间策略相互

① 黄少安. 产权经济学导论[M]. 济南:山东人民出版社,1995:354 ~361.

② 林毅夫. 财产权利与制度变迁[M]. 上海:上海三联书店,1994:327 ~403.

依存和相互作用的一种决策理论和现代数学分支。博弈论起源于20世纪初,近20年来,博弈论作为分析与解决冲突和合作的工具,在管理科学、国际政治、生态学等领域得到广泛的应用。

一、博弈论简介

一个完整的博弈主要包括五方面的内容:第一,博弈的参与者,即博弈过程中独立决策、独立承担后果的个人和组织;第二,博弈信息,即博弈者所掌握的对选择策略有帮助的情报资料;第三,策略的集合,即参与人可选择的所有方案;第四,博弈的次序,即博弈参与者做出策略选择的先后;第五,博弈方的得益,即各参与者做出决策选择后的收益。

博弈论可以分为合作博弈和非合作博弈。合作博弈又称为正和博弈,是指博弈双方的利益都有所增加,因而整个社会的利益有所增加。非合作博弈是指在相互依赖的情形(策略环境)下,非合作的框架把所有人的行动都当成个别行动。两者的区别在于参与人在博弈过程中是否能够达成一个具有约束力的协议,倘若不能,则称非合作博弈(Non-cooperative Game)。合作博弈强调的是集体主义、团体理性(Collective Rationality),是效率、公平、公正;而非合作博弈则强调个人理性、个人最优决策。我们讨论的大多数问题都是建立在"个人行为理性"(个人的行为始终都是以实现自身利益为唯一目标)基础上的非合作博弈。非合作博弈理论的核心是纳什均衡。纳什均衡对于理解制度安排具有重要的意义,因为一种制度安排要发生效力,必须是一种纳什均衡。纳什均衡虽然符合个人理性,但不一定符合团体理性,即从社会角度看,它不一定是最优的。在这种情况下,需要调整制度安排,设计适当的机制使得纳什均衡与团体理性相符合。

博弈的划分可以从参与人行动的次序和参与人对其他参与人的特征、战略空间和支付的知识信息是否了解两个角度进行。把两个角度结合就得到了四种博弈:完全信息静态博弈,完全信息动态博弈,不完全信息静态博弈,不完全信息动态博弈。博弈论非常强调时间和信息的重要性,认为时间和信息是影响博弈均衡的主要因素。在博弈过程中,参与者之间的信息传递决定了其行动空间和最优战略的选择;同时,博弈过程中始终存在一个先后问题,参与人的行动次序对博弈最后的均衡有直接的影响。

博弈论最直接的应用领域包括合同、合作和环境问题的公共产品等领域。目前它已经在政治、经济、外交和社会学、计算机科学领域有了广泛的应用,为解决不同实体的冲突和合作提供了宝贵的方法。

二、退耕还林相关主体的目标和利益

1. 政府的目标和利益

退耕还林政策作为我国的一项公共政策,除了具有政府利益驱动下的政策一般行为模式,还具有其独有的特点。① 根据退耕还林中不同的利益要求,政府主体又可以进一步分解为中央政府、地方政府、行政村等。

在退耕还林中,中央政府首先注重的是生态效益。因而,中央政府是具有强权属性的利益相关者,是整个退耕还林工程的主导者和其他利益相关者行为的规制主体。它主导工程规划、相关政策制定,负责指导工程实施,开展相关监督检查,并为此提供粮食、造林苗木费、抚育费等生态补偿资金和物品。其受益主要体现在:水土流失得以有效解决,生态环境得到改善。其受损主要体现在:投入大量的资金,巨大的财政转移支付压力,潜在的劳动力转移压力,承担复耕风险等。②

地方政府是中央政府生态目标的执行者和监督者,退耕还林工程的宣传发动、退耕还林区域的确定、退耕方案的实施、补偿对象的确定和标准计量、治理效果的监测和验收、效果的评估、违约行为的赔偿管护以及协调服务等一系列具体任务均需依靠地方政府及有关部门完成。在退耕过程中,地方政府既考虑生态目标,也追求经济目标。其受益主要体现在:给当地投入大量的资金,改善当地的生态环境,提升政绩,给当地农村产业结构调整和经济转型创造机遇等。其受损主要体现在:组织协调和监督管理工作成本,劳动力转移压力,粮食运输压力,资金发放压力,冲突发生的可能性增加,工程质量风险增加等。③

虽然在执行退耕还林中依靠地方行政部门丰富的行政制度资源,降低了交易成本,但是也赋予了地方政府在生态建设中"既是运动员又是裁判员"的双重角色,为具体政府业务部门越界操作和寻租留下了隐患,造成潜在内生交易成本高昂的结果。

---

① 樊胜岳,马丽梅. 基于农户的生态治理政策绩效评价研究[J]. 干旱区地理,2008,31(4):572~578.

② 柯水发. 农户参与退耕还林行为理论与实证研究[D]. 北京:北京林业大学,2007:154.

③ 柯水发. 农户参与退耕还林行为理论与实证研究[D]. 北京:北京林业大学,2007:154.

行政村是基层社区,既是集体土地的所有者,又是政府购买农户生态建设产品时的谈判者,也是生态建设成果的维护者和管理者,直接为政府监测提供信息,起到了政府和农户连接的桥梁作用。行政村在退耕还林中的作用可以简单地归结于政府机构的末梢,没有发挥其通常在基层自主治理中的作用。

2. 农户的目标和利益

对于农户行为,学术界有许多研究,绝大多数的结论是其行为目标是经济效益的最大化和风险的最小化。农户是退耕还林的具体实施者。其受益体现在:获得粮食补助,获得现金补助,解放了劳动力,获得技术支持,转变了观念,家庭林地经营面积增加等。其受损体现在:耕地面积减少,林地经营风险增加,增加林地管护责任,承担政策风险压力,林地经营外部性问题等。[①]

### 三、退耕还林相关主体之间的博弈

按照博弈论的观点,面对稀缺有限的资源,由于各主体对各自利益的追求,便诱发了不同主体的经济行为和利益关系博弈,最终产出不同的政策实施结果。退耕还林工程主要涉及中央政府、地方政府和农户几方相关利益主体,各利益主体之间存在着责任、权利、利益关系,各方都希望能在退耕还林实施过程中达到自己的最优目标或实现利益的最大化,其实施过程就是一个博弈的过程。

1. 政府和退耕农户之间的博弈

退耕还林过程中,政府主要是从生态安全、可持续发展的角度出发,追求生态效益和国民经济的整体效益。而退耕农户主要是从收入增加、生活改善的角度出发,追求自身经济收益。由于农民对退耕还林政策的稳定性和长期性持怀疑态度,因而在生态保护和建设的过程中不会全力投入,于是就产生了政府和农户间的博弈。

如果政府扩大退耕还林的规划面积,就会减少农地,因而加大实施以粮代赈政策的成本,还有可能使更多的退耕农户在政府对其粮食和现金补助年限到期之后失去基本的生存保障。如果政府缩减退耕还林的规划面积,虽然可以增加粮食生产,并减少以粮代赈政策的实施成本,但生态环境的治

① 柯水发. 农户参与退耕还林行为理论与实证研究[D]. 北京:北京林业大学,2007:154.

理效果将会降低;如果政府的粮食和资金补贴高于从退耕地中获得的收入,理性的农户理所当然会选择退耕。但是,当农户退耕地的净收益高于政府的补贴加上还林后的收益时,农户是不愿意退耕的。因而政府如何选择,将是解决问题的关键之一。

2. 中央政府和地方政府之间的博弈

1994 年开始实施的财政制度改革使地方政府获得了相对独立的利益和经济管理权,但地方政府在享有一定的发展地方经济的权利同时也背负着沉重的负担。作为当地公共服务的提供者,地方政府要负担地方的基础设施建设、教育、卫生、社会保障等各项社会事业的开支。由此产生的结果是,地方政府既要完成上级政府部署的发展指标和改革任务,同时还担负着维护当地经济发展、社会治安和社会福利保障等多项职能。在这双重责任下,地方政府自然会成为一个利益主体,有维护和发展本地区利益的内在要求。

基于以上原因,在生态治理政策推出后,自然就会出现地方政府与中央政府之间的博弈行为。在西部地区,中央政府希望通过退耕还林政策的实施,以较小的财政付出获取生态目标的实现。而地方政府在追求生态效益的同时,更追求地方的经济利益,希望借退耕还林的机会调整农村产业结构、增加地方财政收入,毕竟以改善生态获取政绩远没有发展经济来得快。故地方和中央政府博弈的结果往往是"上有政策,下有对策",许多地方的政府和林管部门用各种办法,如虚报退耕还林面积、更换林种、与农民"合谋"欺骗上级以获取粮食和资金、制造"应检工程"和"政绩工程"等来对付中央政府下达的任务。因而中央政府和地方政府的进一步协调,也将是解决问题的关键之一。

其实,退耕还林过程中还涉及更多主体间的博弈行为,正确认识他们之间的博弈关系和利益诉求,从和谐博弈的目标出发,可以相对达到不同利益者之间的共赢,对退耕还林工作的可持续发展具有重要意义。目前,我国的许多学者像王亚娟、刘小鹏、马俊杰,①杨明洪,②李豫新、殷朝华,③于转利、

① 王亚娟,刘小鹏,马俊杰. 贫困山区退耕还林(草)和禁伐政策实施低效的博弈解析[J]. 水土保持通报,2002,22(3):39~42.

② 杨明洪. 退耕还林还草工程实施中经济利益补偿的博弈分析[J]. 云南社会科学,2004(6):64~68.

③ 李豫新,殷朝华. 退耕还林工程利益主体的博弈分析[J]. 石河子大学学报(哲学社会科学版),2004,4(4):36~39.

罗剑朝、张海鹏、王勇胜，[①]李文刚、罗剑朝、朱兆婷，[②]曹扬、刘晶晶，[③]柯水发[④]等已进行了一些开创性的研究，为退耕还林工程的后续政策制定提供了很好的理论基础和依据。

## 第五节 退耕还林生态补偿问题的相关经济理论

2007年以后，退耕还林工程进入成果巩固阶段，生态补偿问题成为这项工程政策研究的焦点。研究生态补偿的经济学意义，建立符合中国国情、各区域区情、林情的生态补偿机制，是协调国家、地方和广大农民三者之间的利益关系，调动和保护工程建设主体积极性，提高工程质量，巩固退耕还林工程成果，保持工程健康持续发展的重要步骤。

### 一、生态补偿的概念

生态补偿（Ecological Compensation）最早源于1976年德国实施的Engriffs Regelung政策，是以保护和可持续利用生态系统为目的，以经济手段为主，调节相关者利益关系的制度安排。在20世纪90年代前期的文献报道中，生态补偿通常是生态环境加害者付出赔偿的代名词。而90年代后期以来，生态补偿则更多地指对生态环境保护、建设者的一种利益驱动机制、激励机制和协调机制。到今天，生态补偿已经不是单纯意义上对环境负面影响的一种补偿，也包括对环境正面效益的补偿，涉及的范围也不是单纯的项目建设，包括到政策、规划、生态保护等多个方面。[⑤]

虽然国内外对生态补偿有不少定义，但由于侧重点不同及生态补偿本身的复杂性，至今尚未有一个统一的定义。《环境科学大辞典》曾将自然生态补偿（Nature Ecological Compensation）定义为："生物有机体、种群、群落或生态系统受到干扰时，所表现出来的缓和干扰、调节自身状态使生存得以维

---

① 于转利，罗剑朝，等．退耕还林（草）的博弈分析[J]．西北农林科技大学学报（社会科学版），2005(3)：18~20.

② 李文刚，罗剑朝，等．退耕还林政策与农户激励的博弈均衡分析[J]．西北农林科技大学学报（社会科学版），2005(1)：15~18.

③ 曹扬，刘晶晶．退耕还林过程中政府与农户行为的博弈分析[J]．宁夏社会科学，2005(5)：40~45.

④ 柯水发．退耕还林工程利益相关者行为动态博弈分析[J]．林业经济问题，2008，28(1)：47~52.

⑤ 蔡邦成，温林泉，陆根法．生态补偿机制建立的理论思考[J]．前沿论坛，2005(3)：47~50.

持的能力,或者可以看作生态负荷的还原能力"。① Cuperus 等将生态补偿定义为:"对在发展中对生态功能和质量所造成损害的一种补助,这些补助的目的是为了提高受损地区的环境质量或者用于创建新的具有相似生态功能和环境质量的区域。"②毛显强等将生态补偿定义为:"通过对损害(或保护)资源环境的行为进行收费(或补偿),提高该行为的成本(或收益),从而激励损害(或保护)行为的主体减少(或增加)因其行为带来的外部不经济性(或外部经济性),达到保护资源的目的。"③尽管生态补偿的定义没有统一,但其基本理论依据是一致的,即环境外部成本内部化原理,其目的就是为了解决资源与环境保护领域的外部性问题,使资源和环境被适度、持续的开发、利用和建设,让生态保护成果的"受益者"支付相应的费用,使从事生态建设和保护者得到相应的补偿,通过制度创新解决好生态投资者的合理回报,激励人们从事生态保护投资并使生态资本增值,从而达到经济发展与保护生态平衡协调,促进可持续发展的最终目标。因此可以认为,所有为保护生态环境而对保护生态环境的个人或集体提供资金的行为都属于生态补偿的范围,如退耕(牧)还林(草)、退田还湖、沙漠化治理、水土流失治理、土地盐碱化治理、天然林保护等。

## 二、生态补偿的经济理论基础④

生态补偿思想主要来源于三大经济学流派,即新古典经济学的外部效应理论、微观经济学的公共产品理论和生态资本理论,同时结合了现代可持续发展理论以及注重效率与公平的价值观。

### (一)外部效应(外部性)理论

1890 年,马歇尔在其巨著《经济学原理》一书中将外部经济(正外部性)定义为:"某些类型的产业发展和扩张是由于外部经济降低了产业内的厂商的成本曲线。"这种现象对于厂商而言是一种正外部性。马歇尔对外部经济概念的发现和阐述,被证明是为公共经济领域中新的理论原理发展奠定了

① 环境科学大辞典编委会. 环境科学大辞典[M]. 北京:中国环境科学出版社,1991:326.

② Ruud Cupers. Guidelines for Ecological Compensation Associated with Highways[J]. Biological Conservation,1999(90):41~45.

③ 毛显强,钟瑜,张胜. 生态补偿的理论探讨[J]. 中国人口·资源与环境,2002(4):38~42.

④ 孔凡斌. 中国退耕还林工程政策[M]. 北京:中国环境科学出版社,2006:138~140.

基础。

一般来说,公共物品容易产生外部性。按照影响的范围,外部性可分为"消费外部性"和"生产外部性";按照外部效应结果的不同可分为正外部性(外部经济)效应和负外部性(外部不经济性)效应。对于退耕还林而言,其生态功能的发挥对其周围地区会产生有利的影响,因此,它具有正外部性。①

正是由于退耕还林工程提供的是一种具有正外部效应的公共物品,使得生态自然环境的价值在消费过程中被忽略,市场机制不能使生态质量在经济扩张过程中得到充分的保障,从而出现了生态自然环境中的"市场失灵",由此引发的一系列生态问题已引起人们的高度重视。在投资退耕还林工程时,建设承担者需要投入大量的人力、物力、财力,而收益范围却远大于生态建设的范围,这就引发了建设者的私人成本与广泛的社会收益之间的冲突,即生态建设的社会收益远高于建设者、投入者的私人成本,这对建设承担者而言显然不公平,他们的积极性就难以被调动起来,生态建设项目的有效实施便会受阻。并且生态收益随生态功能辐射强度的变化在不同地区的受益程度是不均等的,也就是说这种外部性具有地域性,从而给生态建设的外部性内部化带来了很大的困难。因此,协调好私人成本与社会收益之间的矛盾,从而将生态与自然环境的外部性内部化就成为解决生态建设问题的根源。

对于外部性内部化问题,经济学界有两种主要的路径选择:"庇古税"和"科斯定理"。庇古认为,社会边际成本收益与私人边际成本收益背离时,不能靠在合约中规定补偿办法予以解决。这时,市场机制无法发挥作用,即出现市场失灵。这就必须依靠外部力量,即政府干预加以解决。当它们不相等时,政府可以通过税收与补贴等经济干预手段使边际税率(边际补贴)等于外部边际成本(边际外部收益),使外部性"内部化"。通过征税和补贴,外部效应就内部化了,实现私人最优与社会最优的一致。这就是庇古提出的"修正税"办法。另一种解决外部性问题的办法被称为"科斯定理",即在交易成本为零时,只要产权初始界定清晰,并允许经济活动当事人进行谈判交

---

① 康慕谊,董世魁,秦艳红. 西部生态建设与生态补偿——目标、行动、问题、对策[M]. 北京:中国环境科学出版社,2005:36~37.

易,市场均衡的结果都会使得资源有效配置。外部效应理论在生态保护领域已经得到广泛的应用,对于生态补偿具有很强的政策含义。在实际选择生态补偿路径时,需要明确的一点是:以市场为主导的补偿与以政府为主导的补偿并不矛盾,具体采用何种方式决定于补偿尺度和补偿时效的不同。

(二)公共产品理论

公共产品(Public Goods),或称为公共物品、公用产品等,是相对于私人产品(Private Goods)而言的。现代经济学对公共产品的研究起点是以萨缪尔森的两篇著名文章《公共支出的纯理论》和《公共支出理论图解》为标志。此后,马斯格雷夫、科斯、布坎南、斯蒂格利茨和蒂布特等分别从各自的视角对公共产品进行了分析,从而形成了丰富的巩固产品理论。

一般认为,公共产品的严格定义是萨缪尔森给出的。1954 年萨缪尔森在《公共支出理论》中最早对公共产品做出了比较严格的定义。按他的定义,纯粹的公共产品是指这样一种产品,即每个人消费这种产品不会导致别人对该产品消费的减少。

为了清楚地辨别公共产品与私人产品,公共经济学提出了纯粹公共产品与私人产品不同的三个基本特征:第一,消费的非竞争性,一部分人对某一产品的消费不会影响另一些人对该产品的消费,一些人从这一产品中受益不会影响其他人从这一产品中受益,受益对象之间不存在利益冲突;第二,收益的非排他性,是指产品在消费过程中所产生的利益不能为某个人或某些人所专有,要将一些人排斥在消费过程之外,不让他们享受这一产品的利益是不可能的;第三,效用的不可分割性,即公共产品是向整个社会的成员共同享用公共产品的效用,而不能将其分割为若干部分,分别归属于某些厂商或个人享用,或不能按照谁付款谁收益的原则,限定为之付款的个人或厂商使用。

在判断某一产品是否是公共产品时,主要是看它是否具有非排他性和非竞争性的特点。在现实生活中,同时具备非竞争性和非排他性的纯公共产品并不多见,大多数的产品只具有两种特征之一。凡是这种具备非竞争性或非排他性特征之一者,称为准公共产品或混合产品,主要包括以下两类:一是俱乐部产品,其特点是只具有消费的非竞争性,不具有非排他性;二是共有资源,其特点是具有非排他性,但在消费上具有竞争性。

由于生态产品所发挥的效益是一种无形效用，不能储藏和移动，生产者难以对其做出控制，于是无法迫使受益者偿付了补偿费后才享用其生态效用，因此，生态产品具有公共性，属于公共物品。正是这种公共性，导致了人们在没有任何限制的情况下为满足自己的私人目的对其无限制地利用，其后果必然出现"公地悲剧"，致使生态环境严重恶化。由于很多自然资源具有不可再生性或再生需要很长的周期，导致了人们原以为可以随意享用的土地、水源、树林、地下矿产、动植物资源、大气等严重减少或质量恶化，随着生态环境问题的日益严峻，其稀缺性越发凸显。政府管制和政府埋单是有效解决公共产品的机制之一，但不是唯一的机制。如果通过制度创新让受益者付费，让公共产品的供给者得到合理的经济回报，那么，生态保护者同样能够像生产私人物品一样得到有效激励。

（三）生态资本理论

根据资源价值理论，生态环境与资源是有价值的。生态系统提供的生态服务应被视为一种资源、一种基本的生产要素，而这种生态服务或价值的载体即"生态资本"。生态资本主要包括以下四个方面：能直接进入当前社会生产与再生产过程的自然资源，即自然资源总量（可更新的和不可更新的）和环境消纳并转化废物的能力（环境的自净能力）；自然资源（及环境）的质量变化和再生量变化，即生态潜力；生态环境质量，这里是指生态系统的水环境质量和大气等各种生态因子为人类生命和社会生产消费所必需的环境资源质量。而整个生态系统就是通过各环境要素对人类社会生存及发展的效用总和体现它的整体价值。

随着社会的进步，人类对生存环境质量的要求越高，生态系统的整体性就越重要，而生态资本存量的增加在经济发展中的作用也日益显著。生态资本作为资本的表现形式，具有资本的一般自然属性，依照资本的属性运行，即以增值为目的，所以需要按照市场的规则运营，同时也要受竞争规律的支配。另外，生态资本又具有生态的基本属性，必须遵循生态规律。因此，在对生态产品的投资经营中，必须遵循资本收益递减和生态平衡双重规律，随着生态产品稀缺性的日益突出，人们意识到不能只向自然索取，而要投资于自然。但是，随着生态资本的增值，而生态投资者不能得到相应的回报，那么就会严重损伤生态投资者的积极性，从事这种"公益事业"的长期积极性就不可能坚持。由此可见,生态补偿制度的建立不容忽视。只有通过补偿,解决好生态投资者的合理回报,才能激励人们从事生态保护投资并使生态资本增值。①

(四)可持续发展理论

1978 年,国际环境和发展委员会(WCED)首次在文件中正式使用了可持续发展概念。1987 年由布伦特兰报告《我们共同的未来》(Our Common Future)发表之后,可持续发展才对世界发展政策及思想界产生重大影响。布伦特兰报告对可持续发展的定义是:“可持续发展是既满足当代人的需要,又不对后代满足其需要的能力构成危害的发展。”该定义目前是影响最大、流传最广的定义,包含了可持续发展的公平性原则(Fairness)、持续性原则(Sustainable)、共同性原则(Common)。它强调了两个基本观点,一是人类要发展,尤其是穷人要发展;二是发展有限度,不能危及后代人的生存和发展。这一表述实际上已进一步地成为一种国际通行的对可持续发展概念的解释,既实现经济发展的目标,又实现人类赖以生存的自然资源与环境的和谐,使子孙后代安居乐业得以永续发展。依据可持续发展理论的原则,我国生态建设领域需要采用“谁污染谁赔偿,谁受益谁补偿”的原则,对损害资源环境的行为进行收费或对保护资源环境的行为进行补偿,以提高该行为的成本或收益,达到保护资源的目的。

(五)效率与公平理论

效率是评判资源配置状况的重要标准。经济学中对效率的最佳解释是意大利经济学家帕累托所提出的“帕累托效率原则”,即任何资源重新调整使得某些人的境况变好,同时又不使得任何一人的境况变坏,这样的资源配置是最有效率的。在现实生活中,帕累托效率不可能完全实现,大多数的经济活动都可能是以其他人境况变坏为代价而使某些人境况变好。基于这种事实,我国生态建设工程就应该充分利用补偿的办法,如东部地区对西部地区的补偿、江河下游对上游的补偿等对资源进行重新配置,调整生态建设者和生态受益者的利益格局,以追求全社会的最大利益。

在考虑效率标准的同时,还需考虑公平标准。因此,效率和公平都是资

① 黄立洪,柯庆明,林文雄. 生态补偿机制的理论分析[J]. 中国农业科技导报,2005,7(3):9.

源配置的重要因素。由于生态建设和保护提供的是公共物品，公共物品或服务（如生态环境效用）的配置往往会偏离效率，加之公共物品的非竞争性和非排他性，很容易出现“搭便车”的行为，消费者作为理性经济人自然不会主动对生态效用的提供者进行经济补偿，从而导致“市场失灵”，进而导致利益分配不公。由于市场失灵的领域正是政府可以发挥作用的范围，所以政府应该干预公共物品的供给，使参与生态建设的当代人和后代人都能够受益，既体现代内公平，又体现代际公平。因此，完善生态环境经济补偿机制是必不可少的。①

① 蔡庆华，余晓龙．对西部大开发中建立生态环境经济补偿机制的探讨[J]．西部论坛，2004，6(6)：5.

# 第二章 CHAPTER 2 现行退耕还林政策体系及其实施成效

1997 年的黄河断流和 1998 年的长江、松花江、嫩江发生了百年不遇的特大洪灾后，党中央、国务院基于重灾后的反思和其他战略考虑，正式把退耕还林（草）工程列为国家生态环境保护与建设项目。明确提出要对 25°以上的陡坡耕地、严重沙化耕地退出耕作的农民以补助的政策，通过植树造林恢复森林植被，实现生态环境的好转。把工程与调整当地农业生产结构、扶贫以及全社会的可持续发展相结合，坚持“宜乔则乔、宜灌则灌、宜草则草”的原则，以营造既有生态防护效能，又能产生一定经济效益的林木为主，努力实现生态效益与经济效益“双赢”目标。这一工程的启动与政策设计的初衷无疑是合理的，但经过十余年的实践，我们需要对这一政策的体系实践状况做一全面梳理，以便为退耕还林的后续政策的设计和制定提供更加科学的依据和借鉴。

## 第一节　现行退耕还林政策体系的目标与内容

退耕还林工程是国家重点生态环境建设项目，它包含两层含义：首先它是依据法律法规或实际情况确定的应该停止农业耕作的坡耕地；其次，退耕之后要造林种草。这不仅有利于改变坡耕地导致严重水土流失的现状，而且有利于山区改善土地利用结构，是实现农业经济可持续发展的必然要求。

## 一、退耕还林工程政策的目标

从我国退耕还林政策设计的初衷来看,退耕还林具有多重目标。从不同的角度可以对其预期目标进行划分,其政策目标主要表现在以下几个方面。

### (一)基于具体内容的预期目标

#### 1. 生态目标

退耕还林工程的首要目标和基本着眼点在于生态环境的建设和改善。长期以来,随着人口的增加,西部地区为解决温饱问题而开垦坡地种植粮食的情况非常严重。坡地的开垦虽增加了一些粮食产量,但对林草植被破坏最大,造成严重的水土流失,据估计长江、黄河的泥沙量有1/3来自坡耕地。1998年长江洪水流量并不是历史最大的,却造成了历史最高水位。根本原因就是上游地区长期的水土流失,大量泥沙涌入河道和湖泊,造成河床抬高、湖底淤积,使江河、湖泊抵御和调节洪水的能力大大降低。不少地方由于长期陡坡开垦、土壤流失严重,已丧失了基本的生存条件。因此,国家希望对中西部地区的坡耕地实行退耕还林(还草)工程,增加地表植被,增强水土保持的能力,不仅有利于改善当地乃至全国的生态环境,而且对全国经济和社会发展起到积极的促进作用。在各年度任务安排中要求生态林比例不得少于80%,经济林所占比例不得超过20%。由此可以看出,生态目标是退耕还林工程的首要目标,充分体现生态优先的原则。

#### 2. 社会经济目标

中央政府和地方政府希望通过退耕还林工程,在改善生态环境的同时,能够促进土地结构和产业结构的合理调整,促进林业和畜牧业的发展,形成农林牧各业互相促进的效应,促进全国粮食生产的良性循环,增加经济林产品和粮食产量,调整和优化人们的食品结构,提高生活质量。退耕还林工程既是生态工程,又是扶贫工程。各地在退耕还林工程实践中,把工程建设与解决群众脱贫致富结合起来,直接增加农民收入,从某种意义上讲,退耕还林工程也是最有效的扶贫工程。地方政府通过退耕还林工程调整农村产业结构,扶持龙头企业,发展支柱产业,开辟就业门路,增加农民收入,实施生态移民,加快小城镇建设,促进农业人口逐步向城镇转移,谋求地方经济的腾飞。农户参与退耕还林工程,可以获得补助,是最初和最大的动力,也是农户参与退耕的最原始目标。与此同时，由于退耕农户和地方政府是我国退耕还林实施的主体和主要执行者，因此，社会经济目标能否实现，是退耕还林政策生态目标能否实现和退耕还林成果能否巩固的重要前提和保障。

（二）基于时间序列的预期目标

1. 退耕还林工程的近期目标

按照国家林业局、发改委、财政部等上报国务院的全国退耕还林工程初步规划，“十五”期间（2001—2005 年）确保水土流失比较严重的陡坡耕地基本退下来，扩大宜林荒山荒地造林面积。通过工程的实施，退耕地造林 1.7 亿亩，宜林荒山荒地造林 2.0 亿亩，新增林草植被面积 3.7 亿亩，工程区林草覆被率增加 3.5%，控制水土流失面积近 10 亿亩，防风固沙控制面积 11.8 亿亩，工程区脆弱的生态环境得到初步治理。

2. 退耕还林工程的远期目标

退耕还林工程的远期目标是到 2010 年，完成退耕还林工程 2.2 亿亩，除试点期间已完成任务外，2001—2010 年退耕地造林 2.082 亿亩，其中，长江流域及南方地区 1.03914 亿亩，黄河流域及北方地区 1.04286 亿亩（京津风沙源治理工程区 2012.6 万亩）。规划退耕地营造生态林 16656 万亩，占任务量的 80%；经济林 4164 万亩，占 20%。长江流域及南方地区退耕地营造生态林 8313.1 万亩，经济林 2078.3 万亩；黄河流域及北方地区退耕地营造生态林 8342.9 万亩，经济林 2085.7 万亩。其中，2001—2005 年长江流域及南方地区，黄河流域及北方地区退耕地造林分别为 8437.6 万亩和 8562.4 万亩。

除了生态林和经济林以外，还计划宜林荒山荒地造林 2.6 亿亩，除试点期间已完成任务外，2001—2010 年宜林荒山荒地造林 2.52 亿亩。其中，长江流域及南方地区 1.06079 亿亩，黄河流域及北方地区 1.45921 亿亩（京津风沙源治理工程区 1931 万亩）。规划宜林荒山荒地营造生态林 2.016 亿亩，占任务量的 80%；经济林 5040 万亩，占 20%。长江流域及南方地区营造生态林 8486.3 万亩，经济林 2121.6 万亩；黄河流域及北方地区营造生态林 1.16737 亿亩，经济林 2918.4 万亩。其中，2001—2005 年长江流域及南方地区、黄河流域及北方地区宜林荒山荒地造林分别为 8346.3 万亩和 1.16537 亿亩。陡坡耕地基本实现退耕还林工程，严重沙化耕地基本得到治理，新增林草植被面积4.8亿亩,工程区林草覆被率增加4.5%,控制水土流失面积13.0亿亩,防风固沙控制面积15.4亿亩,工程治理地区的生态环境得到较大改善,为实现社会主义现代化建设第三步战略目标提供生态保障。

退耕还林工程初始目标是停止长江上游、黄河中上游地区水土流失严重的坡耕地上的农业生产,代之以林草植被的恢复,以实现防治水土流失、改善生态环境,调整农村产业结构、发展农村经济,保护和建设基本农田、提高粮食单产。2002—2003年是退耕还林工程飞速发展的时期,2003年9月以后,我国曾一度出现粮食供不应求,价格上涨,进而引起其他产品如饲料、油类、肉类价格的连锁上涨,由此引发了人们对退耕还林工程与粮食安全之间关系的关注。2004年国家对退耕还林工程这项全国最大规模的林业发展项目在大规模扩张之后,进行了结构性调整,对退耕地造林大幅压缩。2005年针对一些地区退耕农户的长远生计缺乏保障,后续产业没有形成,农村替代能源没有同步建设等问题,国务院决定把退耕还林工程与基本农田建设、农村能源建设、生态移民、后续产业发展、封山禁牧舍饲等配套保障措施结合起来,巩固退耕还林工程成果。由此可以看出,我国的退耕还林工程在原有的目标上又增加了一些配套政策的具体目标,以确保我国退耕还林工程总体目标的实现。

## 二、现行退耕还林政策体系的内容

自1999年启动退耕还林工程试点以来,国务院、国家林业局以及相关部委和各级地方人民政府、职能部门陆续颁布、制定了一系列的规章制度,对退耕还林工程的技术、补助、管理等做了明确具体的政策规定。

### (一)国家政策文件

#### 1. 综合性政策文件(共8个)①

从2002年退耕还林工程全面启动到2007年制定实施的巩固退耕还林成果的综合性政策共有以下8个。

(1)2002年12月14日中华人民共和国国务院令第367号公布《退耕还林工程条例》。

---

① 国家林业局退耕还林办公室. 退耕还林工程政策文件[M]. 北京:知识产权出版社,2006:3~36.

(2)2000 年 3 月 9 日国家林业局、国家计委、财政部《关于开展 2000 年长江上游、黄河上中游地区退耕还林(草)试点示范工作的通知》(林计发[2000]111 号)。

(3)2000 年 9 月 11 日《国务院关于进一步做好退耕还林工程还草试点工作的若干意见》(国发[2000]24 号)。

(4)2002 年 4 月 11 日《国务院关于进一步完善退耕还林工程政策措施的若干意见》(国发[2002]10 号)。

(5)2005 年 4 月 17 日国务院办公厅印发了《关于切实搞好"五个结合"进一步巩固退耕还林工程成果的通知》(国办发[2005]25 号)。

(6)2005 年 5 月 31 日国家发展改革委《关于下达 2005 年退耕还林工程前期工作中央预算内投资计划的通知》(发改投资[2005]936 号)。

(7)2005 年 5 月 31 日国家发展改革委《关于下达 2005 年中央预算内投资计划的通知》(发改投资[2005]552 号)。

(8)2007 年 8 月 9 日国务院下发《关于完善退耕还林工程政策的通知》(国发[2007]25 号)。

2. 政策兑现类文件(共 5 个)①

(1)2000 年 3 月 14 日国家发展计划委员会、国家粮食局、国家林业局、财政部、农业部、中国农业发展银行关于印发《以粮代赈、退耕还林工程还草的粮食供应暂行办法》的通知(计粮办[2000]241 号)。

(2)2000 年 10 月 13 日财政部、国家税务总局《关于退耕还林工程还草试点地区农业税政策的通知》(财税[2000]103 号)。

(3)2000 年 10 月 7 日财政部、国务院西部开发办公室、国家计划发展委员会、国家粮食局、国家林业局、农业部、中国农业发展银行关于印发《退耕还林工程还草试点粮食补助资金财政、财务管理暂行办法》的通知(财建[2000]292 号)。

(4)2002 年 11 月 6 日财政部关于印发《退耕还林工程现金补助资金管理办法》(财农[2002]156 号)。

---

① 国家林业局退耕还林办公室. 退耕还林工程政策文件[M]. 北京:知识产权出版社,2006:3~36.

(5)2004 年 4 月 13 日国务院下发《国务院办公厅关于完善退耕还林粮食补助办法的通知》(国办发[2004]34 号)。

3. 工程管理类文件(共 16 个)①

(1)2000 年 12 月 27 日国家林业局办公室印发《退耕还林工程生态林与经济林认定标准》(试行)的通知(办造字[2000]72 号)。

(2)2001 年 1 月 20 日国家林业局印发《退耕还林工程还草工程县级作业设计技术规程》(试行)(林生发[2000]22 号)。

(3)2001 年 2 月 2 日国家林业局、国务院西部地区开发领导小组办公室关于印发《退耕还林工程建设检查验收办法》(试行)的通知(林生发[2001]43 号)。

(4)2001 年 12 月 11 日国家林业局办公室《关于开展 2001 年度退耕还林工程建设省级复查工作的通知》(办退字[2001]152 号)。

(5)2001 年 2 月 7 日国家林业局办公室《关于建立退耕还林还草工程统计报告制度的通知》(办退字[2001]16 号)。

(6)2002 年 9 月 30 日国家林业局《关于开展退耕还林工程管理实绩检查工作的通知》(林退发[2002]223 号)。

(7)2002 年 1 月 30 日国家林业局《关于做好 2002 年退耕还林工作的通知》(林退发[2002]19 号)。

(8)2002 年 1 月 23 日国家林业局办公室《关于抓紧编制 2002 年省级退耕还林实施方案的通知》(办退字[2002]10 号)。

(9)2002 年 1 月 14 日国家林业局办公室《关于修改退耕还林工程统计报告的通知》(办退字[2002]5 号)。

(10)2003 年 8 月 28 日国家林业局退耕还林办公室《关于进一步做好退耕还林培训工作的通知》(办退字[2003]17 号)。

(11)2003 年 4 月 7 日国家林业局《关于进一步加强退耕还林权登记发证工作的通知》(林资发[2003]49 号)。

(12)2004 年 8 月 20 日国家林业局《关于做好退耕还林工程大户承包管

① 国家林业局退耕还林办公室．退耕还林工程政策文件[M]. 北京:知识产权出版社,2006:38～79.

理工作的通知》(林退发[2004]145号)。

(13)2004年8月20日国家林业局《关于进一步做好退耕还林成果巩固工作的通知》(林退发[2004]122号)。

(14)2004年3月26日国家林业局《关于做好退耕还林工程效益监测工作的通知》(林退发[2004]49号)。

(15)2005年11月3日国家林业局《关于做好退耕还林封山育林工作的通知》(林退发[2005]169号)。

(16)2006年12月21日国家林业局关于印发《退耕还林工程质量评估办法》(试行)的通知(林退发[2006]265号)。

4. 技术规定文件(共7个)①

(1)2004年1月6日国家林业局《关于进一步完善退耕还林工程人工造林初植密度标准的通知》(林造发[2004]9号)。

(2)2003年6月18日国家林业局《退耕还林工程作业设计技术规定》(林退发[2003]90号)。

(3)2001年12月3日国家林业局《退耕还林工程生态林与经济林认定标准》(林退发[2001]550号)。

(4)2001年11月26日国家林业局《退耕还林工程建设检查验收办法》(林退发[2001]521号)。

(5)2001年2月5日国家林业局关于印发《退耕还林工程还草工程建设种苗管理办法》(试行)通知(林场发[2001]27号)。

(6)2003年7月24日国家林业局办公室关于印发《退耕还林工程建设监理规定》(试行)(办退字[2003]34号)。

(7)2003年7月23日国家林业局办公室关于印发《退耕还林工程档案管理办法》(试行)(办退字[2003]33号)。

(二)主要政策规定

1. 退耕地还林的技术规定

国家相关政策规定,水土流失严重的,沙化、盐碱化、石漠化严重的,生

① 国家林业局退耕还林办公室. 退耕还林工程政策文件[M]. 北京:知识产权出版社,2006:81~116.

态地位重要、粮食产量低而不稳的坡耕地应当纳入退耕还林工程规划,并根据生态建设需要和国家财力有计划地实施退耕还林工程。江河源头及其两侧、湖库周围的陡坡耕地以及水土流失和风沙危害严重等生态地位重要区域的耕地,应当在退耕还林工程规划中优先安排。基本农田保护范围内的耕地和生产条件较好、实际粮食产量超过国家退耕还林工程补助粮食标准并且不会造成水土流失的耕地,不得纳入退耕还林工程规划。但是,因生态建设特殊需要,经国务院批准并依照有关法律、行政法规规定的程序调整基本农田保护范围后,可以纳入退耕还林工程规划。

制定退耕还林工程规划时,应当考虑退耕农民长期的生计需要。退耕还林工程规划应当与国民经济和社会发展规划、农村经济发展总体规划、土地利用总体规划相衔接,与环境保护、水土保持、防沙治沙等规划相协调。退耕还林工程必须依照经批准的规划进行,未经原批准机关同意,不得擅自调整规划。

2. 钱粮补助的政策规定①

国家无偿向退耕农户提供粮食、现金和种苗补助。粮食补助标准,应根据农户退耕面积、当地实际平均粮食单产和还林还草情况综合确定,原则上要鼓励农民积极退耕。粮食补助的期限还草补助按 2 年计算,还经济林补助按 5 年计算,还生态林补助暂按 8 年计算。

按照粮源的组织由省(自治区、直辖市)负责,原则上以地方现有粮食企业的商品周转粮为主,必要时可动用地方储备粮和中央储备粮。粮食的供应要在当地政府统一组织下,就近调运,组织到乡、到村,兑付到户,减少供应环节,降低供应成本。向农民提供的粮食,不仅要兑现数量,而且要确保质量,坚决杜绝给农民陈化粮,粮食供应的品种及各品种搭配比例,由省(自治区、直辖市)政府根据当地农民的生活与种植习惯、当地粮食库存实际情况等合理确定。每亩退耕地每年补助粮食(原粮)的标准为:长江流域及南方地区 150 公斤,黄河流域及北方地区 100 公斤,补助粮食(原粮)的价款按每公斤 1.4 元折价计算,由中央财政负担,以省为单位统一算账。粮食调运费用由地方财政承担,不能转嫁到农民身上。有关粮食费用的结算,由财政

---

① 国家林业局退耕还林办公室. 退耕还林工程政策文件[M]. 北京:知识产权出版社,2006:3~116.

部门会同粮食部门和农业发展银行办理。从2004年7月31日起,原则上将向退耕户补助的粮食改为现金补助,按每公斤粮食1.40元计算,由各省包干给各设区市组织向退耕户兑现。

为鼓励农民退耕还林工程还草,考虑到农民退耕后近几年内需要维持医疗、教育等必要的开支和日常生活的需要,中央财政在一定时期内给农民适当的现金补助,现金补助标准按退耕面积每年20元/亩计算,补助年限与粮食补助年限相同。

退耕还林工程、宜林荒山荒地造林的种苗和造林费补助款由国家提供,国家计委的年度计划由中央基建投资安排。种苗和造林费补助标准按退耕地和宜林荒山荒地造林50元/亩计算。尚未承包到户及休耕的坡耕地,不纳入退耕还林工程兑现钱粮补助政策的范围,但可作宜林荒山荒地造林,按50元/亩标准给护种苗和造林费补助。干旱、半干旱地区若遇连年干旱等特大自然灾害确需补植或重新造林的,经国家林业局核实后,国家酌情给予补助。

2007年出台《国务院关于完善退耕还林工程政策的通知》,新政策的补助标准为现行退耕还林工程粮食和生活费补助期满后,补助标准为:长江流域及南方地区每亩退耕地每年补助现金105元;黄河流域及北方地区每亩退耕地每年补助现金70元。原每亩退耕地每年20元生活补助费,继续直接补助给退耕农户,并与管护任务挂钩。补助期为:还生态林补助8年,还经济林补助5年,还草补助2年。根据验收结果,兑现补助资金。各地可结合本地实际,在国家规定的补助标准基础上,再适当提高补助标准。凡2006年底前退耕还林工程粮食和生活费补助政策已经期满的,要从2007年起发放补助;2007年以后到期的,从次年起发放补助。同时,中央财政安排一定规模资金,作为巩固退耕还林工程成果专项资金,主要用于西部地区、京津风沙源治理区和享受西部地区政策的中西部地区退耕农户的基本口粮田建设、农村能源建设、生态移民以及补植补造,并向特殊困难地区倾斜。

3. 政策实施运行的规定①

相关政策从退耕还林工程的规划、报批、实施,以及相关林分的管理等

---

① 国家林业局退耕还林办公室. 退耕还林工程政策文件[M]. 北京:知识产权出版社,2006:3~116.

方面作了详细的规定。

(1)退耕还林工程总体规划由国务院林业行政主管部门编制,经国务院西部开发工作机构协调、国务院发展计划部门审核后,报国务院批准实施。省、自治区、直辖市人民政府林业行政主管部门根据退耕还林工程总体规划会同有关部门编制本行政区域的退耕还林工程规划,经本级人民政府批准,报国务院有关部门备案,并要求省、自治区、直辖市人民政府林业行政主管部门根据退耕还林工程规划,会同有关部门编制本行政区域下一年度退耕还林工程计划建议,由本级人民政府发展计划部门审核,并经本级人民政府批准后,于每年8月31日前报国务院西部开发工作机构、林业、发展计划等有关部门。

(2)国务院林业行政主管部门汇总编制全国退耕还林工程年度计划建议,经国务院西部开发工作机构协调,国务院发展计划部门审核和综合平衡,报国务院批准后,由国务院发展计划部门会同有关部门于10月31日前联合下达。省、自治区、直辖市人民政府发展计划部门会同有关部门根据全国退耕还林工程年度计划,于11月30日前将本行政区域下一年度退耕还林工程计划分解下达到有关县(市)人民政府,并将分解下达情况报国务院有关部门备案。

(3)省、自治区、直辖市人民政府林业行政主管部门根据国家下达的下一年度退耕还林工程计划,会同有关部门编制本行政区域内的年度退耕还林工程实施方案,经国务院林业行政主管部门审核后,报本级人民政府批准实施。县级人民政府林业行政主管部门可以根据批准后的省级退耕还林工程年度实施方案,编制本行政区域内的退耕还林工程年度实施方案,报本级人民政府批准后实施,并报省、自治区、直辖市人民政府林业行政主管部门备案。

年度退耕还林工程实施方案应包括下列主要内容:退耕还林工程的具体范围,生态林与经济林比例,树种选择和植被配置方式,造林模式,种苗供应方式,植被管护和配套保障措施,项目和技术负责人等。县级人民政府林业行政主管部门应当根据年度退耕还林工程实施方案组织专业人员或者有资质的设计单位编制乡镇作业设计,把实施方案确定的内容落实到具体地块和土地承包经营权人。编制作业设计时,干旱、半干旱地区应当以种植耐旱灌木(草)、恢复原有植被为主;以间作方式植树种草的,应当间作多年生植物,主要林木的初植密度应当符合国家规定的标准。退耕土地还林营造的生态林面积,以县为单位核算,不得低于退耕土地还林面积的80%。县级人民政府或者其委托的乡级人民政府应当与有退耕还林工程任务的土地承包经营权人签订退耕还林工程合同。

(4)退耕还林工程合同应当包括下列主要内容:退耕土地还林范围、面积和宜林荒山荒地造林范围、面积;按照作业设计确定的退耕还林工程方式;造林成活率及其保存率;管护责任;资金和粮食的补助标准、期限和给付方式;技术指导、技术服务的方式和内容;种苗来源和供应方式;违约责任;合同履行期限等。

(5)退耕还林工程需要的种苗,可以由县级人民政府根据本地区实际组织集中采购,也可以由退耕还林工程者自行采购。集中采购的,应当征求退耕还林工程者的意见,并采用公开竞价方式,签订合同,超过国家种苗造林补助费标准的,不得向退耕还林工程者强行收取超出部分的费用。

任何单位和个人不得为退耕还林工程者指定种苗供应商。禁止垄断经营种苗和哄抬种苗价格。退耕还林工程所用种苗应当就地培育、就近调剂,优先选用乡土树种和抗逆性强树种的良种壮苗。林业、农业行政主管部门应当加强种苗培育的技术指导和服务的管理工作,保证种苗质量。销售、供应的退耕还林工程种苗应当经县级人民政府林业、农业行政主管部门检验合格,并附标签和质量检验合格证;跨县调运的,还应当依法取得检疫合格证。省、自治区、直辖市人民政府应当根据本行政区域的退耕还林工程规划,加强种苗生产与采种基地的建设。国家鼓励企业和个人采取多种形式培育种苗,开展产业化经营。

退耕还林工程者应当按照作业设计和合同的要求植树种草。禁止林粮间作和破坏原有林草植被的行为。退耕还林工程者在享受资金和粮食补助期间,应当按照作业设计和合同的要求在宜林荒山荒地造林。县级人民政府应当建立退耕还林工程植被管护制度,落实管护责任。退耕还林工程者应当履行管护义务。禁止在退耕还林工程项目实施范围内复耕和从事滥采、乱挖等破坏地表植被的活动。

(6)县级人民政府林业行政主管部门应当按照国务院林业行政主管部

门制定的检查验收标准和办法,对退耕还林工程建设项目进行检查验收,经验收合格的,方可发给验收合格证明。省、自治区、直辖市人民政府应当对县级退耕还林工程检查验收结果进行复查,并根据复查结果对县级人民政府和有关责任人员进行奖惩。国务院林业行政主管部门应当对省级复查结果进行核查,并将核查结果上报国务院。

同时《退耕还林工程条例》还明确规定了退耕地及其林木的权属与管理,国家保护退耕还林工程者享有退耕土地上的林木(草)所有权。自行退耕还林工程的,土地承包经营权人享有退耕土地上的林木(草)所有权;委托他人还林或者与他人合作还林的,退耕土地上的林木(草)所有权由合同约定。

(7)扶持和优惠政策。退耕土地还林还草后,由县级以上人民政府依照森林法、草原法的有关规定发放林(草)权属证,确认所有权和使用权,并依法办理土地变更登记手续。土地承包经营合同应当作相应调整。退耕土地还林后的承包经营权期限可以延长到70年。承包经营权到期后,土地承包经营权人可以依照有关法律、法规的规定继续承包。退耕还林工程土地和荒山荒地造林后的承包经营权可以依法继承、转让。资金和粮食补助期满后,在不破坏整体生态功能的前提下,经有关主管部门批准,退耕还林工程者可以依法对其所有的林木进行采伐。中央要求地方各级人民政府应当加强基本农田和农业基础设施建设,增加投入,改良土壤,改造坡耕地,提高地力和单位粮食产量,解决退耕还林工程者的长期口粮需求。地方各级人民政府应当根据实际情况加强沼气、小水电、太阳能、风能等农村能源建设,解决退耕还林工程者对能源的需求。

(8)实行报账制。国家在各省(自治区、直辖市)申报基础上平衡下达退耕还林工程(草)的年度计划和粮食、现金、种苗费用指标。各地要将退耕还林工程(草)的任务逐级落实到户,并分户建卡,由农户按规定的数量和进度进行退耕还林工程(草)。造林后,在地方政府统一组织下,由林业部门对退耕还林工程(草)进度、质量及管护情况组织检查验收,农户凭卡和验收证明,按报账制办法领取粮食和补助现金。

(9)建立技术支撑体系。在国家的退耕还林工程政策中,还特别强调对退耕还林工程的技术支持和相关的科研示范工作的开展,要求地方各级人民政府及其有关部门应当组织技术推广单位或者技术人员，为退耕还林工程提供技术指导和技术服务。同时要求切实将科技保障贯穿于试点工程的全过程，覆盖试点的所有区域。要根据不同气候条件、土地类型进行科学分类，认真规划宜林宜草地的区域，合理确定林草植被的恢复方式，要积极筛选、组装配套一批先进成熟的科技成果，系统地加以推广；要结合工程实际需要，组织各级科研部门对工程建设存在的技术难题进行攻关；要建立健全各级科技推广网络，做好技术指导及科技服务工作；要积极进行不同层次的培训，特别是要加强对农民的培训，提高工程建设者的整体素质。

## 第二节　退耕还林工程的实施进展与整体效益

退耕还林工程自1999年在四川、陕西、甘肃三省试点到2008年，经历了3年试点运行、2002—2003年大规模推进和2004年以后的结构性调整、巩固成果等阶段。其范围涵盖中国25个省（自治区、直辖市）和新疆生产建设兵团的2279多个县，3200万农户、1.24亿农民，是世界上有史以来政策性最强、投资量最大、涉及面最广、群众参与程度最高的一项林业生态建设工程。

### 一、退耕还林工程的实施进展

1999—2008年，国家共安排退耕还林任务2686.67万公顷，其中退耕地造林926.67万公顷，宜林荒山荒地造林1580万公顷，封山育林180万公顷。截至2008年底，中央已累计投入退耕还林资金1918亿元，按照目前实施规模和补助标准，国家还将投资2400多亿元。退耕还林是我国生态建设方式的一次重大变革，工程实施中，通过退耕还林钱粮直补到户，县级自查、省级复查、国家核查三级检查验收制度，以及及时落实林权等政策措施，不仅确保了工程建设进展顺利，而且确保了工程建设的高质量，得到了广大农民和社会各界的普遍称赞。根据2008年全国退耕还林阶段验收结果，原有补助到期的退耕还林面积保存率超过99%。国家统计局退耕还林抽样核查结果也显示，退耕还林计划任务完成率为98.9%。①

#### （一）退耕还林工程整体建设情况

自2002年退耕还林工程全面开展以来到2008年底，我国有25个省（自

① 吴礼军，赵铁珍，等．全国退耕还林工程进展成效综述[J]．林业经济，2009(9)：21.

治区、直辖市)和新疆生产建设兵团都实施了退耕还林工程的建设,在此期间,退耕还林工作取得了比较明显的进展。

1. 退耕还林工程整体完成情况

2002—2008 年我国退耕还林工程情况见表 2-1。

表 2-1 2002—2008 年我国退耕还林工程建设情况 单位:公顷

| 年份 | 指标 | 退耕还林工程 | 京津风沙源工程中的退耕 |
|---|---|---|---|
| 2002 | 退耕地造林面积 | 2039768 | 244707 |
| | 荒山地造林面积 | 2383839 | 242739 |
| | 生态林面积 | 3301241 | 414010 |
| | 经济林面积 | 429402 | 36370 |
| | 种草面积 | 110949 | 1863 |
| | 封山育林面积 | 53057 | 8334 |
| 2003 | 退耕地造林面积 | 3085926 | 332190 |
| | 荒山地造林面积 | 3110202 | 312572 |
| | 生态林面积 | 4934761 | 531936 |
| | 经济林面积 | 486591 | 18977 |
| | 种草面积 | 25540 | 13 |
| | 封山育林面积 | 26197 | 17533 |
| 2004 | 退耕地造林面积 | 824895 | 191662 |
| | 荒山地造林面积 | 2392647 | 158981 |
| | 生态林面积 | 655869 | 165927 |
| | 经济林面积 | 207686 | 10605 |
| | 种草面积 | 3488 | 9 |
| | 封山育林面积 | 169352 | 46919 |
| 2005 | 退耕地造林面积 | 667390 | 193797 |
| | 荒山地造林面积 | 1230970 | 100751 |
| | 生态林面积 | 563725 | 156530 |
| | 经济林面积 | 109916 | 7100 |
| | 种草面积 | 200 | 0 |
| | 封山育林面积 | 1055847 | 104312 |
| 2006 | 退耕地造林面积 | 218492 | 50361 |
| | 荒山地造林面积 | 758499 | 21117 |
| | 生态林面积 | 166511 | 47591 |

续表

| 年份 | 指标 | 退耕还林工程 | 京津风沙源工程中的退耕 |
|---|---|---|---|
| | 经济林面积 | 66020 | 2942 |
| | 种草面积 | 0 | 0 |
| | 封山育林面积 | 132989 | 18080 |
| 2007 | 退耕地造林面积 | 59457 | 25837 |
| | 荒山地造林面积 | 977335 | 25190 |
| | 生态林面积 | 49774 | 23770 |
| | 经济林面积 | 62603 | 800 |
| | 种草面积 | 0 | 1000 |
| | 封山育林面积 | 0 | 0 |
| 2008 | 退耕地造林面积 | 2164 | 9866 |
| | 荒山地造林面积 | 860809 | 78301 |
| | 生态林面积 | 2100 | 733 |
| | 经济林面积 | 92537 | 4385 |
| | 种草面积 | 0 | 0 |
| | 封山育林面积 | 0 | 0 |

资料来源:本表数据主要是笔者根据历年《中国林业统计年鉴》的数据整理而成。

从表2-1中可以看出,2002—2005年,退耕还林规模发展较快,随后,针对实际执行过程中所出现的问题,国家对此进行了调整,在退耕还林的林种结构中,生态林的面积较大,反映了我国退耕还林工程的生态首要目标,在2006年以后,退耕还林的规模逐步降下来了,经济林的比重有所提高。同时,自2002年,国家加大了每年的封山育林的面积和力度,其目的是巩固退耕还林的成果。在退耕还林工程中,京津风沙源治理工程中的退耕还林也是其重要组成部分,特别是2007—2008年,随着我国北方沙尘暴的影响和北京奥运会的召开,国家加大了对京津风沙源治理工程中的退耕还林还草的力度。整体而言,自2002—2008年,我国的退耕还林工程无论从工程的建设面积还是从建设的成效看,都取得了阶段性的成果。

2. 我国各地区退耕还林工程建设情况

自2002年退耕还林工程全面展开以后,各地区按照国家的相关政策和要求针对本地区的实际情况，纷纷开展了退耕还林工程的建设，其基本情况见表2-2。

表2-2 2002—2008年各地区退耕还林工程建设情况 单位：公顷

| 年份 | 地区 | 合计 | 退耕地造林面积 | 荒山荒地造林面积 | 生态林面积 | 经济林面积 | 种草面积 | 封山育林面积 |
|---|---|---|---|---|---|---|---|---|
| 2002 | 全国合计 | 4911053 | 2284475 | 2626578 | 3715251 | 465772 | 112812 | 61391 |
| | 北京 | 15383 | 8347 | 7036 | 11153 | 6502 | — | — |
| | 天津 | 893893 | — | 595 | — | 417 | — | 4667 |
| | 河北 | 291835 | 149967 | 141868 | 252413 | 31743 | 120 | — |
| | 山西 | 439282 | 188914 | 250368 | 396541 | 28911 | 2068 | 8513 |
| | 内蒙古 | 631565 | 232865 | 398700 | 541890 | 9174 | 3295 | — |
| | 辽宁 | 117697 | 47313 | 70384 | 104451 | 13246 | 29734 | 13333 |
| | 吉林 | 113397 | 46668 | 66729 | 71711 | 12657 | — | — |
| | 黑龙江 | 118571 | 47039 | 71532 | 52325 | 10227 | — | 1813 |
| | 安徽 | 266667 | 133333 | 133334 | 213334 | 53333 | — | — |
| | 江西 | 146716 | 73383 | 73333 | 117373 | 16522 | — | — |
| | 河南 | 160003 | 73339 | 86664 | 113085 | 24892 | 621 | — |
| | 湖北 | 219024 | 92996 | 126028 | 12137 | 24176 | 333 | 30179 |
| | 湖南 | 66732 | 35993 | 30739 | 60148 | 8684 | — | — |
| | 广西 | 125546 | 59689 | 65857 | 47339 | 40683 | — | — |
| | 海南 | 11744 | 6156 | 5588 | 8808 | 3127 | — | — |
| | 重庆 | 154787 | 84287 | 70500 | 106115 | 16751 | 517 | — |
| | 四川 | 431497 | 218108 | 213389 | 343482 | 42817 | 26 | — |
| | 贵州 | 307066 | 153503 | 153563 | 221626 | 16195 | — | — |
| | 云南 | 187765 | 95698 | 92067 | 133443 | 23172 | 930 | — |
| | 西藏 | — | — | — | — | — | — | — |
| | 陕西 | 498353 | 235299 | 263054 | 394504 | 47526 | 13121 | 2233 |
| | 甘肃 | 245590 | 111832 | 133758 | 179436 | 13214 | 1663 | — |
| | 青海 | 80410 | 47202 | 33208 | 80410 | — | 42294 | 320 |
| | 宁夏 | 120000 | 53333 | 66667 | 120000 | — | — | — |
| | 新疆 | 160530 | 88318 | 72212 | 132932 | 21803 | 18090 | 333 |
| | 新疆生产建设兵团 | 47520 | 27207 | 20313 | 41115 | 610 | 7015 | 333 |

续表

| 年份 | 地区 | 合计 | 退耕地造林面积 | 荒山荒地造林面积 | 生态林面积 | 经济林面积 | 种草面积 | 封山育林面积 |
|---|---|---|---|---|---|---|---|---|
| 2003 | 全国合计 | 6840890 | 3418116 | 3422774 | 5466697 | 505568 | 196853 | 43730 |
| | 北京 | 15796 | 9298 | 6498 | 11887 | 6695 | — | 9333 |
| | 天津 | 1173 | 1173 | — | 485 | 533 | — | 1333 |
| | 河北 | 464133 | 222086 | 242047 | 416012 | 20541 | 1375 | — |
| | 山西 | 340055 | 151436 | 188619 | 313478 | 13511 | 3078 | — |
| | 内蒙古 | 654897 | 299317 | 355580 | 547079 | 3749 | — | 6867 |
| | 辽宁 | 174744 | 94618 | 80126 | 150107 | 24637 | 11786 | — |
| | 吉林 | 129486 | 115775 | 13711 | 34222 | 8223 | 106200 | — |
| | 黑龙江 | 236791 | 141507 | 95284 | 221386 | 9022 | 29112 | — |
| | 安徽 | 161724 | 73675 | 88049 | 151669 | 10055 | — | — |
| | 江西 | 213332 | 106662 | 106670 | 167668 | 23932 | — | — |
| | 河南 | 253337 | 106674 | 146663 | 181113 | 44336 | — | — |
| | 湖北 | 280456 | 138588 | 141868 | 112256 | 36502 | — | — |
| | 湖南 | 392472 | 195476 | 196996 | 182173 | 46814 | — | — |
| | 广西 | 249085 | 110700 | 138385 | 170236 | 41222 | — | — |
| | 海南 | 69199 | 34553 | 34646 | 42336 | 11461 | — | — |
| | 重庆 | 33186 | 165749 | 16637 | 307662 | 31464 | 874 | — |
| | 四川 | 478891 | 240127 | 238764 | 376636 | 49984 | — | 3496 |
| | 贵州 | 346649 | 173165 | 173484 | 331282 | 12651 | 245 | — |
| | 云南 | 336565 | 162861 | 173704 | 259361 | 49560 | 827 | — |
| | 西藏 | 13333 | — | 13333 | — | — | — | — |
| | 陕西 | 562405 | 279641 | 282764 | 427946 | 25104 | 2130 | — |
| | 甘肃 | 526106 | 261397 | 264709 | 503642 | 19236 | 100 | — |
| | 青海 | 88160 | 60572 | 27588 | 88160 | — | 39808 | — |
| | 宁夏 | 270759 | 138887 | 131872 | 270759 | — | 813 | — |
| | 新疆 | 249456 | 134179 | 115277 | 199142 | 16316 | 505 | 22701 |
| | 新疆生产建设兵团 | 74142 | 47115 | 27027 | 63375 | 2284 | 320 | 22701 |

续表

| 年份 | 地区 | 合计 | 退耕地造林面积 | 荒山荒地造林面积 | 生态林面积 | 经济林面积 | 种草面积 | 封山育林面积 |
|---|---|---|---|---|---|---|---|---|
| 2004 | 全国合计 | 3568185 | 1016557 | 2551628 | 821796 | 218291 | 123330 | 216721 |
| | 北京 | 13117 | 6319 | 6798 | 3590 | 4861 | — | — |
| | 天津 | 202 | 202 | — | 138 | 64 | — | 667 |
| | 河北 | 315804 | 223169 | 81648 | 30440 | 2924 | 1 | 36408 |
| | 山西 | 170666 | 32001 | 138665 | 93620 | — | 82 | — |
| | 内蒙古 | 442470 | 106668 | 335801 | 93620 | 1998 | 700 | 9844 |
| | 辽宁 | 118810 | 27845 | 90965 | 25576 | 11636 | — | — |
| | 吉林 | 37259 | 26006 | 11253 | 23118 | 809 | 95489 | — |
| | 黑龙江 | 115809 | 31733 | 84076 | 18388 | 1252 | — | 81891 |
| | 安徽 | 29462 | 6701 | 22761 | 3859 | 1467 | — | — |
| | 江西 | 46666 | 6668 | 39998 | 5683 | 4123 | — | — |
| | 河南 | 186674 | 13332 | 173342 | 12464 | 16167 | — | — |
| | 湖北 | 120435 | 21325 | 99110 | 16397 | 16998 | — | — |
| | 湖南 | 322356 | 160258 | 162098 | 129809 | 41933 | 777 | — |
| | 广西 | 134467 | 23222 | 111245 | 19912 | 13216 | — | — |
| | 海南 | 26668 | — | 26668 | — | 5642 | — | — |
| | 重庆 | 107168 | 27167 | 80001 | 24001 | 5820 | — | — |
| | 四川 | 101150 | 30671 | 70479 | 27754 | 13433 | — | 9723 |
| | 贵州 | 143658 | 33339 | 110319 | 29244 | 3153 | — | 43803 |
| | 云南 | 111190 | 26436 | 84754 | 21014 | 12935 | 81 | — |
| | 西藏 | 667 | — | 667 | — | — | — | — |
| | 陕西 | 421506 | 197236 | 224270 | 167828 | 15801 | 53 | — |
| | 甘肃 | 316138 | 33301 | 282837 | 32323 | 6451 | 1677 | — |
| | 青海 | 43707 | 13636 | 30071 | 13039 | — | 24303 | — |
| | 宁夏 | 144895 | 65155 | 79740 | 10809 | — | 167 | — |
| | 新疆 | 97242 | 34701 | 62541 | 31142 | 12151 | — | 33935 |
| | 新疆生产建设兵团 | 14404 | 11271 | 3133 | 9485 | 5486 | — | 33935 |

续表

| 年份 | 地区 | 合计 | 退耕地造林面积 | 荒山荒地造林面积 | 生态林面积 | 经济林面积 | 种草面积 | 封山育林面积 |
|---|---|---|---|---|---|---|---|---|
| 2005 | 全国合计 | 2192908 | 861187 | 1331721 | 730255 | 117016 | 47582 | 1160159 |
| | 北京 | 825 | 625 | 200 | 556 | 358 | — | — |
| | 天津 | — | — | — | — | — | — | — |
| | 河北 | 207366 | 99643 | 107723 | 71392 | 14495 | — | 95998 |
| | 山西 | 76411 | 33999 | 42412 | 26799 | 2376 | — | 50264 |
| | 内蒙古 | 265565 | 144003 | 121562 | 119196 | 1328 | 667 | 95992 |
| | 辽宁 | 100453 | 23333 | 77120 | 20770 | 5252 | — | 64668 |
| | 吉林 | 17583 | 12811 | 4772 | 9046 | — | 34417 | — |
| | 黑龙江 | 65737 | 27278 | 38459 | 26800 | 398 | — | 86665 |
| | 安徽 | 17026 | 13333 | 3693 | 12667 | 725 | — | 40013 |
| | 江西 | 33332 | 6663 | 26669 | 3608 | 3033 | — | 33336 |
| | 河南 | 100233 | 31132 | 69101 | 29069 | 4394 | — | 64227 |
| | 湖北 | 123044 | 38663 | 84381 | 27347 | 10045 | — | 8819 |
| | 湖南 | 125166 | 23755 | 101411 | 23755 | 11811 | — | — |
| | 广西 | 82261 | 17590 | 64671 | 14133 | 4733 | — | 62367 |
| | 海南 | 16651 | — | 16651 | — | 854 | — | 7667 |
| | 重庆 | 100668 | 54001 | 46667 | 45353 | 13739 | 333 | 46668 |
| | 四川 | 113589 | 73060 | 40529 | 68133 | 12463 | — | 53324 |
| | 贵州 | 113343 | 46674 | 66669 | 43457 | 3367 | — | 66673 |
| | 云南 | 85417 | 31171 | 54246 | 24891 | 9941 | — | 59371 |
| | 西藏 | 4471 | 2204 | 2267 | 2204 | 33 | — | — |
| | 陕西 | 62454 | 546 | 61908 | 303 | 1392 | — | 59135 |
| | 甘肃 | 207460 | 121929 | 85711 | 112298 | 6522 | — | 59995 |
| | 青海 | 38177 | 8747 | 29430 | 7870 | — | 12165 | 41377 |
| | 宁夏 | 82380 | 14680 | 67700 | — | — | — | 33333 |
| | 新疆 | 73116 | 35347 | 37769 | 30608 | 9757 | — | 80000 |
| | 新疆生产建设兵团 | 10659 | 10659 | — | 8458 | 3192 | — | 13334 |

续表

| 年份 | 地区 | 合计 | 退耕地造林面积 | 荒山荒地造林面积 | 生态林面积 | 经济林面积 | 种草面积 | 封山育林面积 |
|---|---|---|---|---|---|---|---|---|
| 2006 | 全国合计 | 1048469 | 268853 | 779616 | 214102 | 68962 | 59538 | 151069 |
| | 北京 | — | — | — | — | — | — | — |
| | 天津 | — | — | — | — | — | — | — |
| | 河北 | 75468 | 33634 | 41834 | 30324 | 6211 | — | 15679 |
| | 山西 | 59998 | 20002 | 39996 | 18258 | 1237 | — | — |
| | 内蒙古 | 54752 | 15589 | 39163 | 14988 | 323 | — | 3467 |
| | 辽宁 | 48630 | 10001 | 38629 | 8252 | 4556 | — | — |
| | 吉林 | 20754 | 14438 | 6316 | 11236 | 555 | 59538 | 66665 |
| | 黑龙江 | — | — | — | — | — | — | — |
| | 安徽 | — | — | — | — | — | — | — |
| | 江西 | 43334 | 6666 | 36668 | 4529 | 2449 | — | — |
| | 河南 | 46668 | — | 46668 | — | 3039 | — | — |
| | 湖北 | 46667 | 6667 | 40000 | 5546 | 4513 | — | — |
| | 湖南 | 124502 | 64583 | 59919 | 48392 | 19310 | — | 61526 |
| | 广西 | 46771 | 2218 | 44553 | 1520 | 368 | — | 2866 |
| | 海南 | 12330 | — | 12330 | — | 370 | — | — |
| | 重庆 | 20003 | 20003 | — | 16044 | 2783 | — | — |
| | 四川 | 53370 | 12277 | 41093 | 11350 | 5492 | — | — |
| | 贵州 | 54671 | 11332 | 43339 | 9801 | 1311 | — | — |
| | 云南 | 9027 | 1174 | 7853 | 453 | 4728 | — | — |
| | 西藏 | 10000 | 3333 | 6667 | 3078 | 255 | — | — |
| | 陕西 | 78377 | 14682 | 63695 | 9420 | 3137 | — | 866 |
| | 甘肃 | 66250 | 12863 | 53387 | 12055 | 3183 | — | — |
| | 青海 | — | — | — | — | — | — | — |
| | 宁夏 | 37165 | 9380 | 27785 | — | — | — | — |
| | 新疆 | 39732 | 10011 | 29721 | 8856 | 5142 | — | — |
| | 新疆生产建设兵团 | 1572 | 1572 | — | 1572 | — | — | — |

续表

| 年份 | 地区 | 合计 | 退耕地造林面积 | 荒山荒地造林面积 | 生态林面积 | 经济林面积 | 种草面积 | 封山育林面积 |
|---|---|---|---|---|---|---|---|---|
| 2007 | 全国合计 | 1124735 | 85294 | 1002525 | 73544 | 63403 | 40742 | 36916 |
| | 北京 | — | — | — | — | — | — | — |
| | 天津 | — | — | — | — | — | — | — |
| | 河北 | 69392 | 9229 | 42630 | 8729 | 2391 | — | 17533 |
| | 山西 | 80234 | — | 80234 | | 257 | — | — |
| | 内蒙古 | 73044 | 19733 | 47890 | 16505 | 1173 | — | 5421 |
| | 辽宁 | 46459 | — | 46459 | — | 2039 | — | — |
| | 吉林 | 8150 | 7123 | 1027 | 6950 | 40 | 26668 | — |
| | 黑龙江 | 59805 | 16738 | 43067 | 15619 | 259 | — | — |
| | 安徽 | 16557 | — | 16557 | — | 1635 | — | — |
| | 江西 | 53333 | — | 53333 | — | 5481 | — | — |
| | 河南 | — | — | — | — | — | — | — |
| | 湖北 | 46667 | — | 46667 | — | 3852 | — | — |
| | 湖南 | 46352 | 6650 | 39702 | 6167 | 1938 | — | — |
| | 广西 | 54036 | 9096 | 44273 | 7958 | 1577 | — | 667 |
| | 海南 | 5933 | — | 5933 | — | 924 | — | — |
| | 重庆 | 60000 | — | 60000 | — | 4036 | — | — |
| | 四川 | 36961 | — | 36961 | — | 5684 | — | — |
| | 贵州 | 60002 | — | 53370 | — | 7868 | — | 6632 |
| | 云南 | 43843 | 9570 | 34273 | 5174 | 14539 | — | — |
| | 西藏 | 10000 | — | 10000 | — | — | — | — |
| | 陕西 | 90050 | — | 90050 | — | 4153 | — | — |
| | 甘肃 | 75337 | 449 | 74888 | 353 | — | — | — |
| | 青海 | 21923 | 3110 | 18813 | 2700 | — | 13074 | — |
| | 宁夏 | 24690 | — | 24690 | — | 3382 | — | — |
| | 新疆 | 41907 | 3596 | 31648 | 3389 | 1951 | — | 6663 |
| | 新疆生产建设兵团 | 8981 | 2318 | — | 2318 | — | — | — |

续表

| 年份 | 地区 | 合计 | 退耕地造林面积 | 荒山荒地造林面积 | 生态林面积 | 经济林面积 | 种草面积 | 封山育林面积 |
|---|---|---|---|---|---|---|---|---|
| 2008 | 全国合计 | 1306693 | 12030 | 939110 | 2933 | 96922 | 62757 | 355553 |
| | 北京 | — | — | — | — | — | — | — |
| | 天津 | — | — | — | — | — | — | — |
| | 河北 | 118902 | 9806 | 68140 | 733 | 3154 | — | 40896 |
| | 山西 | 60428 | — | 40443 | — | 304 | — | 19995 |
| | 内蒙古 | 154978 | — | 102981 | — | 4376 | 6667 | 51997 |
| | 辽宁 | 58159 | — | 31495 | — | 3431 | — | 26664 |
| | 吉林 | 10044 | 2035 | 8009 | 2002 | 33 | — | — |
| | 黑龙江 | 87200 | — | 46998 | — | 1202 | — | 40202 |
| | 安徽 | 17968 | — | 17968 | — | 3453 | — | — |
| | 江西 | 46833 | — | 23706 | — | — | — | 23127 |
| | 河南 | 53155 | — | 53155 | — | 6482 | — | — |
| | 湖北 | 53467 | — | 53467 | — | 8952 | — | — |
| | 湖南 | 47025 | 17 | 47008 | — | 1683 | — | — |
| | 广西 | 49704 | 112 | 46392 | 112 | 374 | — | 3200 |
| | 海南 | 11321 | — | 11321 | — | 1745 | — | — |
| | 重庆 | 20000 | — | — | — | 733 | — | 20000 |
| | 四川 | 61934 | — | 31932 | — | 6883 | — | 30002 |
| | 贵州 | 45936 | — | 20003 | — | 2064 | — | 25933 |
| | 云南 | 71778 | — | 61969 | — | 32862 | — | 9809 |
| | 西藏 | 10000 | — | 10000 | — | — | — | — |
| | 陕西 | 74131 | — | 47469 | — | 3670 | — | 26662 |
| | 甘肃 | 60069 | — | 33402 | — | 267 | — | 26667 |
| | 青海 | 15509 | — | 15509 | — | — | 20815 | — |
| | 宁夏 | 35844 | — | 35844 | — | — | — | — |
| | 新疆 | 62308 | — | 51909 | — | 2903 | — | 10399 |
| | 新疆生产建设兵团 | 11331 | — | 3332 | — | — | — | 7999 |

资料来源：本表数据主要是笔者根据历年《中国林业统计年鉴》的数据整理而成。

由上表可知，2002—2008 年，我国的退耕还林工程从区域分布来看，主要集中在黄河流域和北方地区，以及西南诸省市及南方的安徽、江西、湖北、湖南等省区；而且，自2005年结构调整后，各地区的退耕还林地的规模大幅度降低，而宜林荒山地的造林逐步增大，北方部分地区如青海、内蒙古、新疆等省（自治区）的封山育林和植草逐步扩大。同时，自2006年以后，各地的经济林比重有所上升，到2008年以后，各地的退耕还林地的造林几乎完成，退耕还林工程进入了成果巩固阶段。

（二）退耕还林工程的费用支出情况

2002年退耕还林工程全面开展以来，通过国家财政投资和地方政府相应配置等多种形式进行了退耕还林工程建设，为了更好地说明退耕还林工程的投资和费用的使用情况，现分别从退耕还林工程的补助粮、款兑现，每年全部林业固定资产投资完成额和每年资金来源等几个方面来加以分析。

1. 2002—2008年补助粮、款兑现情况

2002—2008年，随着我国退耕还林工程的全面实施，我国政府为了保障农户的利益和退耕还林工程目标的实现，按照相关的政策规定，对退耕地农户进行了大量的粮款兑现补偿，具体情况见表2-3。

**表2-3 2002—2008年退耕还林工程历年补助粮、款情况**

| 年份 | 指标 | 合计 | 退耕还林工程 | 京津风沙源治理中的退耕 |
|---|---|---|---|---|
| 2002 | 上年度完成任务粮食兑现数量（吨） | 1921276 | 1863283 | 57993 |
| | 上年完成任务现金兑现数量（万元） | 49126 | 45834 | 3292 |
| | 粮款兑现涉及户数（户） | 10862068 | 10311729 | 550339 |
| | 本年粮食预付数量（吨） | 3540283 | 3298557 | 241726 |
| 2003 | 自工程实施以来累计粮食兑现（吨） | 17734244 | 16530114 | 1204130 |
| | 其中：当年粮食兑现（吨） | 9427832 | 8675226 | 752606 |
| | 其中：当年新退耕地粮食兑现（吨） | 3695905 | 3347571 | 348334 |
| | 自工程实施以来累计现金兑现（万元） | 583574 | 555633 | 27941 |
| | 其中：当年现金兑现（万元） | 281800 | 264329 | 17471 |
| | 其中：当年新退耕地现金兑现（万元） | 102038 | 93464 | 8574 |
| | 粮款兑现涉及户数（户） | 18853100 | 17582701 | 1270399 |

续表

| 年份 | 指标 | 合计 | 退耕还林工程 | 京津风沙源治理中的退耕 |
|---|---|---|---|---|
| 2004 | 自工程实施以来累计粮食兑现(吨) | 48042171 | 46349888 | 1692283 |
| | 其中:当年粮食兑现(吨) | 15904965 | 15623984 | 280981 |
| | 其中:当年新退耕地粮食兑现(吨) | 482718 | 422237 | 60481 |
| | 当年应兑现粮食改为现金额(万元) | 1682439 | 1519810 | 162629 |
| | 工程实施以来累计生活费兑现(万元) | 1765129 | 1713275 | 51584 |
| | 其中:当年生活费兑现(万元) | 712464 | 688878 | 23587 |
| | 其中:当年新退耕地生活费兑现(万元) | 38924 | 33539 | 5386 |
| | 粮款兑现涉及户数(户) | 23275788 | 21747366 | 1528422 |
| 2005 | 自工程实施以来累计粮食兑现(吨) | 29614281 | 27564083 | 2050198 |
| | 其中:当年粮食兑现(吨) | 2841815 | 2792525 | 49290 |
| | 其中:当年新退耕地粮食兑现(吨) | 187010 | 186244 | 766 |
| | 当年应兑现粮食改为现金额(万元) | 2138015 | 1941313 | 196702 |
| | 工程实施以来累计生活费兑现(万元) | 923908 | 844732 | 79176 |
| | 其中:当年生活费兑现(万元) | 253324 | 224216 | 29108 |
| | 其中:当年新退耕地生活费兑现(万元) | 33576 | 27688 | 5888 |
| | 粮款兑现涉及户数(户) | 26840942 | 250877775 | 1753167 |
| 2006 | 自工程实施以来累计粮食补助(万元) | 9877931 | 9073155 | 804776 |
| | 其中:当年粮食补助资金(万元) | 2238995 | 2012714 | 226281 |
| | 其中:当年新退耕地粮食补助(万元) | 80734 | 73630 | 7104 |
| | 工程实施以来累计生活费兑现(万元) | 1113897 | 998271 | 115626 |
| | 其中:当年生活费兑现(万元) | 257441 | 225590 | 31851 |
| | 其中:当年新退耕地生活费兑现(万元) | 9015 | 7752 | 1263 |
| | 粮款兑现涉及户数(户) | 28695673 | 26770502 | 1925171 |
| 2007 | 自工程实施以来累计粮食补助(万元) | 12024221 | 11005618 | 1018603 |
| | 其中:当年粮食补助资金(万元) | 2267087 | 2037527 | 229830 |
| | 其中:当年新退耕地粮食补助(万元) | 22831 | 18942 | 3889 |
| | 工程实施以来累计生活费兑现(万元) | 1392848 | 1248720 | 144128 |
| | 其中:当年生活费兑现(万元) | 270277 | 237514 | 32763 |
| | 其中:当年新退耕地生活费兑现(万元) | 2136 | 1576 | 560 |
| | 粮款兑现涉及户数(户) | 29507394 | 27192223 | 2310171 |

续表

| 年份 | 指标 | 合计 | 退耕还林工程 | 京津风沙源治理中的退耕 |
|---|---|---|---|---|
| 2008 | 自工程实施以来累计粮食补助(万元) | 14129504 | 12872631 | 1256873 |
| | 其中:当年粮食补助资金(万元) | 2144789 | 1925055 | 219734 |
| | 其中:当年新退耕地粮食补助(万元) | 7850 | 7850 | — |
| | 工程实施以来累计生活费兑现(万元) | 1803674 | 1622712 | 181052 |
| | 其中:当年生活费兑现(万元) | 318389 | 284949 | 33440 |
| | 其中:当年新退耕地生活费兑现(万元) | 639 | 629 | 10 |
| | 粮款兑现涉及户数(户) | 29365160 | 26840778 | 2524382 |

资料来源:本表数据主要是笔者根据历年《中国林业统计年鉴》的数据整理而成。

从表2-3的数据可以看出,自2002年退耕还林工程全面实施以来,我国政府投入了大量的财政力量来补助退耕还林农户的粮款。其中,在2002—2005年,基本上实行的是粮食补助和粮食折现的办法供农户选择,自2006年,主要是以生活费的形式用现金进行补偿和兑现。到2005年,我国退耕还林工程自工程实施以来累计粮食兑现29614281吨,工程实施以来累计生活费兑现92.3908亿元,粮款兑现涉及户数26840942户;到2008年,退耕还林工程自工程实施以来累计粮食补助1412.9504亿元,工程实施以来累计生活费兑现180.3674亿元,粮款兑现涉及户数2936.516万户。如果把退耕还林工程的后续补偿计算起来,我国在退耕还林的粮款补助上数量之大、时间之长、涉及农户之多,在世界上都是史无前例的。

2. 退耕还林工程全部林业投资完成额情况

2002年退耕还林全面实施以后,以中央财政投入为主,在退耕还林工程方面投入了巨额资金,以保障工程的粮食兑现、种苗费、粮食调运费、生活费补助、科技费等费用的支出。我国的退耕还林工程包括退耕还林工程主体和京津风沙源工程中的退耕还林两部分,其工程投资额具体情况见表2-4。

表 2-4　2002—2008 年退耕还林工程全部投资完成额　　单位:万元

| 年份 | 指标 | 合计 | 退耕还林工程 | 京津风沙源工程中的退耕 |
|---|---|---|---|---|
| 2002 | 全部林业固定资产投资完成额 | 1210004 | 1106096 | 103908 |
| | 其中:国债资金 | 389142 | 348340 | 40802 |
| | 中央财政专项资金 | 724708 | 658186 | 66522 |
| | 1. 粮食折资 | 683315 | 630817 | 52498 |
| | 2. 种苗费 | 370259 | 330665 | 39594 |
| | 3. 科技支撑费 | 3252 | 3152 | 100 |
| | 4. 其他费用 | 153178 | 141462 | 11716 |
| 2003 | 全部林业固定资产投资完成额 | 2259879 | 2085573 | 174306 |
| | 其中:国债资金 | 592445 | 543130 | 49315 |
| | 中央财政专项资金 | 1497443 | 1382889 | 114554 |
| | 1. 粮食折资 | 1397135 | 1296093 | 101042 |
| | 2. 种苗费 | 548093 | 498341 | 49752 |
| | 3. 粮食调运费 | 58246 | 56385 | 2041 |
| | 4. 其他费用 | 256225 | 234754 | 21471 |
| 2004 | 全部林业固定资产投资完成额 | 2357412 | 2142905 | 214507 |
| | 其中:国债资金 | 465217 | 434254 | 30963 |
| | 中央财政专项资金 | 1665609 | 1486355 | 179254 |
| | 1. 粮食折资 | 1735481 | 1577662 | 157819 |
| | 2. 种苗费 | 298063 | 267243 | 30820 |
| | 3. 粮食调运费 | 27587 | 27435 | 152 |
| | 4. 其他费用 | 296281 | 270565 | 25716 |
| 2005 | 全部林业固定资产投资完成额 | 2681188 | 2404111 | 277077 |
| | 其中:国债资金 | 426036 | 395859 | 30177 |
| | 中央财政专项资金 | 2035697 | 1790069 | 245628 |
| | 1. 粮食折资 | 2028036 | 1813178 | 214858 |
| | 2. 种苗费 | 267977 | 237971 | 30006 |
| | 3. 生活补助费 | 231511 | 200743 | 30768 |
| | 4. 科技支撑费 | 1826 | 1786 | 40 |
| | 5. 其他费用 | 151838 | 150433 | 1405 |

续表

| 年份 | 指标 | 合计 | 退耕还林工程 | 京津风沙源工程中的退耕 |
|---|---|---|---|---|
| 2006 | 全部林业固定资产投资完成额 | 2580965 | 2321449 | 259516 |
| | 其中:国债资金 | 248786 | 241686 | 7100 |
| | 中央财政专项资金 | 2232227 | 1982947 | 249280 |
| | 1. 粮食补助金 | 2188029 | 1966395 | 221634 |
| | 2. 种苗费 | 106276 | 99854 | 6422 |
| | 3. 生活补助费 | 234460 | 203475 | 30985 |
| | 4. 其他费用 | 52200 | 51725 | 475 |
| 2007 | 全部林业固定资产投资完成额 | 2351336 | 2084085 | 267281 |
| | 其中:国债资金 | 278939 | 273706 | 5233 |
| | 中央财政专项资金 | 1899675 | 1641838 | 257837 |
| | 1. 粮食补助金 | 1948649 | 1720666 | 227983 |
| | 2. 种苗费 | 87820 | 82456 | 5364 |
| | 3. 生活补助费 | 249215 | 216711 | 32504 |
| | 4. 其他费用 | 65682 | 64252 | 1430 |
| 2008 | 全部林业固定资产投资完成额 | 2750283 | 2489727 | 260556 |
| | 其中:国债资金 | 173307 | 164933 | 8374 |
| | 中央财政专项资金 | 2279702 | 2045262 | 234440 |
| | 1. 粮食补助金 | 2014919 | 1803380 | 211539 |
| | 2. 种苗费 | 131240 | 114945 | 16295 |
| | 3. 生活补助费 | 299591 | 267553 | 32038 |
| | 4. 其他费用 | 304533 | 303849 | 684 |

资料来源:本表数据主要是笔者根据历年《中国林业统计年鉴》的数据整理而成。

我国的退耕还林工程自1999年试点和启动以来到2008年底,国家共投资1513.6163亿元,其中中央财政实际投资1387.3109亿元,成为投资的主体。从表2-4可以看出,自2002年退耕还林工程全面实施以后,除了2002年国家投资稍微少一点外(121.0004亿元),其余2003—2008年国家每年的投资额度基本上都在230亿元以上,显示出国家对退耕还林工程的重视,在所有的投资费用使用中,粮食补助、种苗费、生活费补助和其他费用成了投资费用的主要支出费用,相应地在科技和其他一些领域的支出偏低,这也是我国现行退耕还林的不足处之一。同时,从表中也可看出,我国退耕还林的投资渠道单一,主要是中央财政投入,这无疑会加大国家财政的负担和工程后续发展的难度,因此,如何改变这种投资的缺陷,也是退耕还林工程后续阶段需要解决的问题。

## 二、退耕还林工程的成效

退耕还林工程实行 10 余年来,各有关地区和部门按照中央的决策部署,周密安排、精心组织,广大群众积极参与、认真实施,退耕还林工程总体进展顺利,取得了明显的生态效益和社会经济效益。2002 年以来,我国开始对全国 21 个省(自治区、直辖市)的 100 个退耕县 100 个村和 1165 户农户开展社会经济效益监测。根据监测结果显示,到 2008 年经过 10 年的建设,退耕还林是改变陡坡耕种等不合理土地利用、减少水土流失的有效途径,有力地促进了农村产业结构调整和农民增收,是林业在贯彻可持续发展战略中具有重要地位、在生态建设中具有首要地位、在西部大开发中具有基础地位、在应对气候变化中具有特殊地位的成功典范。①

### (一)生态效益

《国家林业重点工程社会经济效益监测报告》显示,退耕还林工程在减少水土流失面积和沙化土地面积,增加森林覆盖率等方面生态效益显著,基本达到了预期的目标。

#### 1. 改变了不合理的土地利用和耕作方式

1998 年,样本县 25°以上的陡坡耕地为 107 万公顷,15°~25°的陡坡耕地为 131 万公顷;到 2008 年,我国 25°以上的陡坡耕地为 58 万公顷,15°~25°的陡坡耕地为 118 万公顷,分别减少了 49 万公顷和 13 万公顷,其中导致水土流失最严重的 25°以上的陡坡耕地面积比 1998 年下降了 45.79%(见表 2-5),而 15°以下的缓坡耕地由 1998 年的 302 万公顷增加到 2008 年的 321 万公顷,大大缓解了水土流失的压力。

---

① 国家林业局经济发展研究中心,等.2009 国家林业重点工程社会经济效益监测报告[M].北京:中国林业出版社,2009:96.

**表 2-5 退耕还林工程样本县耕地面积年度变化** 单位:万公顷

| 坡耕地指标 \ 年份 | 1998 | 2000 | 2002 | 2004 | 2006 | 2008 |
|---|---|---|---|---|---|---|
| 25°以上 | 107 | 99 | 87 | 67 | 64 | 58 |
| 15°~25° | 131 | 129 | 123 | 112 | 113 | 118 |
| 15°以下 | 302 | 300 | 301 | 303 | 309 | 321 |

资料来源:本表是根据国家林业局经济发展研究中心,国家林业局发展规划与资金管理司编著的《国家林业重点工程社会经济效益监测报告(2009)》(中国林业出版社2009年版,第106页)的资料整理而成。

2. 提高了森林防护效益

经过10余年的退耕还林建设,我国森林面积和森林蓄积实现了双增长(见表2-6)。2008年与1998年相比,森林面积和森林蓄积分别增加了193.54万公顷和1.35亿立方米,分别增长22.48%和28.38%。2008年,当年成林面积29.14万公顷,其中退耕还林成林面积20.10万公顷,占当年成林面积的68.96%。由此可见,退耕还林对森林面积和森林蓄积增长的贡献潜力巨大。

同时,通过退耕还林、荒山造林和封山育林措施,快速地提高了退耕还林区的森林覆盖率,特别是对水土流失严重的黄河流域其意义尤为重要。截至2008年,样本县退耕还林工程造林285.49万公顷,占同期造林总面积的57.51%。其中,退耕地造林116.74万公顷,占退耕还林造林总面积的40.90%;荒山造林和封山育林168.75万公顷,占59.10%。2008年,样本县的森林覆盖率达30.07%,比1998年上升了9.66%。其中长江流域地区的森林覆盖率上升12.61%,黄河流域地区上升7.89%,使得黄河流域森林覆盖率达到17.60%(见表2-7),具有重要的战略意义。

**表 2-6 森林资源年度变化**

| 指标名称 \ 年份 | 1998 | 2000 | 2002 | 2004 | 2006 | 2008 |
|---|---|---|---|---|---|---|
| 森林面积(万公顷) | 860.86 | 894.05 | 923.43 | 973.52 | 1020.95 | 1054.4 |
| 森林蓄积(亿立方米) | 4.73 | 4.92 | 5.1 | 5.31 | 5.49 | 6.08 |

资料来源:本表是根据国家林业局经济发展研究中心,国家林业局发展规划与资金管理司编著的《国家林业重点工程社会经济效益监测报告(2009)》(中国林业出版社2009年版,第104页)的资料整理而成。

表 2-7 森林覆盖率年度变化 (%)

| 地区＼年份 | 1998 | 2000 | 2002 | 2004 | 2006 | 2008 |
|---|---|---|---|---|---|---|
| 样本县 | 20.41 | 21.22 | 21.91 | 25.68 | 29.42 | 30.07 |
| 长江流域 | 38.86 | 40.38 | 41.32 | 45.78 | 49.26 | 51.47 |
| 黄河流域 | 9.71 | 10.09 | 10.65 | 13.99 | 17.9 | 17.60 |

资料来源:本表是根据国家林业局经济发展研究中心,国家林业局发展规划与资金管理司编著的《国家林业重点工程社会经济效益监测报告(2009)》(中国林业出版社2009年版,第107页)的资料整理而成。

3. 减轻了水土流失和土地沙化危害

通过退耕还林,大幅度地增加了地表植被,提高了森林的防护功效,有效地减轻了水土流失和风沙危害。2008 年与 1998 年相比,水土流失面积减少了 514.78 万公顷,下降了 29.74%;沙化土地面积减少 96.64 万公顷,下降了 37.04%(见表 2-8),有效地保护了我国的土地资源和生态环境。

表 2-8 水土流失面积和沙化土地面积年度变化 单位:万公顷

| 指标＼年份 | 1998 | 2000 | 2002 | 2004 | 2006 | 2008 |
|---|---|---|---|---|---|---|
| 水土流失面积 | 1731 | 1627 | 1532 | 1449 | 1467 | 1216 |
| 沙化土地面积 | 261 | 252 | 250 | 232 | 188 | 164 |

资料来源:本表是根据国家林业局经济发展研究中心,国家林业局发展规划与资金管理司编著的《国家林业重点工程社会经济效益监测报告(2009)》(中国林业出版社2009年版,第108页)的资料整理而成。

(二)社会经济效益

根据国家林业重点工程的相关检测数据显示,我国的退耕还林工程不仅有着重要的生态效益,而且也有着明显的社会经济效益。

1. 退耕还林增强了粮食持续供给能力

首先,退耕还林通过减少低产、不稳产的 25°以上陡坡耕地和 15°~25°的斜坡耕地面积,增加了高产、稳产的 15°以下的缓坡耕地面积优化了耕地面积结构,为我国粮食持续供给奠定了基础。其次,提高了黄河流域地区的粮食单产。退耕还林的实施改善了农业生产环境,各项惠农政策促使农民向集约经营转变,大幅度提高了粮食单产的能力。2008 年,黄河流域 15°以下的缓坡耕地粮食单产由 1998 年的 242 千克/亩增加到 2008 年的 268 千克/亩,增长 10.72%。与此同时,随着口粮田建设和农业补贴力度的加大,样本县粮食播种面积与粮食总产量均呈现先降后升的变化趋势,且粮食播种面积与粮食总产量均超过退耕前的水平。2008 年与 1998 年相比,样本县粮食播种面积增加 18 万公顷,增长 8.04%;样本县粮食总产量增加 195 万吨,增长 19.53%,粮食总产量增长幅度大于粮食播种面积增长幅度 11.49%。

2. 退耕还林促进了农村产业结构调整和农民增收

首先,退耕还林建设直接推动了林业和畜牧业的快速发展,特别是见效快的畜牧业表现出了极大发展势头,使得农、林、牧、渔比重更均匀化,调整了农村产业结构,优化了农村经济结构,为农村经济稳定快速增长奠定了基础(见表 2-9)。

**表 2-9 农村产业结构变化比较** (%)

| 区域 | 全国 | | 样本县 | |
|---|---|---|---|---|
| | 1998 年 | 2007 年 | 1998 年 | 2007 年 |
| 农业 | 58 | 50 | 60 | 51 |
| 林业 | 3 | 4 | 5 | 6 |
| 牧业 | 29 | 33 | 33 | 42 |
| 渔业 | 10 | 9 | 2 | 2 |

资料来源:本表是根据国家林业局经济发展研究中心,国家林业局发展规划与资金管理司编著的《国家林业重点工程社会经济效益监测报告(2009)》(中国林业出版社 2009 年版,第 111 页)的资料整理而成。

3. 退耕还林促进了农户收入增加

自 2006 年国家实施粮食补贴等政策以来,关于退耕农户比较利益下降的推测就开始出现,随着这两年粮食补助力度的不断加大,退耕农户的收入是否相对下降并引起复耕的问题成为关注的焦点。2008 年退耕农户监测结果表明,样本农户家庭收入继续增长,增速快于全国,但收入水平仍低于全国。2008 年,样本农户人均纯收入 4354 元,比 2007 年的 3587 元增长 21.38%,扣除物价上涨因素,实际增长 14.38%。2008 年,全国农民人均纯收入为 4761 元,比 2007 年实际增长 8%。与全国农民人均纯收入相比,样本农户的人均纯收入低 407 元,低 8.55%,但收入增长速度高 6.38%(见表 2-10)。

与此同时,从时间的纵向上来看,2008 年同退耕前的 1998 年相比,样本农户人均纯收入从 1305 元增加到 4354 元,增长 233.53%;而同期全国农民人均纯收入从 2160 元增加到 4761 元,增长 120.42%,退耕农户的收入增长比全国农民平均收入增长快 1 倍左右。这是实行 10 年的退耕还林政策对退耕农户收入增长的贡献。

另外,从样本农户的收入结构和支出情况来看,退耕还林农户的收入结构发生了明显的变化,原先以粮食收入为主逐步转变为以经济作物、养殖业和工副业收入为主。2008 年,样本农户户均经济作物收入 4801 元,养殖业收入 4220.58 元,工副业收入 2653.39 元,分别比 2007 年增长 51.4%、45.72%和 33.26%,三项收入合计占样本农户家庭经营年收入的 71.32%,粮食收入占农户家庭经营收入的比重仅为 18.11%。在退耕前的 1998 年,粮食收入占农户家庭经营收入的 36.1%,农户的生计方式已发生了根本性的改变(见表 2-11)。

**表 2-10 样本农户人均纯收入与全国农民人均纯收入变化情况** 单位:元/人

| 年份 | 1998 | 2002 | 2003 | 2004 | 2005 | 2006 | 2007 | 2008 |
|---|---|---|---|---|---|---|---|---|
| 全国农民 | 2160 | 2476 | 2622 | 2936 | 3255 | 3587 | 4140 | 4761 |
| 样本农户 | 1305 | 1128 | 1569 | 2358 | 2563 | 2918 | 3587 | 4354 |

资料来源:本表是根据国家林业局经济发展研究中心,国家林业局发展规划与资金管理司编著的《国家林业重点工程社会经济效益监测报告(2009)》(中国林业出版社 2009 年版,第 128 页)的资料整理而成。

**表 2-11 样本农户户均收入与支出变化** 单位:元

| 项目 | 1998 年 | 2007 年 | 2008 年 | 变化率(%) |
|---|---|---|---|---|
| 一、收入 | | | | |
| 1. 种植业收入 | 5019 | 6620 | 7765 | 17.31 |
| 其中:粮食作物 | 2542 | 3449 | 2964 | -14.04 |
| 经济作物 | 2477 | 3171 | 4801 | 51.4 |
| 2. 养殖业收入 | 1275 | 2899 | 4221 | 45.6 |
| 3. 林业收入 | 316 | 1440 | 1731 | 20.2 |

续表

| 项目 | 1998 年 | 2007 年 | 2008 年 | 变化率(%) |
|---|---|---|---|---|
| 4. 工副业收入 | 431 | 1991 | 2653 | 33.26 |
| 5. 劳务收入 | 956 | 4859 | 5136 | 5.69 |
| 6. 转移性收入 | 0 | 2826 | 2725 | -3.59 |
| 其中:农业补贴 | | 260 | 322 | 23.8 |
| 退耕补助 | | 2724 | 2109 | -7.25 |
| 其他转移性收入 | | 293 | 294 | 0.43 |
| 7. 生产用财产性收入 | | 110 | 118 | 6.66 |
| 总收入 | 7997 | 20746 | 24348 | 17.37 |
| 二、生产性支出 | | | | |
| 1. 种植业支出 | 1610 | 2104 | 2075 | -1.35 |
| 2. 养殖业支出 | 359 | 1670 | 1732 | 3.69 |
| 3. 林业支出 | 6 | 303 | 328 | 8.34 |
| 4. 其他生产性支出 | 17 | 171 | 187 | 9.65 |
| 支出合计 | 1992 | 4247 | 4322 | 1.77 |
| 三、家庭纯收入 | 6005 | 16498 | 20026 | 21.38 |
| 四、人均纯收入 | 1305 | 3587 | 4353 | 21.38 |

资料来源:本表见国家林业局经济发展研究中心,国家林业局发展规划与资金管理司编著的《国家林业重点工程社会经济效益监测报告(2009)》(中国林业出版社 2009 年版,第 129 页)。

# 第三章 研究区与案例区概况

CHAPTER 3

三峡库区地处我国川、渝、黔、湘、鄂五省(市)交接之处,是四川盆地长江中下游平原的重要结合部。该区域生态环境脆弱,人地关系紧张,少数民族众多,社会经济发展相对滞后。因此,如何提高三峡库区森林覆盖率,减少水土流失,不仅是三峡工程安全运行的重要保障,也是我国长江流域生态安全的重要保障。

## 第一节　三峡库区的自然环境概况

三峡库区(Three Gorges Reservoir Area)是一个新地域概念,指的是三峡大坝于三斗坪建起后,水库蓄水,在坝址至水库回水末端这一距离内,长江干流及其两侧集水区的整个地区,亦即长江两列分水岭所夹持的这一区段的长江流域,泛指 175 米水位方案淹没涉及的 20 多个区、县(市)。三峡库区具体包括湖北省的宜昌、兴山、秭归和巴东县,重庆市所辖的江北区、渝中区、南岸区、大渡口区、九龙坡区和沙坪坝区、涪陵区、丰都县、武隆县、石柱土家族苗族自治县、万州区、巫山县、巫溪县、奉节县、云阳县、开县、忠县、渝北区、巴南区、江津区和长寿区等 20 多个区、县(市),总面积为 5.8 万平方千米,其主体区域主要在重庆辖区,其中重庆片区 4.62 万平方千米,湖北片区 1.18 万平方千米。三峡库区跨越鄂中山区峡谷及川东峡谷地带,北屏大巴山,南依川鄂高原,是我国中西部的结合部,其具体位置见图 3-1。

一、三峡库区的自然环境特征

1. 三峡库区的地质地貌

三峡库区地质地貌结构复杂,以山丘为主。三峡库区处于大巴山断褶带、川东褶皱带和川鄂湘黔隆起褶皱带三大构造单元的交汇处。大巴山断褶带自西向东蜿蜒于本区北部。北部主要出露震旦系及下古生界石灰岩,南部由震旦系、二叠系和三叠系的石灰岩、板页岩组成,褶皱北紧南松,呈明显层状结构,由北而南层层下降。山脉海拔均在 1000 ~ 2000 米以上。

川鄂湘黔隆起褶皱带位于库区南部,岩石为主,形成北东走向的巫山和七曜山,属高原山地。长江由西向东横切,形成举世闻名的长江三峡。

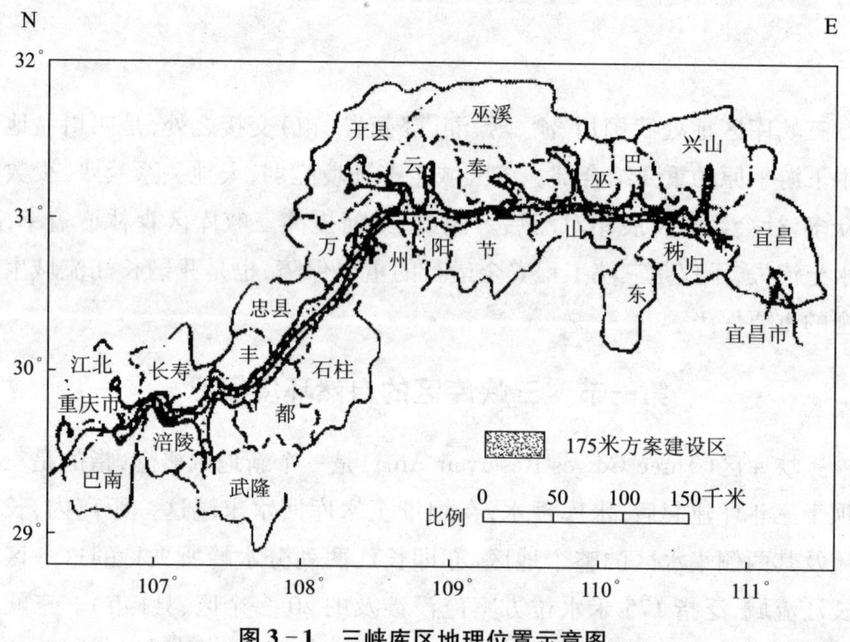


**图 3-1 三峡库区地理位置示意图**

中部的川东褶皱带,由数十条平行排列的阻挡式构造组成,背斜形成低山,向斜多为丘陵谷地,岭谷相间,平行排列,向西南逐渐敞开,形成"川东平行岭谷区"。背斜山地由三叠系石灰岩、泥灰岩、泥岩和砂岩组成,一般海拔 500 ~ 800 米,个别达 1200 ~ 1400 米,具有"一山二岭一槽"或"一山三岭二槽"的形态。向斜丘陵谷地由侏罗系紫色砂泥岩组成,海拔 200 ~ 500 米,以单斜丘陵和台地为主。

三峡库区地处我国地势第二阶梯的东缘,自北至南由大巴山—荆山、巫山、大娄山、武陵山等山脉组成。总体地势西高东低,库区东接鄂西山地,西为四川盆地,南有大娄山及武陵山山脉,北为秦岭—大巴山山脉,境内地形十分复杂,大部分地区山高谷深,岭谷相间。海拔 33.6 ~ 3005 米,相差 2971.4 米。奉节以东为渝鄂边境山地,崇山峻岭,沟壑纵横,耕地较少,土质很差,生产生存条件恶劣。奉节以西属四川盆地边缘的渝东低山丘陵区,自然地理状况虽比奉节以东为好,但仍是山地起伏绵延,相当部分耕地处于 25°左右的斜坡上,土质较差。库区地貌类型多样,以山地丘陵为主,山地占 74%,丘陵占 21.7%,河谷平坝地仅占 4.3%;地貌形态组合的地区分异明显,喀斯特地貌分布广泛,在东部和东南部地区则大量集中分布,形成以中低山为主的石质性山丘地貌,地面较为破碎。沿江河谷低坝地仅占很小的一部分,这些平坝中最低的一部分又将被水库淹没,受淹没的陆地面积 632 平方千米,占三峡库区各县、市、区总面积的 1%。受岩性的影响,库区有较大面积的发育在紫色土和石灰岩上的各类石灰土(钙质土)。低山丘陵表层多为侏罗纪、白垩纪紫色砂岩、页岩、泥岩和黏土岩组成,山顶高程一般为 300 ~ 600 米。东部出露地层以石灰岩、紫色砂页岩为主,宜昌、秭归境内及三峡大坝坝址附近区域分布部分花岗岩;向上游则多以碎屑岩、碳酸岩为主,包括侏罗纪遗留的粉砂岩。西部多为紫色砂页岩,有部分石灰岩、石英砂岩和页岩出露。红色砂页岩面积约占 52%,其他为花岗岩或石灰岩,古地层的板岩、千枚岩、黏土层及紫色砂页岩等都是软弱易碎、容易风化易受侵蚀的类型。而且山势越陡侵蚀越严重,特别是岩层断裂带、建设工程断面、河岸陡坡等,在水力及重力侵蚀下,更易引起泥石流、滑坡,造成严重的水土流失。库区地质环境复杂,暴雨、洪水频发,地质灾害点多面广,类型多样,危害性大,自古以来就多滑坡、泥石流。①

2. 土壤特征

三峡库区现有土地从自然坡度高程划分,<800 米为农业区,耕地多集中于该类地区河谷低丘地带,为移民安置重点区域;800 ~ 1300 米为农林混

① 马志林. 三峡库区坡耕地水土流失特征及防治效应研究[D]. 北京:北京林业大学,2009:26.

交区，>1300 米为林牧交错区。三峡库区土壤有 7 个土类 16 个亚类。主要土壤类型有黄壤、山地黄棕壤、山地草甸土、紫色土、石灰土、潮土和水稻土。地带性土壤主要有黄壤、黄棕壤和棕壤，非地带性土壤主要有紫色土、石灰土、粗骨土、水稻土、潮土等。母岩是土壤发育的基础，同时气候和生物乃至人类活动对土壤的性质及肥力也有着极为重要的作用。在这些综合因素的影响下，库区的土壤在水平方向上属于红、黄壤地带与黄棕壤地带；在垂直方向上发育黄红壤—黄壤，黄棕壤—棕壤—山地草甸土及黄棕—棕壤，暗棕壤—山地草甸土这样的土壤山地垂直地带结构。受岩性的影响，库区内有较大面积发育在紫色砂页岩上的紫色土，发育在石灰岩上的各类石灰土（钙质土）。受耕作的影响，还有相当大面积的水稻土和各类耕作土。在土壤类型中，紫色土占土地面积 47.8%，富含磷、钾元素，松软易耕，适宜多种作物，目前是库区重要柑橘产区；石灰土占 34.1%，低山丘陵有大面积分布；黄壤、黄棕壤占 16.3%，是库区基本水平地带性土壤，分布于高程 <600 米以下的河谷盆地和丘陵地区，土壤自然肥力较高。三峡蓄水后，水稻土被淹没，耕地多分布在长江干支流两岸，大部分是坡耕地和梯田。

3. 气候特征

三峡库区位于我国中亚热带湿润地区，冬微冷，夏热，四季分明。由于受季风的影响，冬季雨水少而夏季雨水集中，但盛夏雨水不多，常有伏旱。年平均气温为 15℃ ~18℃，年降水量 1000 ~1200 毫米。气候的区域变化较大，沿江两岸年平均气温达 18℃，极端最高气温达 44℃；垂直变化也较显著。边缘山地年平均气温 10℃ ~14℃，年平均气温垂直递变率为 0.63℃/100 米。极端最高气温万州以西高于万州以东，极端最低气温万州以东低于万州以西。年降水量的高值区在大巴山南坡，而不在库区内最高海拔区的神农架；低值区在沿江地区。库区的相对湿度大，达 60% ~80%，沿江一带相对较小。

三峡库区水热资源最突出的问题是时空分布不均，降水和地表径流的年内变化和年际变化大。由于季风影响，往往出现突发性暴雨、山洪和伏旱等自然灾害，主要表现为在 5—6 月暴雨成灾，7—8 月常有伏旱（频率达 70% 左右），此外雾日多、日照少、年辐射量低。

4. 水文特征

三峡库区处于长江流域中上游，涉及的流域包括嘉陵江流域（包括渝北部分地区)、乌江流域(包括武隆)、长江上游干流(包括重庆市区、江津、巴南、长寿、涪陵、丰都、石柱、忠县、万州、开县、云阳、巫溪、奉节、巫山、巴东、秭归、兴山和宜昌部分地区)以及长江中游干流(宜昌部分地区)。

本区多年平均降水量约719.3亿立方米,折合降水深度1207.7毫米,平均每平方千米产水量67.9万立方米,平均每人每年占有水量仅2154立方米,只相当全国人均占有水量的84.6%。长江横贯全区,过境客水丰富,其总量达3956.4亿立方米。每亩耕地占有水量2318立方米,高于全国1800立方米的29%。

降水和河川径流的年际变化大。年降水量的最大值与最小值相差2.66倍。年径流量的最大与最小比值一般在2~3倍,个别站超过3倍。

浅层地下水的年内分配不像降水和径流那样集中,最高地下水位一般在10月,10月以后逐渐降低。受降水丰枯年变化影响,地下水也呈年际变化,但其变化幅度较降水和河川径流要缓和得多。

5. 植被特征

三峡库区位于我国中亚热带北部栲类林、桢楠林亚地带,是以壳斗科、樟科、山茶科等常绿乔木树种所组成的常绿阔叶林为基带的山地植被区域。由于库区数千年耕作历史,农业的垦植对原始植被的破坏十分严重,库区低海拔地区,已难以找到能反映原始植被面貌的完整的地带性植被类型,只残存有极小面积的,且受人为活动影响的植物群落片断,原始的植被类型只有在中高山地才能见到。

三峡库区的森林面积占库区总面积的14.95%,灌丛占13.43%,草地占16.25%。库区的植被类型有77类,其中针叶林所占森林面积最大,主要植被类型包括亚热带山地常绿阔叶林、亚热带山地常绿、落叶阔叶混交林、亚热带山地落叶阔叶林、常绿针叶林、针阔混交林、竹林以及亚热带山地灌丛矮林的落叶阔叶灌丛。

常绿阔叶林在库区的地带性植被类型,主要有栲林,包括丝栗栲(Castanopsisfargesii)林、甜槠(C. eyrei)林、苦槠(C. sclerophylla)林、扁刺栲(C. platycantha)林;青冈栎林,包括青冈栎(Cyclobalanopsis glauca)林、巴东栎(Quercus engleriana)林;硬叶栎林,包括刺叶栎(Quercus spinosa)林、匙叶栎(Q. spathulata)林、岩栎(Q. rehderiana)林;局部地段出现有桢楠(Machilus)和楠木(Phoebe)林。在常绿阔叶林类型中,青冈栎林、硬叶栎林则是分布在中山带的植被类型。

常绿和落叶阔叶混交林,包括水青冈与石栎(Lithocarpus cleistocarpus)或巴东栎组成的混交林、曼青冈(Q. oxydom)与化香组成的混交林、小叶青冈(Cyclobalanopsisglacilis)与锐齿槲栎组成的混交林及刺叶栎与野核桃(Juglans cathayensis)组成的混交林等,大都具有生态条件时空演变过程中的过渡性。

落叶阔叶林有栎林,包括短柄枹栎(Quercus serata var. brevipetiolata)林、锐齿槲栎(Q. aliens var. acuteserrata)林、麻栎(Q. acutissima)林、栓皮栎(Q. variabilis)林;栗林,包括茅栗(astanea sequinii)林、钱栗(C. henryi)林;桦木林,包括糙皮桦(Betula utilis)林、红桦(B. albosinensis)林、亮叶桦(B. luminifera)林;桤木(Alnus cremastogyne)林;山杨(Populus davidiana)林;化香(Platycarya strobilacea)林;黄连木(Pistacia chinensis)林;枫香(Liquidamber fornmosana)林及水青冈林,包括米心水青冈(Fagus engleriana)林、水青冈(F. longipetiolata)林和亮叶水青冈(F. lucida)林。落叶阔叶林中,大多具有常绿阔叶乔木或灌木成分,群落的组成和结构表现出该类型的次生性和过渡性。但落叶的水青冈林是一类亚热带中山地带的自然植被类型,有较好的原始性。

针叶林主要包括马尾松(Pinus massoniana)林、巴山松(P. henryi)林、华山松(P. armandii)林、杉木(Cunninghamia lanceolata)林、柏木(Cupresuss funebris)林、黄杉(Pseudotsuga sinensis)林、油杉(Keteleeria davidiana)林、水杉(Metasequoiaglyptostroboides)林、银杉(Cathaya argyrophylla)林、云杉(Picea wilsonii)林和巴山冷杉(Abies fargesii)林。马尾松林主要分布在库区酸性或中性的土壤上,柏木林是钙质土上的森林植被类型,这两类森林群落在库区森林中面积最大,多呈疏林或幼林,为次生的人工林或半人工林。

针阔叶混交林分布在库区的丘陵和低山地区,主要为马尾松、栓皮栎林或柏木、栓皮栎混交林,它们是一种演替过程中的类型。库区的中山,则有铁杉(Tsugasinensis)、锐齿槲栎林;华山松、杨桦林及巴山冷杉、红桦林,它们也具有较强的次生性或过渡性。

库区主要有两类竹林,即乔木型的楠竹(毛竹)(Phyllostachys pubescens)林、刚竹(Ph. bambusoides)林、斑竹(Ph. Bambusoides f. tanakae)林、淡竹

(Ph. nigravar. henonis)林、慈竹(Sinocalamus affinis)林、车筒竹(Bambusa sinospinosa)林,以及灌木型的水竹(Phyllostachys congesta)、拐棍竹(Fargesia spathaces)、碧竹(Indocalamus tessellatus)、箭竹(Sinarundinaria nitida)竹丛。

三峡库区的灌丛,有常绿的蚊母树(Distylium chinense)、黄杨灌丛、杜鹃灌丛,落叶的雀梅藤(Sageretiathea)、铁仔(Myrsine africana)灌丛、裸实(Gymnosporiavariabillis)灌丛、马桑(Coriaria sinica)灌丛、火棘(Pyracantha fortuneana)灌丛、黄栌(Cotinus coggygria)灌丛、棍木(Loropetalum chinense)灌丛、荆条(Vitex negundo)灌丛、蔷薇(Rosa cymosa)灌丛等。在这些灌丛中,有的建群种常混生在一起,无法分其主次,如马桑和荆条、黄栌和马桑等。①

## 二、三峡库区的生态环境现状

由于历史、现实体制与自然环境等多种因素的制约,自新中国成立以来三峡库区的生态环境破坏严重,森林覆盖率降低、水土流失加剧,自然灾害频发,成为我国长江上游生态脆弱区和敏感区之一。

### 1. 植被减少,森林覆盖率降低

三峡库区人多地少,人口密集,“四料”需求量大,致使过度砍伐森林,却忽视森林抚育,管理粗放,导致森林覆盖率逐年下降。重庆以下各县20世纪50年代后期与80年代初期比较,20余年森林覆被率减少了50%,鄂西段也减少了40%左右。20世纪90年代以后在长江三峡地区沿江两岸森林植被破坏更为严重且森林覆被率分布不均,沿江地带不足10%,有的低于5%,重庆市的巴南区和万州区只有2%和3%。库区植被具以下特点:①森林面积小,质量低,分布不均,幼林比例大;②森林自然类型多,但面积小(不足30%),丘陵低山区的常绿阔叶林不足库区面积的0.01%,而次生林面积大、类型少、幼林多(占60%);③森林的生物生产力不高,特别是经济林的单位产量低,灌丛面积大,优质草场资源不足;④林种结构不合理,用材林比例大(87%),而经济林、防护林和薪炭林比例过小(13%),难以发挥出林业的水土保持和扶贫作用;⑤植被朝着森林—灌丛—草丛—荒野—石化方向逆向演替,原生的亚热带常绿阔叶林大量减少,代之以马尾松居多数的针叶林为

① 胡晓静. 基于MMS的三峡库区森林流域暴雨水文过程研究[D]. 北京:北京林业大学,2007:20.

主的次生林。

进入20世纪90年代,随着人们保护森林的意识增强,国家也实施了一系列保护森林的举措,如“天然林保护工程”“退耕还林工程”,森林覆盖率虽有所回升,但森林整体质量却明显降低。专家指出,三峡库区森林涵养水源、调蓄洪峰、保持水土的功能,要恢复到20世纪50年代水平,还需要相当长的时间。

2. 水土流失加剧

三峡库区位于青藏高原向长江中下游平原的过渡带,山地、丘陵面积占90%以上,海拔高度在73~2976米。由于该区处于四大地质构造的结合部,地质地貌十分复杂,库区受强烈褶皱与断层构造运动的影响,地势崎岖不平,山体险峻高耸,悬崖峭壁林立,岩层挤压破碎。强烈的下切和物质的快速移动产生严重的水土流失。在全国水土流失类型区划中,三峡库区属大西南土石山区,水土流失较严重。根据2005年水土流失遥感调查和水利部2007年水土保持公告,三峡库区水土流失面积2804210平方千米,占土地总面积的48.8%。其中:轻度流失面积6213.20平方千米,占水土流失面积的22.16%;中度流失1007062平方千米,占35.91%;强烈流失803033平方千米,占28.64%;极强烈流失3037.43平方千米,占10.83%;剧烈流失690.52平方千米,占2.46%;中度和强烈流失面积占到库区水土流失总面积的64.55%。年均土壤侵蚀总量达1 67亿吨,年平均侵蚀模数2904吨/平方千米。① 根据最新调查资料显示,仅重庆市三峡库区共有水土流失面积2.58万平方千米,占幅员面积的56%。全区年平均土壤侵蚀模数为3765.71吨/平方千米,直接进入江河的泥沙约5340.75万吨,占土壤侵蚀总量的55%。

此外,三峡库区山高坡陡,耕地面积少且以坡耕地为主,由于坡耕地难以保水、保土和保肥,导致土地贫瘠、粮食产量低、经济贫困,农民为了生存,大肆毁林开荒扩大耕地面积。人为毁林陡坡开荒加剧了水土流失的发生。据研究,三峡库区入江泥沙70%以上来自陡坡开垦的耕地。以重庆三峡库区为例:重庆库区现有25°以上坡耕地375210公顷。其中:26°~35°的坡耕地面积为237337公顷,占63.3 %;36°~45°的有99073公顷,占26.4%;大

---

① 赵剑,郭宏忠,等. 三峡库区水土流失类型划分及防治对策[J]. 中国水土保持,2010(1):16.

于45°的坡耕地38800公顷，占10.3%。加上库区人口密度大，人地矛盾尖锐，人口带来的生存压力使库区土地的垦殖指数平均为38.2%，超过全国平均数的一倍多。陡坡耕作造成了严重的水土流失，水土流失量的60%以上来自陡坡耕地。

3. 自然灾害愈加频繁

三峡库区的自然灾害主要有干旱、洪涝及地质灾害。植被减少、土层减薄，使土壤涵蓄水量降低，小气候变异，加剧洪、旱、虫、风、雹灾害。三峡库区是著名的伏旱区，伏旱频率高达80%～90%。同时，也是暴雨集中区，因此洪涝灾害尤为频繁。

旱洪灾害主要受大气环流影响，但由于库区以山地丘陵为主，地表支离破碎，田高水低，水利设施差，蓄提水困难，植被破坏后生态环境恶化，水土流失影响了库区小气候，加剧了旱洪灾害发生。1952—1999年三峡库区伏旱频率63%，大旱频率22%。脆弱的生态环境，使库区内自然灾害频发，灾害种类增多。秭归县在1950—1998年，共发生自然灾害134次，其中50年代为8年一遇，60年代为3年一遇，70年代后为1年一遇；共发生暴雨洪灾38次，平均1.3年一遇；小旱灾1.7年一遇，中旱灾2年一遇，大旱灾25年一遇。据初步统计，仅坍塌山体滑坡一项，秭归县就有大小滑坡体694处，每逢汛期来临滑体复活，往往出现房屋倒塌，公路、良田被毁的现象，人民损失惨重。仅2007年全县就发生大小滑坡88处，总方量达3039万立方米，有85个村1131户4811人受灾，倒塌房屋2536间。①

20世纪90年代，长江流域的局部水灾年年发生，特别是1994年、1995年、1996年和1998年发生的严重水灾，直接经济损失分别高达200亿元、590亿元、700亿元和1600亿元。1998年夏天的长江流域特大洪灾，洪水持续近80天，前后经历了8次洪峰。受灾人口近2亿，死亡1300余人，成为继1954年以来长江发生的最大一次全流域洪灾。长江流域频繁的洪涝灾害给世人敲响了警钟。一些专家指出，长江流域森林植被的严重破坏、水土流失的加剧是诱发流域特大洪水的重要因素。

三峡库区地处长江中上游，是长江流域人口密集、工业和经济发达的地

① 廖纯艳. 三峡库区水土流失防治的实践与发展对策[J]. 中国水土保持，2009(1)：2.

区。频繁的人类活动导致了这一地区森林植被的严重破坏,森林涵养水源、调蓄洪峰和保持水土的功能大大削弱,河流洪枯比增大,输沙量增加,水土流失严重,对长江下游生态环境的稳定构成了极大的威胁。森林植被作为下垫面的主体,对降雨与径流的影响是通过土壤—植被系统的调节实现的,因此,在三峡库区恢复和增加森林植被,充分发挥其理水调洪的功能,最大限度地涵养水源、保持水土及影响洪水过程,对改善整个长江流域的生态环境,促进地区的稳定和繁荣,实现流域的可持续发展具有重要的战略意义。

## 第二节 三峡库区的社会经济概况

自1994年三峡工程开工建设和重庆市1997年直辖以来,三峡库区进入了历史上经济社会发展最快的时期,库区GDP和人均GDP始终保持两位数的年增长率;产业结构也出现了第一产业比重下降,第二、三产业比重上升的良好趋势;库区基础设施和城镇建设更是取得了突破性进展。总体而言,库区经济社会发展取得了较大的进步。

### 一、三峡库区经济发展的历史阶段与经济增长

#### 1. 三峡库区经济发展的历史阶段划分①

第一个时期是新中国成立初期至20世纪90年代三峡工程建设前,因为三峡工程长期处于论证状态,库区的发展前景不明确,国家对库区的投资受到限制,几十年间未在该地区投资建设重大基础设施项目和布局重大产业项目。在计划经济时代,缺乏国家资本投入对地区经济发展的影响是根本性的,三峡库区经济发展水平因此长期处于落后状态。到1994年三峡工程开始建设时,三峡库区仍是全国为数不多的18个连片贫困地区之一。

第二个时期是1994年三峡工程开始建设至2006年三期移民结束。截至2006年底,三峡移民共搬迁安置120万人,移民动态投资544亿元。这一时期库区的工作重点在于大规模的移民迁建,由于受淹没的往往是城镇和工业相对集中的地段,库区原有的经济发展连续性被人为阻断,原本就羸弱的产业基础被进一步削弱。虽然这一阶段全国向库区的投资力度很大,带动了库区经济增长,但大部分资金主要用于恢复和发展生活设施与基础设施,对

---

① 殷洁,张京祥. 贫困循环理论与三峡库区经济发展态势[J]. 经济地理,2008(4):631~632.

工业企业规模扩张和技术改造的投资仍然十分有限,库区二、三产业基础薄弱的现象仍然存在。库区总体上仍然属于经济落后地区,而且由于全国其他地区发展十分迅速,三峡库区与全国平均发展水平的差距越来越大。

第三个时期是2007年至今。按照国务院三峡办的总体安排,三峡库区于2007年启动了移民后期扶持工作。目前的工作重点已经从移民搬迁复建转移到帮助移民脱贫致富、发展库区经济方面来。必须指出的是,由于前两个时期发展水平较低,库区目前还没有进入工业化快速发展的轨道,其区域经济发展总体上仍处于经济起飞前的不发达、待开发阶段。同时,由于国家在后期扶持阶段的自接资金投入要小于第一阶段,库区依靠投资拉动的经济发展模式将面临一次重大的转型。

2. 20世纪90年代以来三峡库区的社会经济发展

由于历史、现实体制和自然环境等多种因素的制约和影响,自新中国成立初期到20世纪90年代初,三峡库区的社会经济发展进程非常缓慢,成为制约该区域社会经济进步和库区安全的重要隐患。20世纪90年代,随着三峡工程的开工建设、重庆直辖和西部大开发政策的实施等,三峡库区迎来了社会经济发展最好的历史时期,社会经济获得了快速增长,人们生活水平大幅度提高,社会经济结构有着明显的改善。现以1997—2006年重庆直辖10年以来所辖的三峡库区区县的社会经济发展来进行分析。

首先,三峡库区的经济总量和产业结构获得了较大的增长和改变。在国民经济生产总值方面,从表3-1① 可以看出,三峡库区自1996—2006年11年时间,每年几乎都保持了两位数的增长速度,从表3-2② 也可看出,人均生产总值增长速度也基本上保持两位数。与此同时,在经济总量保持快速增长的同时,其经济结构也发生了明显的变化,从表3-3、表3-4和表3-5③ 的统计数据可以看出,三大产业在1996—2006年11年时间内都保持了一定的增速,但是从年均增长速度和比例来看,第一产业的增速大约在3%,而第

---

① 重庆市统计局,国家统计局重庆调查总队. 重庆直辖10周年——数据与分析[M]. 重庆:重庆出版社,2007:208.

② 重庆市统计局,国家统计局重庆调查总队. 重庆直辖10周年——数据与分析[M]. 重庆:重庆出版社,2007:212.

③ 重庆市统计局,国家统计局重庆调查总队. 重庆直辖10周年——数据与分析[M]. 重庆:重庆出版社,2007:209~211.

二产业和第三产业的增产速度几乎都保持在10%以上，这与三峡库区在1996年以前的产业结构相比较，其产业结构得到了明显的优化和改变，即由原来的第一产业增长为主逐步转变为以第二产业和第三产业增长为主。但是，在看到经济快速增长和产业结构改变的同时，我们也应看到，库区内无论从经济增长速度还是从经济的绝对总量，各区县之间的差距越拉越大。

**表3-1 重庆市三峡库区各区县(自治县)生产总值** 单位：亿元

| 区县 | 1996年 | 1998年 | 2000年 | 2002年 | 2004年 | 2006年 | 年均增长率(%) |
|---|---|---|---|---|---|---|---|
| 主城区 | 489.65 | 583.2 | 666.67 | 827.63 | 1131.44 | 1511.08 | 10.7 |
| 江津区 | 54.5 | 67.24 | 71.95 | 89.15 | 116.47 | 148.94 | 11.3 |
| 万州区 | 48.74 | 55.22 | 67.46 | 85.11 | 114.48 | 152.29 | 11.6 |
| 涪陵区 | 42.99 | 57.3 | 69.99 | 86.49 | 114.73 | 153.87 | 13 |
| 长寿区 | 31.34 | 40.1 | 48.59 | 61.96 | 74.64 | 100.05 | 10 |
| 丰都县 | 13.9 | 17.18 | 19.43 | 24.93 | 32.06 | 39.95 | 10.5 |
| 忠县 | 17.05 | 20.68 | 22.77 | 28.13 | 38.13 | 50.04 | 10.2 |
| 开县 | 26.88 | 33.44 | 36.85 | 44.07 | 58.01 | 75.13 | 10 |
| 云阳县 | 16.73 | 21.23 | 22.94 | 28.16 | 37.97 | 46.68 | 9.9 |
| 奉节县 | 20.49 | 23.14 | 25.97 | 32.12 | 39.83 | 50.86 | 9.8 |
| 巫山县 | 8.76 | 10.31 | 11.33 | 14.3 | 17.91 | 22.66 | 9.8 |
| 石柱县 | 9.81 | 11.63 | 12.51 | 15.49 | 21.55 | 29.02 | 9.5 |

**表3-2 重庆市三峡库区各区县(自治县)人均生产总值** 单位：元

| 区县 | 1996年 | 1998年 | 2000年 | 2002年 | 2004年 | 2006年 | 年均增长率(%) |
|---|---|---|---|---|---|---|---|
| 主城区 | 8442 | 9817 | 11208 | 13466 | 18046 | 23168 | 9.4 |
| 江津区 | 4175 | 5161 | 5505 | 6866 | 9145 | 11779 | 11.6 |
| 万州区 | 3002 | 3353 | 4045 | 5505 | 7512 | 10040 | 11.8 |
| 涪陵区 | 3999 | 5258 | 6654 | 8349 | 11288 | 15187 | 13.7 |
| 长寿区 | 3585 | 4557 | 5518 | 8179 | 9921 | 13309 | 10.2 |
| 丰都县 | 2120 | 2586 | 2887 | 3744 | 4911 | 6202 | 10.7 |
| 忠县 | 2238 | 2697 | 2936 | 3703 | 5068 | 6704 | 10.2 |
| 开县 | 2231 | 2742 | 3016 | 3691 | 4952 | 6485 | 10.4 |
| 云阳县 | 1655 | 2071 | 2200 | 2698 | 3731 | 4593 | 9.9 |
| 奉节县 | 2377 | 2632 | 2958 | 3676 | 4576 | 5921 | 9.9 |
| 巫山县 | 1712 | 1992 | 2169 | 2782 | 3540 | 4527 | 10 |
| 石柱县 | 2188 | 2557 | 2735 | 3466 | 4940 | 6685 | 9.9 |

表3-3 重庆市三峡库区各区县(自治县)第一产业增加值 单位:亿元

| 区县 | 1996年 | 1998年 | 2000年 | 2002年 | 2004年 | 2006年 | 年均增长率(%) |
|---|---|---|---|---|---|---|---|
| 主城区 | 45.32 | 46.33 | 42.51 | 46.09 | 59.39 | 55.66 | 0.8 |
| 江津区 | 22.92 | 22.14 | 21.06 | 23.23 | 27.84 | 28.35 | 2.6 |
| 万州区 | 13.5 | 13.24 | 12.43 | 14.07 | 17.28 | 19.06 | 3.2 |
| 涪陵区 | 7.98 | 9.28 | 9.7 | 10.77 | 14.21 | 15.94 | 3.4 |
| 长寿区 | 8.69 | 9.84 | 9.78 | 12.96 | 14.18 | 13.47 | 0.7 |
| 丰都县 | 5.76 | 6.34 | 6.67 | 7.35 | 8.69 | 10.03 | 3 |
| 忠县 | 8.44 | 8.24 | 8.46 | 9.15 | 12.15 | 12.34 | 2.1 |
| 开县 | 11.07 | 13.08 | 13.21 | 14.63 | 17 | 18.36 | 2.2 |
| 云阳县 | 9.06 | 10.15 | 9.65 | 10.11 | 12.66 | 14.62 | 2.4 |
| 奉节县 | 9.17 | 9.13 | 9.42 | 9.97 | 10.59 | 12.27 | 1.6 |
| 巫山县 | 4.48 | 4.59 | 4.56 | 4.95 | 5.85 | 7.27 | 3.3 |
| 石柱县 | 4.39 | 4.07 | 4.35 | 4.75 | 6.31 | 8.29 | 4.3 |

表3-4 重庆市三峡库区各区县(自治县)第二产业增加值 单位:亿元

| 区县 | 1996年 | 1998年 | 2000年 | 2002年 | 2004年 | 2006年 | 年均增长率(%) |
|---|---|---|---|---|---|---|---|
| 主城区 | 233.13 | 253.82 | 289.16 | 349.92 | 504.24 | 677.79 | 11.6 |
| 江津区 | 17.79 | 25.26 | 26.33 | 35.2 | 47.28 | 65.04 | 15.4 |
| 万州区 | 17.74 | 20.75 | 25.24 | 32.31 | 44.27 | 61.39 | 14.6 |
| 涪陵区 | 19.97 | 27.84 | 35.23 | 43.64 | 58.93 | 81.19 | 15.4 |
| 长寿区 | 13.87 | 18.32 | 22.84 | 28.24 | 35.14 | 55.31 | 12.8 |
| 丰都县 | 3.75 | 4.29 | 4.96 | 7.53 | 10.25 | 12.9 | 15.1 |
| 忠县 | 3.34 | 5.03 | 5.44 | 7.23 | 10.78 | 17.94 | 17.5 |
| 开县 | 7.59 | 9.58 | 11.42 | 14.1 | 20.36 | 30.15 | 15.9 |
| 云阳县 | 4.17 | 5.5 | 6.39 | 8.73 | 12.11 | 14.68 | 15.1 |
| 奉节县 | 4.81 | 6.58 | 8.06 | 11.62 | 14.36 | 18.34 | 13.3 |
| 巫山县 | 1.5 | 1.9 | 2.22 | 3.24 | 3.81 | 4.49 | 11.9 |
| 石柱县 | 2.99 | 3.88 | 3.46 | 4.49 | 6.77 | 9.48 | 12.6 |

表3-5 重庆市三峡库区各区县(自治县)第三产业增加值 单位:亿元

| 区县 | 1996年 | 1998年 | 2000年 | 2002年 | 2004年 | 2006年 | 年均增长率(%) |
|---|---|---|---|---|---|---|---|
| 主城区 | 211.2 | 283.05 | 335 | 431.62 | 567.81 | 777.63 | 11.2 |
| 江津区 | 13.79 | 19.84 | 24.56 | 30.72 | 41.35 | 55.55 | 12.3 |
| 万州区 | 17.5 | 21.23 | 29.79 | 38.73 | 52.93 | 71.84 | 12.1 |
| 涪陵区 | 15.04 | 20.18 | 25.06 | 32.08 | 41.59 | 56.74 | 12.9 |
| 长寿区 | 8.78 | 11.94 | 15.97 | 20.76 | 25.32 | 31.27 | 10.9 |
| 丰都县 | 4.39 | 6.55 | 7.8 | 10.05 | 13.12 | 17.02 | 13.2 |
| 忠县 | 5.27 | 7.41 | 8.87 | 11.75 | 15.2 | 19.76 | 12.6 |
| 开县 | 8.22 | 10.06 | 12.22 | 15.34 | 20.65 | 26.62 | 11.1 |
| 云阳县 | 3.5 | 5.58 | 6.9 | 9.32 | 13.2 | 17.38 | 14.9 |
| 奉节县 | 6.51 | 7.43 | 8.49 | 10.53 | 14.88 | 20.25 | 13.2 |
| 巫山县 | 2.78 | 3.82 | 4.55 | 6.11 | 8.25 | 10.9 | 15.3 |
| 石柱县 | 2.43 | 3.68 | 4.7 | 6.25 | 8.47 | 11.25 | 11.7 |

其次,三峡库区的城镇化进程在不断的推进,城乡居民收入也在不断的提高。在城镇化进程方面,三峡库区自1996—2006年平均每年都保持了大约年均0.5%的增长速度,城市的规模和功能得到明显的提升,城市基础设施和交通运输状况得到明显改善。与此同时,城乡居民生活水平不断提高,社会事业不断进步,2006年重庆三峡库区城市居民人均可支配收入达10000元左右,比1996年增加近6000元;农村居民人均纯收入达2800元左右,比1996年增加1300元左右;城乡居民恩格尔系数分别为36%和52%左右,分别比1996年下降大约13%和11%,人均住房面积明显增加,城乡居民生活质量明显改善。此外,在医疗、文教和社会保障等方面,三峡库区与1996年以前相比,都取得了明显的进步和改善。整体而言,三峡库区自三峡工程开工建设和重庆直辖以来,是其社会经济发展的最好历史时期。

二、三峡库区社会经济发展存在的问题

三峡库区近年来的经济快速增长是建立在大规模外来投资拉动的基础上的。截至2006年底,国家对三峡库区已经累计投入了544亿元资金用于移民迁建和安置补偿工作,同时全国各省市对口支援库区的项目投资也已经达到317亿元。而对库区产业结构优化贡献最大的,也是与移民迁建直接相关的建筑业快速增长，其他二、三产业并没有得到迅速发展。目前，随着三峡工程于2009年顺利竣工，移民迁建工作也已进入了尾声，三峡库区的移民投资规模和建设规模都日趋缩小。受此影响，三峡库区依赖外来投资拉动的经济增长模式将不得不面临转型，一些矛盾和问题逐步凸显出来。同时，由于三峡库区经济发展起点较低，尽管近年来进步很快，但与全国平均水平相比仍属于贫困落后区域。因此，三峡库区的经济发展仍存在许多问题。

1. 低投资与低产出

1993年以前，库区当地企业大多规模较小、生产工艺落后、设备陈旧、产品竞争力弱、经济效益差、资产负债率高。三峡移民工作开始后，将搬迁企业迁建工作与结构调整结合起来，对大量技术落后、资不抵债、生产能力结构性过剩的企业实施了关闭破产和资产重组，致使库区产业存量急剧减少。据统计，三峡库区地方属搬迁企业共有1624户（不含5户中央直属企业）。其中，复建企业601户，占37%；关、破企业1023户，占63%。同时，由于搬迁补偿资金不足，复建企业普遍负债较高；加上停产复建期间失去了原有市场份额，使复建后的生产经营举步维艰。截至2005年底，库区601户复建企业有523户建成，2005年度盈利和持平的企业273户，占搬迁企业总数的17%，亏损企业250户，占15%，即库区全部搬迁企业中只有1/3左右能够重新开工，而能够恢复原有生产能力的只有1/6左右。[①]

由于此次结构调整的范围仅限于占库区下属企业总数31.2%的搬迁企业，还有68.8%的非搬迁企业因为退出成本高等原因，没有得到适时的优化调整。虽然2004年一期移民结束后从对口支援省市引进了一些重点项目，但是由于新上项目短时间内难以形成主导产业，对地方产业发展的带动作用有限。因此，整个库区产业基础薄弱的问题仍然没有得到根本解决。

2. 低就业率

产业基础空虚导致就业岗位不足，库区城镇出现了严重的失业现象。根据重庆市统计局的资料，重庆库区工业从业人员数从2001年的15.06万人下降到2005年的13.32万人，下降了11.6%，占全市的比例从2001年的

① 殷洁，张京祥．贫困循环理论与三峡库区经济发展态势[J]．经济地理，2008(4)：631～632.

17.9%逐年下降到2005年的14.4% 。2005年底,库区城镇调查失业率为11.56%,其中最高的万州区为16.1%。① 失业现象主要集中在:①破产企业下岗职工。据统计,库区企业搬迁关破后产生了19万余人下岗职工,大多数属于一次性领取补偿费自谋职业安置,2006年再就业率只有30%左右,其余无固定职业,靠打短工、小工或吃低保维持生活。②城镇纯居民群体。这部分人在搬迁前主要依靠老城区的口岸和地段优势做小生意、以出租门面为生,搬迁后新城区门庭冷落、商业萧条,使他们失去了传统就业手段。③从农村迁移来城镇安置的移民,包括进城镇安置农村移民和城镇迁建占地移民。他们失去了农村的土地,在城镇又受到自身文化素质和劳动技能影响,平均就业率只有50%左右,且就业稳定性较差。②

与此同时,在占库区人口近70%的农村,虽然不存在公开失业,但也出现了严重的就业不足现象。三峡工程最终蓄水到175米后,将直接淹没耕地2.38万公顷,同时城镇迁建也将占用大量土地。根据库区主要城镇的搬迁发展规划,城市用地总面积已从1993年的37.33平方千米扩大到2010年的162.67平方千米,平均用地规模扩大了5倍。③ 这些情况加剧了库区原本就十分紧张的人地矛盾,2006年库区人均耕地面积为0.69亩/人,低于联合国粮农组织规定的0.8亩/人的最低警戒线。农民愿意耕种更多的土地,却无地可种,出现了大量的农村剩余劳动力。

3. 低收入水平

三峡库区居民的收入与全国相比,总体上仍处于较低水平。根据世界银行对不同国家和地区进行分类的方法,凡是人均收入或人均GDP低于平均值75%的,均属于低收入国家或地区。三峡库区2006年的人均GDP不足1000美元,而全国人均GDP超过2000美元,三峡库区不到全国平均水平的50% 。

在库区整体相对收入水平较低的同时,在相当一部分移民中甚至出现了绝对收入水平下降的状况。三峡移民累计120万人,其中农村移民43万

① 王海燕,周元. 关于三峡库区发展与移民工作的几点建议[R]. 中国科学技术发展战略研究院调查报告,2006(35):1~5.

② 梁福庆. 水库城镇移民安置稳定问题研究[J]. 三峡大学学报(人文社会科学版),2007,(29)6:13~15.

③ 顾朝林,黄春晓. 三峡库区城镇移民迁建的问题与对策[J]. 长江流域资源与环境,1999(4):353~359.

人(跨省出县外迁 20 万人,就地安置 23 万人);城镇移民 77 万人,占就地安置 100 万移民的 77%。到 2004 年,外迁的农村移民生活水平普遍好于搬迁前,也好于就地安置农村移民。就地安置农村移民与搬迁前相比,人均土地少、质量差、产量低,据重庆市 2004 年调查,约有 50% 的农村移民生活水平出现不同程度下降。① 与农村移民相比,城镇移民的生活压力更大。农村移民普遍享有国家后期扶持政策,基本生活有保障;而城镇移民却受到高失业率影响,收入水平大幅下降,并且享受移民后期扶持的范围及数量小,享受社会基本生活保障的人数少、金额低(每人每月 100 余元),以致生活十分困难,贫困群体面大。据了解,目前三峡库区城镇移民中生计比较困难的有 47 万人,其中占地移民近 10 万人,纯居民 13 万多人,下岗职工 19 万多人,进城镇安置农村移民约 5 万人,占城镇移民总数的 61%。②

三峡库区的社会经济发展问题关系到三峡工程的综合效益能否全面发挥,"搬得出、稳得住、逐步能致富"的移民工作目标能否最终实现,也关系到三峡库区的社会稳定和三峡水库建成后的生态安全。因此,如何实现三峡库区的经济、社会、生态和谐发展,不仅是一个重要的社会经济问题,也是一个重大政治战略问题。

## 第三节 案例区概况

本书选择的案例区为重庆市万州区。万州原名万县,重庆直辖后更名为万州,是三峡库区最大的移民安置区域,重庆市的第二大城市,其空间位置刚好位于重庆至宜昌之间的中点。在自然环境、社会经济发展水平和地理位置等方面,万州区在三峡库区都有很好的代表性,基于此,本书退耕还林政策的相关问题研究选择了万州区为案例区。

### 一、自然地理概况

#### 1. 地理位置和地形地貌

万州区位于重庆市东部,三峡库区腹心,现辖 14 个乡、28 个镇、11

① 陈敏. 三峡库区的经济困局[J]. 瞭望新闻周刊,2004(19):37~39.

② 梁福庆. 水库城镇移民安置稳定问题研究[J]. 三峡大学学报(人文社会科学版),2007,(29)6:13~15.

个街道办事处，共有448个村、183个居委会、4636个村民小组。总人口170万人，其中城区人口57万人，人口密度为491人/平方千米。介于东经107°52′22″~108°53′25″，北纬30°23′32″~31°0′20″。东邻云阳县，西接梁平、忠县，北与开县和四川省开江县毗邻，南与石柱县和湖北省利川市接壤。

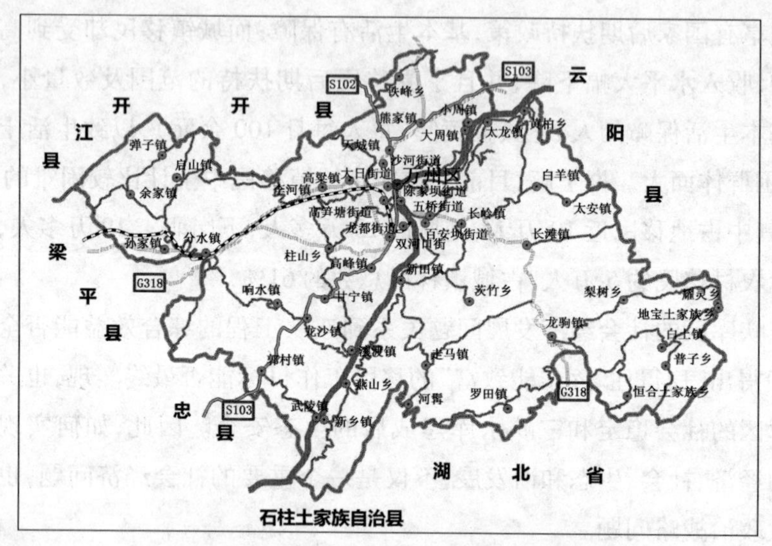


图3-2 万州区行政区划示意图

万州区东西长97.25千米，南北宽67.25千米，幅员面积3457平方千米。境内河流纵横，河流、溪涧切割深，落差大，高低悬殊，呈枝状分布，均属长江水系，总水域面积为1.09万公顷。境内出露地层的地质年代多见于中生代三叠纪和侏罗纪。万州属四川盆地东缘平行岭谷与盆周山地过渡地带，长江从西南向东北贯穿全境，流程80.4千米。境内从北到南有善字山、铁峰山、方斗山、龙驹山、七曜山五大山脉与长江略相平行排列，整个地势沿长江向南北两个方向逐渐升高，构成一个“V”字形，形成以长江为骨干的向心形水系。境内沟壑纵横，土地破碎，起伏较大，最高海拔1762米（沙坪，七曜山主峰），最低海拔106.5米（五桥黄柏乡）。方斗山以北各山脉之间为红层浅丘台地，山脉基部及方斗山以南各山脉间均为岩溶低山深丘峡谷，山顶部形成岩溶山原地貌，各溪河交汇处形成一些山间平坝（小冲积平原）。据土壤普查，全区丘陵平坝面积为233.4万亩，占44.9%；低山238.8万亩，占

46.05%;中山46.61万亩,占9%。

2. 主要河流水系

万州境内有8条流域面积在100平方千米以上的长江支流和494条山间溪流。河流总长度为383.9千米,流域面积2863.33平方千米,河网密度为0.13千米/平方千米。

在万州区发源直接注入长江的一级支流有苎溪河、瀼渡河、石桥河、新四河、五桥河五条;本区发源经其他县注入长江的有汝溪河;过境河流有普里河、磨刀溪(含泥溪河、驷步河)两条,也是万州区流域最长、面积最大,水量最丰的两大支流。前6条支流分布于长江两岸方斗山脉与铁峰山脉之间,后两条支流分别分布在善字山脉、铁峰山脉和方斗山脉、七曜山脉之间。

全区多年平均径流量为18.24亿立方米,多年平均径流深520~640毫米,最大径流深为830毫米,最小径流深为331毫米,降雨是地表径流的主要来源。

3. 气候

区域境内属亚热带季风湿润带,气候温和,四季分明,冬暖、夏热、春早、秋长。全年日照充足,雨量充沛,无霜期长,霜雪稀少,盛夏雨热同季。农作物和牧草四季都能生长,有利于农业、畜牧业、果业、水产和多种经营的发展,为发展农业提供了较好的自然条件。全区多年平均气温为13.8℃~18.8℃,年均气温18℃,1月平均气温6.6℃,7月平均气温28.4℃,年积温5800℃~6000℃,平均日照时数为924小时,无霜期306天;全区多年平均降雨量为1000~1300毫米,年平均蒸发量880.9毫米,平均相对湿度80%。

4. 土壤

据土壤普查,该区域有冲积土、黄壤、紫色土三大类。

冲积土主要分布于500米以下的山间冲积坝,如甘宁坝、龙驹坝、新开田、赶场坝等溪河槽谷向斜和长江干流溪河入口及回流坨的禹安沱、田坝、晒网坝等地,面积较小,仅有7641亩。其余主要为黄壤和紫色土,各占49%和51%。

紫色土主要分布于各山脉间向斜丘陵和低山区域,一般在海拔200~600米,成土母质为侏罗系自流井组砂岩、巴东组紫色页岩、遂宁组红棕紫色砂泥岩发育而成,母岩以物理风化为主,土壤矿物质含量丰富,土厚一般在30~60厘米;由于地域差异,方斗山以北的紫色土呈中性至微碱性反应,方斗山以南的紫色土呈中性至微酸性反应。

黄壤主要分布于500~1700米背斜低、中山区域。成土母质为三迭系巴东组、雷口坡组、须家河组、嘉陵江组及少量大冶组的砂岩、石灰岩发育而成,还有少量溪河沿岸的运积母质;砂岩发育的黄壤呈微酸性反应;石灰岩发育的石灰性黄壤呈微碱性反应,山脉顶部石灰岩地区由于降水淋溶作用,部分土壤呈中性至微酸性反应。各类土壤肥力情况详见表3-6。

**表3-6 森林土壤肥力情况**

| 名称 | 全N(%) | 全P(%) | 全K(%) | 有机质(%) | 碱解N | 速效P | 速效K |
|---|---|---|---|---|---|---|---|
| 紫色土 | 0.62 | 0.0995 | 2.6 | 0.665 | 30 | 2 | 8.6 |
| 酸性黄壤 | 0.128 | 0.0465 | 1.95 | 1.45 | 51 | 5.8 | 90 |
| 石灰性黄壤 | 0.078 | 0.0685 | 1.86 | 1.505 | 55 | 5.8 | 48.5 |

资料来源:万州区林业局提供的内部资料。

## 二、自然资源概况

### 1. 森林面积蓄积

万州区现有林业用地面积180万亩,占幅员面积的34.7%。其中:林地129.6万亩,疏林地面积5.3万亩,灌木林地面积20.5万亩,未成林造林地面积5.64万亩,宜林荒地面积18.96万亩。活立木总蓄积405万立方米,森林覆盖率25%。森林资源主要分布在方斗山以南和铁峰山脉等5条山脉。

### 2. 野生动植物种类

一是植物种类丰富。据调查,有森林植物181科666属1242种,其中木本植物99科255属529种,其中引进17种,人工栽培38种,其余为原生天然种。马尾松林分布面积占全部森林面积的74.2%以上,是亚热带次生林区的主要建群树种,其次为柏木、杉木、栎类、洋槐等。经济林木主要以柑橘、油桐为主,其次有油茶、板栗、核桃、梨、苹果、龙眼、柚、茶、桑、竹等。林内还生长有银杏、水杉、楠木等27种国家一、二、三级重点保护珍稀濒危植物。蕨类植物200多种,其他草本植物245种。由这些众多的植物构成了具有亚热带至温带特征的乔木、灌木、草本三大类49种森林植被类型。

二是野生动物种类繁多。全区已知有野生动物312种,其中兽类69种,鸟类124种,爬行动物15种,两栖类12种,鱼类92种。属国家重点保护的二级保护动物有 8 种。

3. 水资源

区境内河流纵横,河流、溪涧切割深,落差大,高低悬殊,呈枝状分布,均属长江水系。长江自西南入境,向东北横贯腹地,流程 84.3 千米。境内流域面积在 100 平方千米以上的河流有共 8 条,溪沟 93 条,总水域面积为 1.09 万公顷。区境内常年性降水量 1000 ~ 1300 毫米,水资源丰富。全区水力资源可开发量有 32.32 万千瓦,年发电量可达 4.8 亿千瓦时以上。全区多年平均水资源总量为 28.21 亿立方米,人均拥有水量 1679 立方米。全区水资源可开发量为 18.5 万千瓦,年发电量可达 74.8 亿千瓦时以上。

4. 矿产资源

区域内矿产资源种类多,分布广,相对集中,组合较好,矿产储量十分丰富,万州区已探明矿产资源数 38 种。其中有煤 1278 万吨、天然气 2400 亿立方米、岩盐 2800 亿吨。

三、社会经济概况

万州区上距重庆 327 千米,下至宜昌 321 千米,是三峡库区腹地的经济中心、重庆市第二大城市和长江十大港口之一,水陆空交通方便。水路有长江横贯,是仅次于重庆的第二川江内河港口;陆路有 318 国道、万忠、万云、万开、万利高等级公路,全区公路总里程共 1481.6 千米;万达铁路、渝万高速公路以及万州机场已投入使用。随着三峡水库建成,万州已成为库区水陆空立体交通枢纽中心,是渝东、川东、陕南、鄂西、湘西和黔东北的物资集散地,在带动区内及周边地区经济发展中起着重要作用。经过多年努力,万州已基本形成纺织、机电、食品、盐化、建材、皮革、医药等为支柱的工业体系。农业已初步形成粮油、畜禽、蚕桑、果品、水产、蔬菜为主的六大生产基地。

1. 社会经济发展现状

截至 2008 年底,万州区土地面积 3442 平方千米,建成区面积 43 平方千米,全区总人口 172.54 万人,其中非农人口 51.06 万人。2008 年万州区国民生产总值为 256.0553 亿元,人均生产总值 16778 元,其中第一产业占 28.1972 亿元,第二产业占 126.7018 亿元,第三产业占 101.1563 亿元;城市居民人均可支配收入 13366 元,农村居民人均纯收入 3998 元;城市恩格尔系数为 42%,农村居民恩格尔系数为48.57%。全区社会经济取得了较快的发展。

2. 土地利用现状及水土流失情况

2004年,《万州统计年鉴》统计,在幅员总面积3457平方千米中,耕地面积86.6万亩,林业用地面积180万亩,建城区面积5.8万亩(38.89平方千米)。遥感测定,全区水土流失面积1837.49平方千米,占幅员面积的53.1%;年侵蚀模数2991.82吨/平方千米。轻度流失占21.4%,中度流失占19.3%,强度流失占10.8%,极强度流失占1.6%,剧烈流失占0.02%。

3. 万州区社会经济发展存在的问题

(1)经济总体水平低下。万州区属于国家级连片贫困地区,生产力水平较低,经济总量小。万州作为重庆直辖市的第二大城市,2012年全州区国内生产总值662.86亿元,仅占整个重庆市国内生产总值的5.7%;人均收入仅为重庆市人均收入的65.2%。与宜昌、黄石、岳阳、九江等几个规模相当的沿江城市相比,国内生产总值仅为湖北宜昌的26.51%,黄石的63.67%,湖南岳阳的30.13%,江西九江的46.68%。

(2)产业结构不合理。首先是一、二、三产业结构不合理,存在着第一产业不强,第二产业不优,第三产业不大的问题。农村产业结构调整缓慢,农民缺乏稳定的收入来源;工业经济落后,尤其是国有企业机制落后,活力不足;第二产业因受第一、三产业的制约,发展水平低。其次是各产业的内部结构不合理,缺乏活力。在第一产业中,以种植业为主,而种植业又以粮食生产为主;林果业以柑橘为主;畜牧业以生猪养殖为主;产品的种类单一,商品率低。在第二产业中,建筑业所占比例高达21.36%,远高于重庆市9.5%的平均水平、全国6.99%的平均水平。在第三产业中,交通运输业和房地产业所占比重大,旅游、文教等其他服务业不发达。

(3)缺乏支柱产业支撑。由于受三峡水库的影响,万州区受淹工矿企业达370户,而规划关闭227家,仅剩下143家,新的产业尚未形成而原有产业也未能升级调整。烟酒产业是万州的最大产业,但2012年重庆市(万州)太白酒厂的产值也只有32.62亿元,仅占整个万州国内生产总值的4.92%。同时由于受区位和交通的影响,万州属于内向型消费城镇,城乡经济关联度低,城镇处于孤岛状态,无支柱产业支撑。

(4)产业技术创新能力差,经济效益低下。万州的自主创新和科研成果少,缺乏有核心的自主知识产权的拳头产品,引进和转化先进技术成果、提升现有技术装备的力度不够,基本是工业化发展初期的技术水平,信息化、网络化、高新技术产业化在万州还欠缺。同时,干部群众思想不够解放,观念更新较差,机制创新能力弱,导致该地区的整体经济效益较差。

(5)剩余劳动力多,就业压力大。统计资料显示:2012 年末区内新增城镇就业人员 48119 人,城镇登记失业率 2.62%,城镇调查失业率 6.58%。再加上在庞大的移民队伍中部分城镇移民和占地移民处于失业和半失业的状态(约占劳动力数量 15% 以上),使得就业人数增多,就业压力大,维护社会经济稳定的任务艰巨。

# 第四章 CHAPTER 4 三峡库区基于农户意愿的退耕还林政策效应评价

我国自 1999 年开始的退耕还林工程无论实施面积、参与人数,还是投资规模,都是有史以来世界上最大的生态修复项目。成功的生态修复项目不仅需要适当的技术措施,更离不开当地退耕农户的支持。同时,生态修复项目的实施对不同农户会产生不同程度的影响,因此,退耕还林区域的农户对该政策支持与否直接决定了该区域退耕还林政策的效应与成败。基于此,本书通过对三峡库区参与性农户调查的方式,了解退耕还林项目对当地农户生计的影响,研究农户对待退耕还林项目的意愿及其相互关系,探究退耕还林政策对农户生计的影响以及公众对政策接受程度对生态修复政策实施效果的潜在影响,以期提供有关生态补偿政策与社会因素相互关系的研究案例,为三峡库区退耕还林政策的可持续发展提供实证支持和理论依据。

## 第一节　农户意愿评价方法的基本原理与思路

农户意愿评价方法是 20 世纪 60 年代以来国际农业研究方式的一个重要发展,该方法主要是通过对农业经济活动中的行为主体——农户的实际调查和对话,从自下而上的方式来了解某项政策或活动对农户的影响和农户的基本态度及其影响因素,可以直接反映出政策或活动的效应。因此,该方法现在在农业经济中被广泛应用。

一、农户意愿评价的概念与特点

（一）农户意愿评价的概念

农户作为农村技术推广和实施的主体，农民的意识和行为起着关键的作用。而农民的行为是自发的、被动的还是被强制的，农民对技术或政策的科学性和实用性如何认识等问题，都是需要调查和研究的问题。这些问题的回答，能够为政府部门的决策、科研的技术开发和推广部门的措施改进提供充分的理论依据和实施基础，尤其是像退耕还林政策这样涉及面极广、投资巨大和与广大农民切身利益紧密相关的项目，更应尊重农民的意愿和利益，进而调动广大农户的积极性，为退耕还林政策的可持续发展提供坚实的前提和保障。

在农户意愿评价中，"认知"（Cognition）一词，指通过心理活动获取知识，而其社会学定义偏重于人们对社会现象的共识以及这种共识对其社会行为的影响，认知客体往往还包括认知主体自身。而作为一种标准化的调查方法，问卷调查法是一种以客观验证和定量分析为基础的实证研究方法，是社会调查中最常见、应用最广泛的方法之一。① 基于上述分析，我们认为农户意愿评价是指"以农户意愿为核心，通过对农户进行问卷调查的方法，获取农户对某项技术或措施的认识资料，经过数据处理，运用系统分析或模型分析，得到农户对该项技术或该项措施的认知。最后为行政部门的决策、科研的技术研发和推广部门的措施改进提供充分的理论依据和措施建议"。②

（二）农户意愿评价的主要特点

1. 农户意愿评价基于农户水平和农户生产系统进行

一般而言，以农户为中心的农作系统由三个子系统组成，即农户家庭、农业生产系统、非农活动。其中，农户是生产决策的主体，确定系统生产的目标，为生产和非农活动提供劳力；农业生产系统为农户家庭提供粮食等物质，同时家畜也为作物生产系统提供畜力；非农活动是农户获得现金收入的主要来源，也是农户改善生活、提高生计水平的主要经济补充。一般情况

① 张创新，刘雪华．社会调查理论与方法[M]．长春：吉林大学出版社，2003：45.

② 高旺盛．农业宏观分析方法与应用[M]．北京：中国农业大学出版社，2009：324.

下,农户系统的一切生产和活动都是在系统内进行的,除了构成农户系统的主要因子之间的相互作用外,农户在生产和生活中还受到外界环境因素的影响。在社会实践中,外部影响因素一般包括社会文化环境、自然物理环境和国家有关政策与体制等。

2. 农户意愿评价主要通过农户参与式研究方法进行

"农户参与式研究"是在20世纪80年代末90年代初提出来的一个新概念,它对重新考虑研究方法、研究者态度、价值观有革命性影响,已被许多国际研究中心和国家研究机构所应用。而"参与式行动研究"则是探索各种将行动、反映、参与和研究结合在一起的途径与方法。这种研究方法是行动科学,目的是怎样通过对话和参与来增强当地人的意识和自信,而且对他们的行动赋权。① 农户参与式研究主要通过农户问卷调查、农户访谈、农村住户调查以及搜集相关部门公开发表的资料途径进行,获取农户调查数据、农户访谈数据和信息、农村住户调查数据和各政府有关部门公开发表的有关农户生产的主要数据和关键技术人员的访谈数据和资料。然后对这些第一手搜集到的资料进行整理,最后运用不同的方法进行处理,将从农户手中得到的第一手资料转化成农户意愿的集中体现,得出农户意愿的直接显示。对于退耕还林政策来说,就是针对特定的区域设计相关的调查问卷,然后对农户进行访谈获得相关的数据和信息,通过处理得出农户的基本意愿和基本认知与态度。

## 二、农户意愿评价的设计思路②

农户意愿评价的设计思路是评价公共政策是否具有科学依据和说服力的关键,因此,评价中一个关键要素就是思路设计,包括调查的区域和对象、调查问卷和访谈内容等。在思路设计中要明确调查主题,紧扣研究目标和内容,要有合理的结构和严密的逻辑性,使调查的结果符合研究需要,能够被便捷和有效地利用。

### (一)调查和访谈问卷设计

调查和访谈是农户意愿搜集工作的基本环节。在实践中调查和访谈的

---

① 卢敏. 农业应用技术创新中的农民参与式方法研究[D]. 北京:中国农业大学,2001:32.

② 高旺盛. 农业宏观分析方法与应用[M]. 北京:中国农业大学出版社,2009:325~326.

形式和方法也有很多种，而且根据不同的研究目标、不同的环节和不同的调查单位或调查人本身的特点，在操作过程中也往往会有所变化。但是作为一个最常用和最重要也是最有效的办法——问卷调查法始终被广大研究者重视。

1. 调查和访谈问卷的设计原则

(1)主题明确。根据调查和访谈的目的，结合研究内容突出调查和访谈重点，尽量避免无关紧要的问题，从而使调查主题非常明确。

(2)结构合理，语言通俗易懂。问卷要有合理的设计框架和结构，问题的排列应符合当地农户的思维习惯，具有合理的逻辑顺序。同时，问卷设计要尽可能通俗易懂，符合当地农户的文化水平和习惯，让回答者一目了然并方便如实回答。

(3)便于整理和统计。问卷的设计要考虑到调查结束后数据的整理和统计，能够根据调查结果进行整理、校正和统计分析，使调查分析更具可操作性。

2. 调查和访谈问卷的主要内容

问卷的调查内容是问卷的核心部分，是每一份问卷都必不可少的内容，因此问卷内容设计是否全面准确，将直接关系到调查的成功与否。

(1)当地农户的背景资料。包括被调查者或被访谈者的地理位置、住址、性别、年龄、婚姻状况、教育程度、家庭构成和地位、当地经济水平、基本生产和生活资料、经营方式、经济收入、生活水平等一些基本资料。

(2)调查和访谈的基本问题。一份好的调查问卷应该满足以下几个方面的要求：确保问卷能完成调查任务的目标与目的；问题要具体化，文字表述清楚，核心内容重点突出，主要内容结构清晰；调查问卷要注意正确的引导方向和便于统计整理。

(二)样本选择与实地调查访谈

根据研究内容和研究区域实际情况，选取调查地区的单元个数以及每个调查单元中被调查人的数量。调查尽可能以村民小组为基本单位，采取结构性或半结构性取样方式，必要时可对农户进行跟踪调查。调查和访谈最好采取面对面的入户调查和访谈方式进行，保证所获取的资料是第一手资料，同时可根据调查时的具体情况对调查内容进行适当调整和校正，也可以了解和搜集与调查内容相关的农户生产生活信息和当地社会、经济、生产与生活信息。最后,所调查和搜集数据应全部录入计算机数据库,结合数理统计方法进行数据处理和分析。

三、农户意愿评价的步骤

农户意愿评价是在调查访谈及资料搜集完成后,根据研究目标,进一步确立评价指标体系或评价内容,最后运用一定的评价方法或评价模型进行评价。因此,建立合理的指标评价体系或评价内容就显得更为重要,其基本步骤如下。

(一)建立评价指标体系或评价内容

评价指标体系的建立要根据一些基本原则,在此基础上,选择评价指标,结合研究目标形成科学性的指标体系,具体来说评价指标体系应包括以下内容。

(1)评价指标体系要围绕研究目标和突出重点进行选择和设计。

(2)评价指标体系要包括研究内容的各个方面,不可以偏概全或有所遗漏。

(3)评价指标体系要便于统计分析,具有较强的客观性;同时,评价指标体系要有梯度区分,在评价结果中也要有所体现。

(二)进行评价和结果分析

(1)首先要根据需要选择评价案例区,案例区应具有较好的代表性。

(2)实地对农户调查、访谈和资料获取,建立第一手资料。

(3)根据评价指标体系建立评价模型或分析方法,奠定分析基础。

(4)运用模型或分析方法进行案例评价并对评价结果进行分析和讨论。

## 第二节 三峡库区基于农户意愿调查的退耕还林政策效应研究

三峡库区地处我国长江中上游的结合部,该区域不仅是我国最大的水利枢纽工程——三峡工程所在地,而且也是我国长江中下游的重要生态保障。因此,研究该区域农户对退耕还林政策的意愿评价,不仅可以找出该区域退耕还林政策实施主体的基本态度,而且也可以找出该区域制约退耕还林政策可持续发展的主要因素,为该区域退耕还林后续政策的制定和完善提供强有力的实证支持和理论依据。

## 一、研究的样本区和研究方法

### (一)研究的样本区域

本研究从三峡库区开展退耕还林项目的22个(区)县中抽取5个(区)县(巫山县、奉节县、万州区、石柱土家族自治县、江津区)作为研究区域。抽取这5个(区)县作为样本县,主要是基于这些样本(区)县在三峡库区具有的代表性来进行考虑的。其中,巫山县和奉节县刚好位于长江三峡的峡谷和峡口处,地形地貌以高山峡谷为主,社会经济水平比较接近,基本代表了三峡库区东段的整体水平;万州区位于三峡库区的中段,是三峡库区最大的移民安置地区,地形地貌以高山和丘陵为主,其自然环境和社会经济代表了三峡库区中段的水平;石柱县是一个以土家族为主的少数民族自治县,江津区靠近重庆市主城区,其自然环境和社会经济发展水平要高于其他4个样本县,自然环境以山地丘陵为主,较好地代表了三峡库区西段的整体水平。整个研究区年平均降水1100毫米左右,其中大部分降水集中于6~9月的主汛期。年无霜期多数地方长达320天以上,年均气温19℃左右,年光照时数1000小时左右,平均相对湿度80%左右,多年平均植被总覆盖度25.2%左右。农村人均纯收入3200元左右,人均受教育程度为8.5年。蔬菜、水果生产是奉节县、万州区农民的主要收入来源;药材、花椒等经济作物是石柱和江津等区县农民的主要收入来源;旅游收入是巫山县收入的主要来源;劳务输出是奉节、巫山、石柱和万州等区县农民的主要收入来源。5个样本县的基本社会经济情况见表4-1。

**表4-1 2007年样本(区)县社会经济概况①**

| 指标 | 巫山 | 奉节 | 万州 | 石柱 | 江津 |
|---|---|---|---|---|---|
| 农业人口(万人) | 51.66 | 90.24 | 123.1 | 44.47 | 108.82 |
| 总人口(万人) | 61.59 | 104.15 | 172.96 | 52.97 | 147.67 |
| 生产总值(万元) | 272996 | 619761 | 1904826 | 400304 | 1759085 |
| 人均总值(元) | 5482 | 7251 | 12547 | 8235 | 13914 |

① 重庆市统计局,国家统计局重庆调查总队.重庆统计年鉴(2008)[M].北京:中国统计出版社,2009:451~460.

续表

| 指标 | 巫山 | 奉节 | 万州 | 石柱 | 江津 |
|---|---|---|---|---|---|
| 农村人均纯收入(元) | 2579 | 2717 | 3335 | 3002 | 4535 |
| 粮食产量(吨) | 225103 | 441821 | 522834 | 167025 | 668845 |
| 水果产量(吨) | 26309 | 208538 | 156978 | 12189 | 122835 |
| 蔬菜产量(吨) | 148084 | 180108 | 467179 | 118201 | 756612 |
| 肉类产量(吨) | 44071 | 66436 | 89575 | 43575 | 106762 |
| 农商品率(%) | 46.9 | 54.3 | 59.2 | 39.8 | 69.6 |

(二)调查研究方法

1. 研究方案与调查问卷设计

本书在小规模定性调查的基础上重新设计调查问卷,问题包括“是否认为近年来我国的生态环境退化了、环境退化是否影响身体健康、改善环境与发展经济谁更重要、是否支持退耕还林政策、政府开展退耕还林项目是否值得、退耕还林项目是否成功、最希望政府援助的项目是什么、退耕还林项目是否影响正常生计、退耕还林补助能否弥补经济损失、荒山造林补助能否弥补经济损失、荒山造林项目是否影响正常生计、每年参加植树种草的时间是多少、项目结束后是否会再次垦荒种粮”等。为了提高调查效率,以定性研究的结果为依据,每个问题给出若干答案供被访者选择。为了统计分析方便,每县随机抽取 5 个村庄,每村随机抽取 50 名成年农民(指 20 岁以上的居民)共 1250 名农民进行问卷调查。2010 年 7—9 月,在重庆三峡学院挑选了 15 位学生由笔者带队完成这次调查活动。为了避免其他人员对受访者的影响,所有被访人员均单独在户内问答。同时,为了避免访问者对被访者的影响,每份问卷要求在 2 ~ 4 分钟完成,最终获得统计分析问卷 1160 份(占问卷总数的 88.4%)。其研究方案和调查问卷设计见表 4-2。

**表 4-2 三峡库区农户对退耕还林政策态度调查问卷**

| 政府投资 3000 多亿元开展退耕还林项目影响到你的生活了吗 | |
|---|---|
| 问题 | 结果(只选一个答案) |
| 区域 | 巫山、奉节、万州、石柱、江津 |
| 受教育程度 | 小学以下、小学、初中、高中、高中以上 |
| 年龄 | 20 ~ 29 岁, 30 ~ 39 岁, 40 ~ 49 岁, 50 ~ 59 岁, ≥60 岁 |

续表

| 政府投资3000多亿元开展退耕还林项目影响到你的生活了吗? | |
|---|---|
| 纯收入 | ≤1000元,1000~2000元,2000~3000元,3000~4000元,≥4000元 |
| 政府投资3000多亿元搞退耕还林值得吗 | 是、不是、不清楚 |
| 最希望政府做的项目 | 修梯田、修公路、修水池、造林、种草种菜、建果林、养殖、进城务工 |
| 环境比经济重要或同样重要吗 | 是、不是、不清楚 |
| 环境严重退化吗 | 是、不是、不清楚 |
| 环境退化会影响健康吗 | 是、不是、不清楚 |
| 退耕还林政策需要改进吗 | 是、不是、不清楚 |
| 你认为退耕还林项目成功吗 | 是、不是、不清楚 |
| 项目结束后会再次开荒吗 | 是、不是、不清楚 |
| 支持退耕还林政策吗 | 是、不是、不清楚 |
| 退耕还林影响到你的正常生活了吗 | 是、不是、不清楚 |
| 退耕还林补助能弥补你的经济损失吗 | 是、不是、不清楚 |
| 荒山造林补助能弥补你的经济损失吗 | 是、不是、不清楚 |
| 每年植树种草的时间(天) | 多少 |

2. 研究地区受访者的社会经济特征与结果处理方法

实际调查中受访居民年人均纯收入为3200元,人均受教育年限为8.5年,平均年龄42岁,其中妇女占44.7%,被访者的受教育程度与纯收入之间存在显著正相关关系;而年龄、被访者居住地和城市的距离与纯收入及受教育年限之间存在显著负相关关系;男性受访者受教育程度和纯收入明显高于女性。

对于调查结果,采用SPSS软件进行统计分析。为了提高分析效率,对每一组结果进行两两比较,以 $P<0.05$ 为差异显著水平、F检验方法($P<0.05$)对调查问卷进行比较分析,同时对不同因子间的相关关系进行相关性分析,力争揭示出农户的真正意愿和态度,并分析造成农户不同评价结果的主要影响因素。

二、调查结果与分析

退耕还林政策是中国政府治理生态环境的一项重大举措,而广大退耕区域农户的意愿和态度从根本上决定该项工程的成功与否。因此,探究退耕区域广大农户对政府投资帮助他们开展的环境与生产项目的愿望，分析农户对退耕还林项目的基本态度及其影响态度和行为变化的主要因素，对于制定和完善退耕还林的后续政策体系，使之具有科学性和可持续性有非常重要的科学研究价值。

(一)农户对退耕还林的整体态度和愿望

1. 农户对退耕还林的整体态度

通过表4-3的调查研究结果显示，三峡库区73.46%的农户被访者认为中央政府投入巨资开展退耕还林项目是值得的($P<0.001$)，同时63.81%的农户被访者明确表示支持政府开展这一项目($P<0.05$)，这是导致该项目在三峡库区迅速开展的重要原因之一。相比之下，仅有19.6%的被访者农户认为退耕还林项目是不成功的($P<0.05$)，这主要归功于中央政府给农民1500千克/公顷的粮食补助略高于退耕给农民造成的粮食损失；同时，调查中发现尽管49.22%和40.73%的农户认为退耕还林和荒坡造林补助不能弥补其经济损失($P<0.001$)，但高达71.71%的农户认为其目前的生活没有受到该项目的影响($P<0.05$)，这主要与近年来三峡库区农户非农收入的增加有密切关系。但是仅有38.95%的农户明确表示项目结束后不会开荒种地($P<0.01$)，表明该项目在三峡库区的可持续性令人十分担忧。

**表4-3 三峡库区农户对退耕还林的基本态度**

| 问题项 | 是(%) | 不是(%) | 不清楚(%) | P | 标准差 |
|---|---|---|---|---|---|
| 退耕还林项目值得吗 | 73.46 | 11.55 | 14.89 | 0 | 0.736 |
| 退耕还林项目成功吗 | 51.13 | 19.6 | 29.27 | 0.036 | 1.051 |
| 项目结束后会开荒种地吗 | 37.21 | 38.95 | 23.84 | 0.002 | 0.769 |
| 支持退耕还林项目吗 | 63.81 | 23.28 | 12.91 | 0.046 | 0.712 |
| 退耕还林影响到你现在的生活了吗 | 17.75 | 71.71 | 10.54 | 0.04 | 0.526 |
| 退耕还林补助能弥补你的经济损失吗 | 49.22 | 33.47 | 17.31 | 0 | 0.752 |
| 荒坡造林补助能弥补你的经济损失吗 | 40.73 | 41.97 | 17.3 | 0 | 0.725 |

2. 农户的主要愿望

在调查过程中，当被访农户问到“最希望政府做的项目”时，调查结果显示(见图4-1)，只有11.16%被访农民希望政府投资帮助他们开展植树造林和人工种草(退耕还林),75.19%被访问的农民则更希望各级政府投资项目帮助他们建设基本农田或发展农业生产(修梯田、修水池、修公路、建果林、养殖、种菜等),另有13.65%的农民希望进城打工。然而,在实践中,退耕还林项目竟然没有任何基本农田建设和发展农业生产的内容与实际政策执行,这是在退耕还林的后续时期制定政策时需要认真考虑的问题,因为只有满足了农民的基本愿望,才会调动广大农民的积极性,从而推动退耕还林工程的可持续发展。

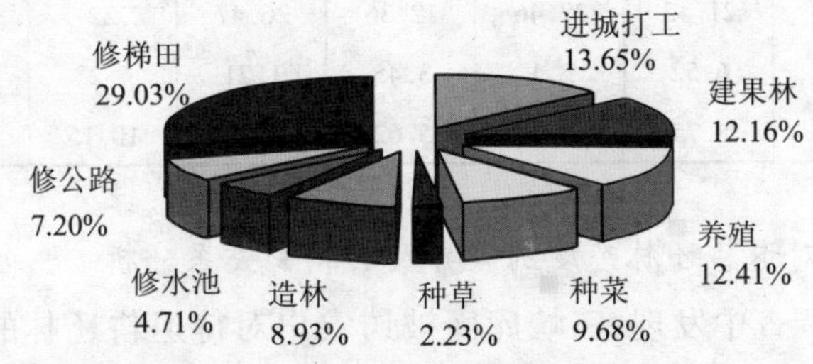


**图4－1　三峡库区农户对政府帮助他们开展的环境与生产项目的愿望**

与此同时,在三峡库区的实际调查中也发现,由于5个样本县的自然环境和社会经济发展水平及结构存在着差异,因此,在实地调查的5个样本县中各样本县农户的愿望也存在着明显的差异性(见表4－4)。在修梯田、修公路、修水池等方面,山势比较陡峭和以农业生产为主的巫山、奉节、石柱等传统农业县更希望政府投资加强农业基本建设,而以丘陵为主的江津区在这方面表现不明显。而在种菜、养殖等方面,靠近大中城市的万州区和江津区的比例明显增多,因为他们通过将农副产品卖给城市等可以获得较高的收益,相反,其他远离大中城市的3个县的农户则要少得多。在种植水果方面,由于奉节县的脐橙种植比较成功,所以更多的农户的意愿比较强烈;在打工方面,由于三峡库区历来是劳动力主要输出区域之一,所以,更多的农户表示愿意进城打工。在造林和植草方面,位于偏僻的高海拔地区的农户的意愿比城郊附近的农户要明显一些,其原因主要是城郊附近的农户通过出售农副产品和其他方法可以获得比退耕还林更高的收益。

表 4-4 三峡库区样本县农户愿望的差异 (%)

| 选项 | 巫山 | 奉节 | 万州 | 石柱 | 江津 | 平均值 | 标准差 | $P$ |
|---|---|---|---|---|---|---|---|---|
| 修梯田 | 65 | 59.45 | 14.42 | 56.13 | 4.23 | 29.03 | 31.2 | 0.001 |
| 修公路 | 52.13 | 44.23 | 18.13 | 25.12 | 6.12 | 7.2 | 26.63 | 0.001 |
| 修水池 | 42.24 | 40.12 | 11.41 | 17.3 | 4.21 | 4.71 | 21.89 | 0.001 |
| 植树 | 12.36 | 10.25 | 7.23 | 10.32 | 3.65 | 8.76 | 3.39 | 0.001 |
| 养殖 | 13.56 | 12.41 | 15.63 | 15.45 | 20.56 | 15.52 | 3.11 | 0.001 |
| 建果林 | 15.63 | 32.45 | 25.36 | 8.91 | 35.87 | 23.64 | 11.3 | 0.001 |
| 进城打工 | 22.33 | 21.42 | 27.46 | 12.36 | 26.47 | 22 | 27.97 | 0.001 |
| 种草 | 7.89 | 6.52 | 2.1 | 3.45 | 1.21 | 4.23 | 2.86 | 0.001 |
| 种菜 | 8.21 | 8.75 | 10.31 | 5.62 | 17.89 | 10.15 | 4.64 | 0.001 |

(二)农户对退耕还林态度的差异及其相关关系分析

在实际的调查中发现,三峡库区被访农户对待退耕还林的态度由于地域位置、收入水平、受教育程度等方面因素的影响而存在着较大的差异。因此,认真分析不同背景下农户的基本态度,以及造成其基本态度差异的主要原因,对于把握三峡库区退耕还林中存在的问题有着重要的研究意义。

1. 不同县域人群对待退耕还林的态度

在实际调查中发现,不同县域人群对待退耕还林的态度存在差异。例如,在认为环境保护比经济建设更重要或同样重要的问题上,江津区所占比例最高,为 64.6%,巫山县最低,为 50.1%。认为目前的环境已经严重退化,退化的生态环境影响身体健康问题的农户,江津区要低于其他 4 个区县。支持退耕还林政策选项的农户,巫山县最高,为 85.7%;江津区和万州区最低,分别为 49.3% 和 48.1%。认为开展退耕还林项目是值得的选项中,农户比例巫山县最高,为 80.5%。认为退耕还林项目成功选项的农户比例中,江津区最高,为 52.8%。81.1% 的巫山县受访者认为退耕还林补助能够补偿他们的经济损失,而江津区农户仅有 29.1% 持相同观点。认为他们的生计受到退耕还林项目负面影响的,巫山县为 0.5%,江津区为 20.9%,奉节县最高,为 34.4%。认为他们的生计受到荒坡造林项目负面影响的,巫山县为 15.5%,江津区为 91.0%。认为收入受到退耕还林项目负面影响的,巫山县为 10.2%,江津区为 17.9%,石柱县最高,为 25.4%。表示项目结束停止补助后他们将开荒种粮的受访者比例，万州区为34.1%，江津区为7.3%，巫山县最高，为60.4%。同时，参加退耕还林植树种草和管理的时间，巫山县农民为每人每年21.3天。

**表4-5 不同县域农民对退耕还林的态度**

| 问卷项 | 占受访人群比例(%) | | | | | | 标准差 | P |
|---|---|---|---|---|---|---|---|---|
| | 巫山 | 奉节 | 万州 | 石柱 | 江津 | 平均值 | | |
| $X_1$ | 50.1 | 59.9 | 62.6 | 57.2 | 64.6 | 57.7 | 1.714 | 0.001 |
| $X_2$ | 54.3 | 34.6 | 55.3 | 35.5 | 34.7 | 44.5 | 1.843 | 0.001 |
| $X_3$ | 51.3 | 37.4 | 55.5 | 46.6 | 21.6 | 44.5 | 1.921 | 0.001 |
| $X_4$ | 80.5 | 73.4 | 71.5 | 67.8 | 70.9 | 73.6 | 1.727 | 0.001 |
| $X_5$ | 27.4 | 43.7 | 50.2 | 41.6 | 52.8 | 51.2 | 1.667 | 0.001 |
| $X_6$ | 63.5 | 26.9 | 20.4 | 14.5 | 18.1 | 19.2 | 1.908 | 0.001 |
| $X_7$ | 60.4 | 40.1 | 34.1 | 37.2 | 7.3 | 37.2 | 1.728 | 0.001 |
| $X_8$ | 85.7 | 65.3 | 48.1 | 58.9 | 49.3 | 63.7 | 1.452 | 0.001 |
| $X_9$ | 10.2 | 22.4 | 23.3 | 25.4 | 17.9 | 19.1 | 1.275 | 0.001 |
| $X_{10}$ | 0.5 | 34.4 | 22.4 | 21.5 | 20.9 | 17.8 | 1.105 | 0.001 |
| $X_{11}$ | 81.1 | 44.8 | 38.2 | 35.4 | 29.1 | 49.2 | 1.402 | 0.001 |
| $X_{12}$ | 15.5 | 41.2 | 41.6 | 42.7 | 91 | 42 | 1.355 | 0.001 |
| $X_{13}$ | 21.3 | 19.4 | 19.7 | 19.2 | 7.8 | 18.1 | 1.434 | 0.001 |

注：$X_1$ 指环境比经济重要或一样重要；$X_2$ 指环境严重退化；$X_3$ 指环境退化影响健康；$X_4$ 指退耕还林项目是值得的；$X_5$ 指退耕还林项目是成功的；$X_6$ 指退耕还林项目需要改进；$X_7$ 指退耕还林项目结束后会开荒种地；$X_8$ 指支持退耕还林项目；$X_9$ 指退耕还林项目影响收入；$X_{10}$ 指退耕还林项目影响生计；$X_{11}$ 指退耕还林项目补助能弥补经济损失；$X_{12}$ 指荒坡造林项目影响生计；$X_{13}$ 指每年植树管理时间。

2. 不同收入人群对待退耕还林的态度

从表4-6可以看出，三峡库区受访者的纯收入与调查选项“认为改善环境比发展经济更重要或同样重要”“近年来我国环境已严重退化”“环境退化影响身体健康”“退耕还林项目是值得”的受访者比例呈显著正相关关系($R^2=0.87\sim0.96$)，但与认为“退耕还林项目是成功的”受访者比例呈显著负相关关系。认为“自己的经济损失得到项目有效补偿”和“支持退耕还林项目”的受访者比例随收入增加呈现先升后降的倒 U 形曲线($R^2$ =0.61 ~ 0.83)。相反,其他方面的受访者比例和参与退耕还林项目植树种草的时间随收入增加呈先降后升的 U 形曲线($R^2$ =0.61 ~0.96)。农民参与植树种草的时间与收入之间和受访者对项目的支持率之间均存在负相关关系($R^2$ = -0.60 ~ -0.63)。但与生计受到项目负面影响的受访者比例呈正相关关系($R^2$ =0.63),具体见图 4-2。

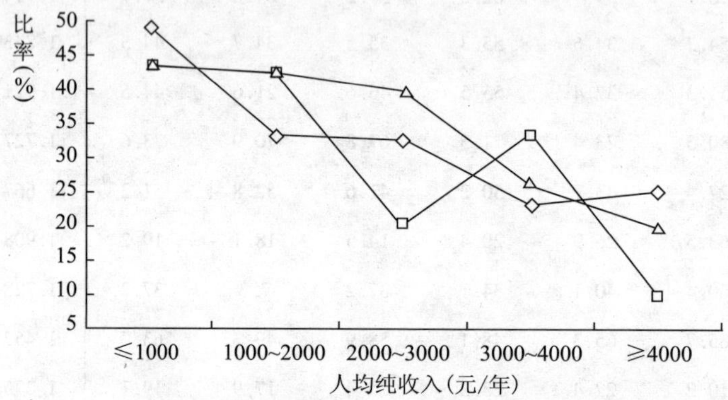


**图 4-2 不同收入的农民对退耕还林的态度**

—◇—项目结束后会开荒种地 —□—退耕还林补助不能弥补经济损失 —△—荒坡造林不能弥补经济损失

**表 4-6 不同收入农民对退耕还林的态度**

| 问卷项 | 占受访人群比例(%) | | | | | 平均值 | 标准差 | P |
|---|---|---|---|---|---|---|---|---|
| | ≤1000 元/年 | 1000 ~2000 元/年 | 2000 ~3000 元/年 | 3000 ~4000 元/年 | ≥4000 元/年 | | | |
| $X_1$ | 35.3 | 62.4 | 63.4 | 69.3 | 81.7 | 57.7 | 1.116 | 0.001 |
| $X_2$ | 32.5 | 44.8 | 46.6 | 59.1 | 68.2 | 44.5 | 1.087 | 0.001 |
| $X_3$ | 35.2 | 37.9 | 49.4 | 65.3 | 71 | 44.5 | 1.135 | 0.001 |
| $X_4$ | 68.8 | 71.1 | 77.2 | 76.6 | 83.2 | 73.4 | 0.983 | 0.001 |
| $X_5$ | 63.2 | 52.3 | 46.6 | 39.7 | 31.3 | 51.2 | 0.908 | 0.001 |
| $X_6$ | 11.2 | 17.8 | 21.5 | 30.9 | 33.4 | 19.2 | 1.136 | 0.001 |
| $X_7$ | 55.1 | 33.2 | 32.5 | 28.2 | 25.1 | 37.2 | 0.846 | 0.001 |
| $X_8$ | 49.8 | 57.5 | 77.1 | 71.1 | 54.5 | 63.7 | 1.01 | 0.001 |
| $X_9$ | 25.6 | 25.6 | 10.3 | 10.2 | 31.8 | 19.1 | 1.088 | 0.001 |
| $X_{10}$ | 22.4 | 23.5 | 11.2 | 11.6 | 18.1 | 17.8 | 1.084 | 0.001 |

续表

| 问卷项 | 占受访人群比例(%) | | | | | | 标准差 | $P$ |
|---|---|---|---|---|---|---|---|---|
| | ≤1000元/年 | 1000~2000元/年 | 2000~3000元/年 | 3000~4000元/年 | ≥4000元/年 | 平均值 | | |
| $X_{11}$ | 37.8 | 35.2 | 69.2 | 50.8 | 36.3 | 49.2 | 0.943 | 0.001 |
| $X_{12}$ | 57.4 | 59.6 | 19.5 | 26.2 | 50.1 | 42 | 1.003 | 0.001 |
| $X_{13}$ | 23.1 | 15.5 | 17.1 | 18.1 | 26 | 18.1 | 1.031 | 0.001 |

注：$X_1$ 指环境比经济重要或一样重要；$X_2$ 指环境严重退化；$X_3$ 指环境退化影响健康；$X_4$ 指退耕还林项目是值得的；$X_5$ 指退耕还林项目是成功的；$X_6$ 指退耕还林项目需要改进；$X_7$ 指退耕还林项目结束后会开荒种地；$X_8$ 指支持退耕还林项目；$X_9$ 指退耕还林项目影响收入；$X_{10}$ 指退耕还林项目影响生计；$X_{11}$ 指退耕还林项目补助能弥补经济损失；$X_{12}$ 指荒坡造林项目影响生计；$X_{13}$ 指每年植树管理时间。

3. 不同受教育程度人群对退耕还林的态度

在不同受教育程度的农民对退耕还林的态度的关系方面，从表4－7可以看出，三峡库区受访者农户认为“改善环境比发展经济更重要或同样重要”“我国环境已严重退化”“环境退化影响身体健康”“开展退耕还林项目是值得的”“退耕还林项目是成功的”和“支持退耕还林项目”的人数比例与受访者的受教育程度呈显著正相关关系（$R^2=0.87\sim0.99$）。即被访者受到的教育程度越高，他们对退耕还林政策和环境保护的重要性认识更明确。被访者“表示项目结束停止补助后他们将开荒种粮”的比例与受教育程度呈显著的负相关关系（$R^2=-0.96$）。认为“自己的经济损失得到项目有效补偿”的受访者比例随受教育程度增加呈现先升后降的倒U形曲线（$R^2=0.72$）。其他方面的态度以及用于退耕还林项目植树种草的时间随教育程度增加呈现先降后升的U形曲线（$R^2=0.72\sim0.95$），这也说明农民对退耕还林政策和相关的环境问题认识有一个过程。因此，如何宣传该方面的知识，提高认知人群的比例从长远方面来看，就显得尤为重要。三峡库区农民参与植树种草的时间与受访者认为经济损失得到有效补偿之间存在负相关关系（$R^2=-0.68$），与生计受到退耕还林和荒坡造林项目负面影响的受访者比例呈正相关关系（$R^2=0.85\sim0.88$），具体见图4－3。

表 4-7 不同受教育程度农民对退耕还林的态度

| 问卷项 | 占受访人群比例(%) | | | | | | 标准差 | P |
|---|---|---|---|---|---|---|---|---|
| | 文盲 | 小学 | 初中 | 高中 | 大学 | 平均值 | | |
| $X_1$ | 27.6 | 48.1 | 66.3 | 72.4 | 73.1 | 57.7 | 0.675 | 0.001 |
| $X_2$ | 19.6 | 34.7 | 49.2 | 60.3 | 67.7 | 44.5 | 0.732 | 0.001 |
| $X_3$ | 24.7 | 32.9 | 50.1 | 56.5 | 67.3 | 44.5 | 0.738 | 0.001 |
| $X_4$ | 56.2 | 67.1 | 78.6 | 81.2 | 84.1 | 73.6 | 0.689 | 0.001 |
| $X_5$ | 42.6 | 48.1 | 54.1 | 54.5 | 55.1 | 51.2 | 0.682 | 0.028 |
| $X_6$ | 15.2 | 18.2 | 18.5 | 22.6 | 25.8 | 19.2 | 0.698 | 0.001 |
| $X_7$ | 67.4 | 46.2 | 30.8 | 19.3 | 18.2 | 37.2 | 0.604 | 0.001 |
| $X_8$ | 52.6 | 61.5 | 65.1 | 69.2 | 75.5 | 63.7 | 1.155 | 0.001 |
| $X_{10}$ | 19.3 | 16.1 | 15.2 | 20.4 | 29.7 | 17.8 | 1.289 | 0.015 |
| $X_{11}$ | 45.4 | 59.1 | 54.3 | 29.3 | 31.3 | 49.2 | 0.991 | 0.001 |
| $X_{12}$ | 50.3 | 30.1 | 39.4 | 50.3 | 58.1 | 42 | 1.233 | 0.008 |
| $X_{13}$ | 23.2 | 16.6 | 15.7 | 19.6 | 25.2 | 18.1 | 1.144 | 0.001 |

注:$X_1$ 指环境比经济重要或一样重要;$X_2$ 指环境严重退化;$X_3$ 指环境退化影响健康;$X_4$ 指退耕还林项目是值得的;$X_5$ 指退耕还林项目是成功的;$X_6$ 指退耕还林项目需要改进;$X_7$ 指退耕还林项目结束后会开荒种地;$X_8$ 指支持退耕还林项目;$X_9$ 指退耕还林项目影响收入;$X_{10}$ 指退耕还林项目影响生计;$X_{11}$ 指退耕还林项目补助能弥补经济损失;$X_{12}$ 指荒坡造林项目影响生计;$X_{13}$ 指每年植树管理时间。

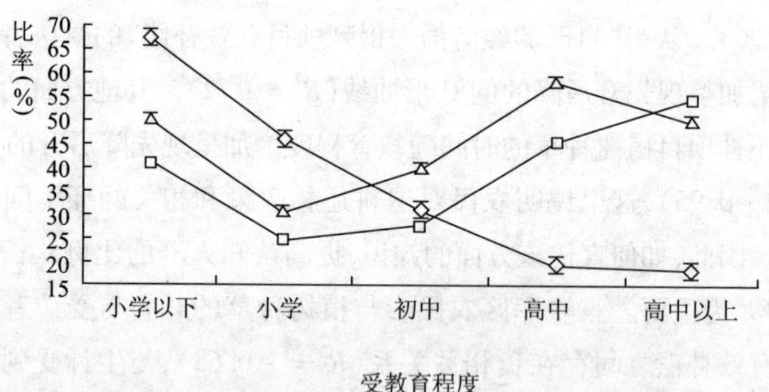


图 4-3 不同受教育程度的农民对退耕还林的态度

—◇—项目结束后会开荒种地 —□—退耕还林补助不能弥补经济损失

—△—荒坡造林不能弥补经济损失

4. 不同年龄人群对退耕还林的态度

从表4-8可以看出,三峡库区受访者不同年龄的农民对待退耕还林的态度认为“改善环境比发展经济更重要或同样重要”“近年来我国环境已严重退化”“环境退化影响身体健康”“退耕还林项目是成功的”的人数比例与受访者的年龄呈显著负相关关系($R^2 = -0.86 \sim -0.96$)。表示“项目结束停止补助后将开荒种粮”的比例随年龄增长呈显著正相关关系($R^2 = 0.961$)。被访者认为“开展退耕还林项目是值得的”随受访者年龄增加呈先升后降的倒U形曲线($R^2 = -0.67$)。回答其他问题的比例在不同年龄人群间的差异并不显著(见图4-4)。

**表4-8 不同年龄的农民对退耕还林的态度**

| 问卷项 | 占受访人群比例(%) | | | | | | 标准差 | $P$ |
|---|---|---|---|---|---|---|---|---|
| | 20~29岁 | 30~39岁 | 40~49岁 | 50~59岁 | ≥60岁 | 平均值 | | |
| $X_1$ | 69.08 | 71.33 | 46.53 | 44.19 | 33.34 | 57.82 | 1.196 | 0.001 |
| $X_2$ | 54.17 | 48.81 | 42.54 | 22.57 | 20.44 | 44.41 | 1.185 | 0.001 |
| $X_3$ | 52.24 | 52.39 | 42.54 | 32.55 | 6.67 | 44.41 | 1.096 | 0.001 |
| $X_4$ | 58.61 | 75.62 | 80.21 | 86.04 | 73.34 | 73.45 | 1.28 | 0.001 |
| $X_5$ | 54.73 | 50.48 | 51.18 | 51.17 | 40.17 | 51.11 | 1.257 | 0.035 |
| $X_6$ | 18.72 | 21.54 | 16.83 | 27.92 | 13.33 | 19.12 | 1.204 | 0.001 |
| $X_7$ | 31.07 | 35.21 | 38.62 | 44.19 | 53.35 | 37.21 | 1.332 | 0.008 |

注:$X_1$ 指环境比经济重要或一样重要;$X_2$ 指环境严重退化;$X_3$ 指环境退化影响健康;$X_4$ 指退耕还林项目是值得的;$X_5$ 指退耕还林项目是成功的;$X_6$ 指退耕还林项目需要改进;$X_7$ 指退耕还林项目结束后会开荒种地。

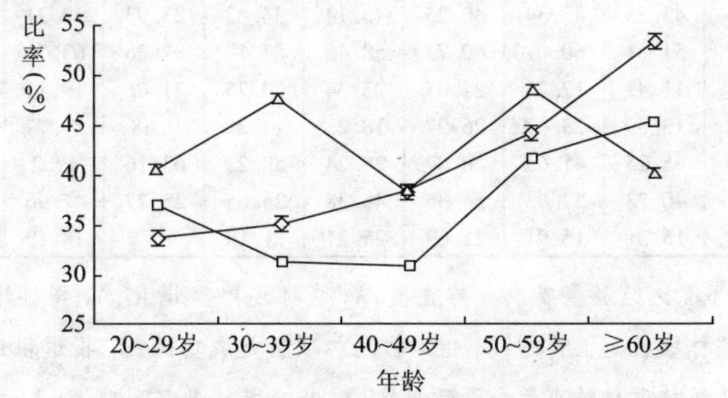


**图4-4 不同年龄的农民对退耕还林的态度**

—◇—项目结束后会开荒种地 —□—退耕还林补助不能弥补经济损失

—△—荒坡造林不能弥补经济损失

5. 不同居住地人群与城市的距离对退耕还林的态度

从表4-9可以看出,三峡库区受访者认为"改善环境比发展经济更重要或同样重要""我国环境已严重退化""环境退化影响身体健康"的人数比例与受访者居住的偏僻程度呈显著负相关关系($R^2=-0.85\sim-0.90$)。认为"开展退耕还林项目是值得的""退耕还林项目是成功的"和"支持退耕还林项目"的比例与受访者居住的偏僻程度呈显著正相关关系($R^2=0.82\sim0.86$)。认为"自己的经济损失得到项目有效补偿"的受访者比例随居住的偏僻程度增加呈先升后降的倒U形曲线($R^2=0.72$)。其他方面的态度和参与植树种草的时间随受访者居住的偏僻程度增加呈先降后升的U形曲线($R^2=0.72\sim0.95$)。居民参与植树种草的时间与受访者认为"自己的经济收入受到退耕还林项目负面影响的比例""项目结束停止补助后将开荒种粮"的比例之间存在明显的正相关关系($R^2=0.64\sim0.77$)。相反,与收入受到项目负面影响的受访者比例呈负相关关系($R^2=-0.80$)。

表4-9 距离城市不同远近的农民对退耕还林的态度

| 问卷项 | 占受访人群比例(%) | | | | | | | | 标准差 | P |
|---|---|---|---|---|---|---|---|---|---|---|
| | ≤5千米 | 5~15千米 | 15~25千米 | 25~35千米 | 35~45千米 | 45~55千米 | >55千米 | 平均值 | | |
| $X_1$ | 74.21 | 62.55 | 64.38 | 59.75 | 48.88 | 51.15 | 47.15 | 57.81 | 1.901 | 0.003 |
| $X_2$ | 55.04 | 55.06 | 44.12 | 40.25 | 42.45 | 33.84 | 32.51 | 44.41 | 1.924 | 0.001 |
| $X_3$ | 73.88 | 57.96 | 57.36 | 36.37 | 31.47 | 30.77 | 32.01 | 44.41 | 2.032 | 0.001 |
| $X_4$ | 62.47 | 64.65 | 68.94 | 76.44 | 68.52 | 82.32 | 88.56 | 73.44 | 1.871 | 0.001 |
| $X_5$ | 36.15 | 47.94 | 42.12 | 44.15 | 51.3 | 65 | 70 | 51.12 | 1.948 | 0.012 |
| $X_6$ | 32.38 | 16.45 | 21.06 | 24.67 | 20.36 | 14.63 | 7.85 | 19.12 | 1.811 | 0.001 |
| $X_7$ | 19.15 | 43.85 | 43.34 | 40.25 | 45.14 | 34.63 | 23.93 | 37.21 | 1.748 | 0.001 |
| $X_8$ | 37.72 | 51.31 | 60.07 | 60.73 | 58.45 | 87.17 | 87..36 | 63.79 | 1.704 | 0.002 |
| $X_9$ | 10.51 | 11.47 | 17.23 | 26.07 | 23.34 | 20.75 | 21.06 | 19.11 | 1.671 | 0.012 |
| $X_{10}$ | 14.52 | 13.59 | 23.47 | 26.97 | 18.23 | 14.25 | 9.48 | 17.77 | 1.534 | 0.016 |
| $X_{11}$ | 74.95 | 65.25 | 41.63 | 26.07 | 28.24 | 59.23 | 63.16 | 49.2 | 1.824 | 0.036 |
| $X_{12}$ | 31.54 | 40.23 | 57.63 | 56.35 | 46.38 | 25.65 | 25.77 | 41.96 | 1.522 | 0.001 |
| $X_{13}$ | 11.59 | 15.31 | 15.91 | 21.69 | 25.21 | 21.19 | 1 | 18.19 | 1.652 | 0.001 |

注:$X_1$ 指环境比经济重要或一样重要;$X_2$ 指环境严重退化;$X_3$ 指环境退化影响健康;$X_4$ 指退耕还林项目是值得的;$X_5$ 指退耕还林项目是成功的;$X_6$ 指退耕还林项目需要改进;$X_7$ 指退耕还林项目结束后会开荒种地;$X_8$ 指支持退耕还林项目;$X_9$ 指退耕还林项目影响收入;$X_{10}$ 指退耕还林项目影响生计;$X_{11}$ 指退耕还林项目补助能弥补经济损失;$X_{12}$ 指荒坡造林项目影响生计;$X_{13}$ 指每年植树管理时间。

三、调查结论

通过国内外大量的实践调查和研究表明，在任何一个新的项目或政策的实施中，了解农户的意愿、行为等方面的基本态度对政策管理与执行至关重要。在目前我国生态环境不断恶化的实际情况面前，如何把广大农户的环境意愿转化为实际行动是最棘手的问题。一般情况下，人们可能更多地关注环境危害和环境危机本身，如三峡库区大部分农户尽管认识到了退耕还林的重要性并且支持这一项目改善环境的目标，但是他们并不乐意承担项目引发的个人成本——如项目对他们生计的负面影响。在三峡库区的实际调查中，当地样本县农户乐意接受退耕还林项目提供的粮食补偿，但很少有人把植树、种草作为自己的首要任务。这一调查结果很好地解释了为什么多数农户支持退耕还林，同时又有很多农户表示在项目结束停止补助后他们会再次垦荒种粮的认知和态度。

在实际调查中我们发现自然地理因素显著影响不同地区居民的活动。这主要是由于三峡库区的许多区县仍然是依靠自然条件从事农业生产的欠发达区域，因此，随着区域自然环境的差异会导致农业生态环境有所改善，从而也就直接影响到不同区县农户的收益和基本态度的差异。例如，在奉节县，由于生物地理条件（土壤、降水、温度、光照时间）适宜脐橙、柑橘等果树栽培，该县的果树栽培相对容易成功，因此，奉节县的农民更愿意发展经济林果生产。相反，巫山县气候相对恶劣、地势陡峭、海拔差异大，农业种植相对困难，地理条件较适宜旅游发展和山药种植，因此，他们更愿意开展旅游和种植药材。与此同时，在奉节县、巫山县、石柱县等高海拔地区，地貌相对陡峭并有粮食种植的传统，因此，他们比较注重的是梯川建设和修水池等农业基础设施建设。石柱县的自然条件适宜种植黄连等药材，因此他们比较喜欢经济林建设。而江津区和万州区靠近大城市重庆和万州，他们更愿意发展经济作物和进城打工。了解不同地理差异对项目的影响以及这些因素与环境的相互关系，可以帮助政府决策者制定有效的政策与措施。不足的是，退耕还林政策在不同地区提供相同的建设内容和使用相同的补偿标准。由于土地产出效率较低，巫山县和奉节县农户比江津区、万州区农户相对获得较多的补偿，因此，前两县农户对退耕还林项目的支持率显著高于江津区和万州区的农户。但是，由于项目缺少就业转移渠道（如进城打工），巫山县、奉节县、石柱县农户在项目结束后表示再次进行垦荒种粮的比例显著高于江津区和万州区。可见，即使人们认为退耕还林项目并不成功，在理论上他们也可能会支持项目实施，但是，如果生活所迫或者对项目执行结果缺少了解，他们依然会退回到以前的毁荒垦林种地以谋求生存的老路上去。

一般情况下，生态治理政策项目要想获得成功，与项目的主要参与者的支持至关重要。在三峡库区的实际调查结果表明，由于最贫困和最富有的人群花在植树种草的时间最多，这两类人群认为他们的生计受到退耕还林影响最大、对退耕还林项目的支持率也最低。居民的受教育程度与其收入呈显著正相关关系，因而富裕的居民更容易理解生态治理的重要性和发展农业生产改善农业生产条件的意义，这就是为什么在退耕还林项目补助结束后毁林种粮的人员比例随收入增加而减少的主要原因，这也是富裕农民更多地希望政府支持农业生产的主要原因。在我国和其他发展中国家，由于许多生态治理项目没有很好的解决主要参与者的生计和利益损失，导致项目参与者在项目补助结束后会再次陷入贫困，只好重操旧业开荒毁林，致使许多生态治理政策都失败了。因此，土地管理政策和项目也必须在项目结束后给参与者提供维持生计的途径。同时，林业政策应该调节补贴配额，使得项目参与者更多地关注环境与社会目标，而不仅仅是植树造林。

在三峡库区的实际调查中我们也发现，宣传教育可以使农民更多地了解垦荒种粮危害与生态治理成本昂贵，同时可提供农户更多的生存途径，从而减少发展中国家农业活动对环境的破坏。在我国的实际生活中，良好的受教育程度使得农民进城打工可以在城市找到技术含量较高的工作岗位，相反，由于大量的移民从农村移居城市，强烈的就业压力与竞争使得工资水平被压低到极低水平，受教育程度较低的农民进城很难找到待遇较好的工作岗位，这就很好地解释了受教育程度较高的农民更愿意进城工作的现象。由于生存相对困难，受教育程度较低和收入较低的农民更有可能在退耕还林项目结束后进行垦荒种粮。年长的农民相对文化程度较低，收入也较少。因此，老年农民更加需要生活福利帮助。年轻农民接受了更多的教育，因此他们更多地希望进城工作。因为就业转移能力有限，老年农民更有可能在退耕还林项目结束后垦荒种粮。由此可见，弱势农民人群更需要接受教育和社会福利的帮助,以确保他们在项目结束后通过替代农事活动寻找新的生存途径。因此,如何在三峡库区加强对弱势农民人群的技能培训和教育以及相关的社会保障制度的建设,不仅是巩固退耕还林成果的重要途径,也是维护三峡库区社会稳定的重要保障。

一般而言,人口从农村向城市转移有利于农民收入增加,农民居住地距离城市的距离越远、经济收入和受教育程度越低,对环境重要程度的理解也越低,对生态环境的依赖程度就越高。但是,由于偏远地区的农户土地产出较低,从退耕还林项目获得的补偿相对较高,因而对退耕还林项目的支持度最高。农民参与植树种草的时间与受访者认为自己的经济收入受到退耕还林项目负面影响的比例、项目结束后垦荒种粮的比例之间存在正相关关系,表明退耕还林项目中将自己的土地转换为林地或草地的农户在项目结束后生计面临较大的风险。因此,退耕还林项目必须进行适当调整,为当地居民生存提供经济发展的机遇。

实际调查结果显示,三峡库区多数农民希望政府开展农业基础建设、发展农业生产、增加农户收入。同时也有许多的农民希望政府帮助他们进城工作。这表明前期我国退耕还林政策对农民的切身利益关注不足,缺乏使项目参与者提高就业的工作技能培训和可替代的增加经济收入的经济发展项目,退耕还林项目的实施增加了弱势群体(受教育程度低、收入少、老年人群、妇女等)的生存风险。因此,退耕还林项目恢复的植被面临再次复垦的风险。这一问题可以通过提供更加综合的环境政策和社会保障制度的完善得到部分解决,而不是仅仅将注意力集中在粮食和现金补助方面。归根结底,退耕还林要实现其可持续发展,就必须要做到从退耕还林、农业产业结构调整到优势(支持)产业形成和最终与“三农”问题的解决紧密结合起来,而不仅仅是单一的经济补偿。受教育程度、年龄与居民收入存在密切关系,年轻和受教育程度较高的农民不仅支持生态治理政策,而且愿意参与项目的实施,表明改善教育、发展经济有利于农户支持环境治理。因此,为了确保生态治理政策实施的成功,政策制定与规划者必须充分考虑当地农民最基本的生存与发展权利,了解他们的基本认知与态度,以便最大限度地获得参与者主体的支持和拥护。与此同时,大型生态项目也必须建立平衡国家与地方利益的互动机制与责效关系,一般情况,地方政府应该更了解地区实际,而中央政府可以提供长远战略并给予基本的权利保障。为此,我国的退耕还林应改变目前这种"政绩"式的被动完成现象,多从地方政府和农户的基本利益来设计相关政策,充分调动各种参与生态治理的社会主体的积极性,确保其基本权利和利益,促进退耕还林工程的可持续发展。

# 第五章 CHAPTER 5 三峡库区退耕还林政策的生态效益评估

生态效益是我国退耕还林政策的首要目标之一。因此,如何科学合理地评价一个区域退耕还林工程的生态效益,不仅是衡量我国现行退耕还林政策成效的一个重要指标,而且也是我国退耕还林后续政策制定和完善的重要依据,同时也能为其他重大生态治理工程和生态修复项目提供很好的借鉴和参考。基于此,区域性退耕还林政策的生态效益评价,不仅具有重要的理论意义,而且也具有非常重要的现实意义。本书以三峡库区为整体研究对象,以重庆市万州区为案例区来分析评估其退耕还林政策的生态效益,以期为三峡库区退耕还林政策的可持续发展提供科学合理的参考依据。

## 第一节　退耕还林政策生态效益评估的方法

森林的生态效益评估方法是评价一个国家或一个区域森林生态功能和价值的一个非常重要的方法。20 世纪 80 年代以来,随着生态环境的恶化和许多重大生态修复项目和政策的实施,国内外纷纷对森林的生态效益评估的研究方法展开了研究,取得了较好的成果。

## 一、国内外森林生态效益评估方法概况

### (一)国内外森林生态效益评估的概况

#### 1. 国外森林生态效益评价概况

国外对森林生态效益评价研究起步较早,始于20世纪中叶,到目前为止,比较具有影响性的国家有苏联、美国、德国和日本。

日本应该是最早系统地计量评价森林效益的国家。自20世纪60年代末就开始探索森林公益效能经济评价方法,在森林综合效益研究方面做了大量工作,积累了大量研究成果,引起了世界各国的广泛关注。此后,德国、法国、印度和南非等国家都在森林资源效益研究方面做了一定的工作。总体来看,国外在生态效益评价方面的研究,主要分两个学派,即以Costanza等人为代表的"生态经济学派"认为生态功能价值可以计算"总"价值,并提出恰当的计量方法:市场价格法和替代成本法;而以Pearce等人为代表的"环境经济学派"认为生态功能价值难以计算"总"价值,认为恰当的计量方法为支付意愿(WTP)。

#### 2. 国内森林生态效益评价概况

我国森林公益效能计量评价研究工作源于20世纪80年代初开始的森林资源价值核算研究工作和翻译日本林野厅发表的《森林公益效能计量调查——绿色效益调查》。而对森林生态效益评价系统的研究,主要反映在1990年中国林学会召开的"森林综合效益计量评价学术研讨会"。这一时期,在借鉴国外许多成果的基础上,我国很多林业经济工作者和生态学者的相关理论研究和案例研究大量涌现,取得了较为丰硕的成果,具体研究情况见表5-1。

**表5-1 我国学者近年来森林生态效益评价研究主要成果**

| 研究类型 | 研究者 | 年份 | 主要成果 |
|---|---|---|---|
| 综合效益 | 孔繁文等 | 1993 | 第一次系统地研究了森林资源核算问题,大体形成了中国森林资源核算研究的整体框架 |
| | 张建国 | 1994 | 将福建省森林分为6类,对其生态效益进行定量评价与初步计量,并于1990年从劳动价值论、时空统一、效益一体化和社会认可原则方面提出了关于森林综合效益计量的原则,探讨了计量指标体系及效益货币化方法 |
| | 侯元兆 | 1995 | 第一次比较全面地对中国森林资源价值进行了评估 |
| | 徐孝庆等 | 1995 | 在对湖南朱亭林区的森林水文定位观测、小流域试验场的综合调查基础之上,对森林水文生态效益进行了研究 |
| | 李金昌 | 1999 | 全面总结了森林生态系统服务价值计量的理论和方法,并提出用社会发展阶段系数校正生态价值核算结果 |

续表

| 研究类型 | 研究者 | 年份 | 主要成果 |
| --- | --- | --- | --- |
| 单项效益 | 蒋延玲 | 1999 | 利用全国第三次森林资源清查资料，沿用 Costanza 等人的计算方法，估算了我国森林生态系统服务功能的总价值 |
| | 郎奎建等 | 2000 | 对 10 种森林生态效益作了总体初步估计，并提出了各种效益的计量方法，是目前国内较为系统地研究森林综合生态效益评价成果 |
| | 郎璞玫 | 2001 | 以 GIS 空间分析与森林生态效益定量模型结合的方式，奠定了森林生态效益的 GIS 空间模型分析的专业模型基础 |
| | 侯元兆 | 1995 | 在参考国外研究成果的基础上，首次对森林游憩价值的 8 种核算方法、森林野生生物保护价值的 4 种核算方法进行了总结探讨 |
| | 黄艺 | 1995 | 1995 年提出了森林净化大气效益价值的评价指标和估算模型 |
| | 薛达元 | 1999 | 首次利用条件价值法对长白山森林生物多样性效益进行评价 |

此外，随着我国林业生态工程的不断开展，许多学者就具体生态工程开展了效益评价研究，如孙立达、沈慧等对水土保持林的综合生态效益的评价体系和方法进行了研究；①②雷孝章、程根伟、慕长龙等对防护林的评价指标和方法进行了研究。③ 但从总体来看还处于探索理论上的正确性和实践上的可行性的初级阶段。从研究的范围来看，单项研究较多，综合研究较少，单因素分析较多，系统分析较少；从研究内容来看，生态效益的实际效益（实物计量）研究较少，经济价值计量研究较多；从研究的尺度来看，大尺度研究的较多，小范围研究较少。

（二）国内外森林生态效益评估的方法

森林生态效益定量研究是其效益研究的深入，目前，此方面研究已呈现蓬勃发展的趋势。根据其主要理论依据从整体上可分为两类：一类是以生态学为基础从技术角度探讨如何对森林所提供的各项生态效益的生物产量进行量化；另一类是以经济学为基础，从价值量角度探讨如何将森林各项生

① 孙立达．半干旱黄土丘陵区坡耕地土壤容许量研究[J]．水土保持通报，2003(4)：67.

② 沈慧．辽西油松林水土保持评价 [J]．生态学报，2003(12)：75.

③ 慕长龙．官河流域防护林景观结构及生态功能研究[J]．生态学报，2010(11)：45.

态效益以货币形式表现出来,具体情况主要集中在以下两个方面。

1. 以生态学为基础的生态效益研究方法

到目前为止,以生态学为基础的森林生态效果功能评价,主要着眼于森林给生态环境带来的物质效应,即从实物尺度来评价森林在防止土壤侵蚀,调节径流,减少洪水总量等方面的生态效果。该研究方法主要分为两类:一类是只给出一般数学方法的描述型模型,此类方法涉及森林生态环境各种价值,具有理论上的完整性,但缺乏实际可操作性;另一类是给出具体计算公式的求解型模型,该方法只涉及森林生态环境个别价值,但可据此进行综合计量,具有实际可操作性,因此很多学者对此做了大量的研究(见表5-2)。

**表5-2 主要森林生态效益计量模型**

| 研究者 | 时间 | 计量模型 | 主要特点 |
|---|---|---|---|
| 蒋定生 | 1990 | $Y = a_0 + a_1 x_1 + \cdots + a_n x_n$ | 此模型建立在实验的基础上,数据来源可靠,方法简单,不足之处是不能从宏观角度对森林的综合效益进行分析评价。该方法思路清晰,容易理解,但实际操作复杂,需要大量的调查数据,是一种动态分析评价方法,可以反映出不同时期森林的效益状况 |
| 车克钧 | 1992 | 综合效益=直接经济效益+生态效益+社会效益 | 运用层次分析法从经济效益、生态效益和社会效益三个层面对其综合效益进行评价,有利于反映各子系统的效益差异 |
| 任烨 | 1995 | $U_{t(x)} = B_i \cdot C_i$ | 可反映出各评价指标的重要性程度,但由于众多指标聚集一起,没有层次之分,导致个别因子对效益影响程度反应不敏感 |
| 黎锁平 | 1995 | $R_i = \frac{1}{n}\sum_{k=1}^{n}\theta_i(k)$ | 从宏观角度,以系统论的观点对水土保持森林综合效益进行评价,而且提出了效益评价的最优标准 |
| 李智广 | 1998 | $A = \sum_{i=1}^{n} W_i \cdot X_i$ | 可反映出总的生态效益价值,但缺乏连续时间上生态效益的评估 |

以上计量模型尽管在一定程度上反映了森林生态效益的生理机理和动态变化,但是,由于计量效益较多,效益之间的重叠、交叉致使拟合程度不高;众多指标聚集一起,没有层次之分,容易导致个别因子对效益影响反应不敏感,不能从宏观角度对森林生态效益进行分析评价等缺陷。因此,当前应用较多的是采用单项森林生态效益的实物计量模型来

进行评价。

2. 以经济学为基础的效益计量方法

国外对生态经济效益评估方法的研究开始较早,先后提出了一系列森林效益评价方法。比较有代表性的国家有美国、日本、苏联和法国等。我国在学习国外先进经验的基础上,逐步摸索出自己的一些研究方法。根据国内外环境经济学和资源经济学的研究成果,森林生态经济效益评估方法主要分为三类:直接市场法、替代市场法、模拟市场法。各种方法的具体情况和特点见表5-3。

**表5-3 主要生态系统服务功能价值评估方法的比较**

| 方法分类 | 评估方法 | 主要特点 |
| --- | --- | --- |
| 直接市场法 | 费用支出法 | 可以粗略量化生态环境价值,但不够全面合理 |
| | 市场价值法 | 评估比较客观,争议较少,可信度较高,但数据必须全面 |
| 替代市场法 | 机会成本法 | 比较客观地体现了资源系统的生态价值,可信度较高,但是资源必须具有稀缺性 |
| | 恢复和防护费用法 | 运用恢复或防护原有生态资源所需费用来表示生态环境的价值 |
| | 影子工程法 | 可以将难以直接估算的生态价值得以量化,但是替代标准差异大 |
| | 人力资本法 | 可以对难以量化的生命价值进行量化,但效益归属问题尚存在缺陷 |
| | 旅行费用法 | 以旅客旅行费用、时间成本及消费者剩余进行估算,不能核算生态系统的非使用价值 |
| 模拟市场法 | 享乐价格法 | 以生态环境变化对产品或生产要素价格的影响进行估算,主观性强,可信度低 |
| | 条件价值法 | 以直接调查得到的消费者支付意愿(WTP)或NWTP来进行价值计量,主观性强,可信度低 |

以上生态系统服务功能价值评估方法各有利弊,但总体来说直接市场法的可信度高于替代市场法,而替代市场法的可信度又高于模拟市场法。故在对评估方法选取时,应遵循:首选直接市场法,若条件不具备则采用替代市场法,当两种方法都无法采用时才用模拟市场法。

(三)退耕还林生态效益的研究方法概况

我国退耕还林生态效益的分析方法,到目前为止,根据其研究的特点,大致可以分为两类:一类是退耕还林生态效益的综合效益评价,另一类是单项效益评价，其具体研究状况如下。

1. 综合效益研究

在退耕还林的综合效益研究方面，古丽努尔·沙布尔哈孜等以新疆建设兵团为例，根据恢复生态学原理，采用层次分析法，首次较为系统地对退耕还林综合生态效益评价体系进行研究；[①]杨建波[②]用环境效益层析法，以退耕后林地生态环境与退耕前坡耕地生态环境发生变迁为出发点，对河南省退耕还林生态功能进行分析，最后以价值形式表示出来；刘黎明等参考国内外生态系统服务功能的评价方法，采用市场价值法、机会成本法、影子工程法等对宁夏回族自治区固原市原州区退耕还林（草）工程土壤保持经济价值进行了估算。[③] 杨旭东以三峡库区秭归县中坝村为例，通过生态监测、野外试验等手段，运用森林生态效益评价的原理和方法，对研究区退耕还林生态效益进行评价研究；国润才等通过野外调查、定位监测等手段，采用退耕林地与农耕地相比较的方法对卓资县退耕还林的土壤改良效益、削减径流与泥沙等生态效益进行了分析研究。[④] 满明俊等运用生态经济学、环境经济学原理，以效益费用分析法为基础，给出相关效益计量模型，对陕西省退耕还林所产生的包括防洪效益、增加枯水期径流效益、降解 $SO_2$ 等 11 种生态效益进行估算，估算结果表明：陕西省退耕还林工程生态总价值达 1123.6 亿元。此外还有许多学者先后进行了退耕还林效益核算的案例研究。[⑤]

2. 单项效益研究

根据现有研究成果，目前对退耕还林单项生态效益的研究主要集中在水土保持效益和土壤改良效益方面。另外还有部分学者对退耕还林的水源涵养效益、净化大气和植被恢复等效益进行了研究。水土保持效益方面：李蕾等通过森林土壤保持量的计量模型，采用市场价值法、机会成本法、影子工程法、恢复费用法对研究区退耕还林还草工程土壤保持经济价值进行了

---

① 古丽努尔·沙布尔哈孜．新疆绿洲农业中新节水栽培方法研究[J]．干旱区研究，1996（10）：65.

② 杨建波．退耕还林生态效益评价方法[J]．中国土地科学，2003（5）：35.

③ 刘黎明．生态退耕政策的政策学分析[J]．生态经济，2006（1）：43.

④ 国润才．西北地区退耕还林工程综合效益研究分析[J]．内蒙古林业科技，2003（1）：63.

⑤ 满明俊．陕西省退耕还林工程生态效益评价[J]．安徽农业科学，2006（18）：93.

估算;[①]张学权等通过建立坡面径流观测场,对不同植被恢复模式进行了定点观测,证实了产生坡面地表径流最根本的原因是土地的耕作与否;[②]罗海波等通过定位、半定位观测方法,对贵州山区退耕还林(草)地进行地减少土壤养分流失地表径流研究,结果表明:退耕还林(草)能够降低坡地地表径流中泥沙含量;[③]梅再美通过对工程区水土流失监测表明,退耕还林后土壤侵蚀模数明显减小,土壤的侵蚀量也大幅度减少;[④]杨光在野外调查和试验小区观测基础上,定量分析了退耕还林后森林在减少土壤侵蚀和地表径流等方面的作用。改良土壤效益方面:罗龙海等通过对退耕后林地土壤理化性质的年际动态变化研究,表明退耕后不同类型林分林地土壤理化性质都得到很大程度的改善;梁伟以农耕地为对照,研究了退耕后林地土壤在自然含水率、持水量等性状的改良作用。[⑤] 整体来看,退耕还林生态效益单项研究在我国已经呈现蓬勃发展的趋势,许多学者对退耕还林生态效益计量和评价方法和理论进行了有益的探索,取得了一定的研究成果,但有许多仍需不断发展完善之处。

## 二、案例区退耕还林生态效益的研究方法

本书以实验为基础,通过对案例区——万州区主要退耕还林模式各种生态效益指标进行实地观测和取样分析,获得各效益评价指标所需的具体数据,利用生态效益实物计量模型和经济价值评价方法计算得到各退耕还林模式的单项生态效益及其经济价值;然后按照主要退耕还林模式所占整个退耕还林工程的面积比例,将计算结果扩大到全案例区范围。

### (一)评价对象与调查内容设置

#### 1. 评价对象的确定

通过对重庆市万州区 2000—2006 年退耕还林工程基本概况的分析,考虑到不同退耕年限和不同退耕还林模式下生态效益的差异,本书以万州区 2003 年退耕还林工程为研究对象,通过对其实施情况的详细分析,选择退耕

---

① 李蕾. 中国退耕还林政策成本效益分析[M]. 北京:经济科学出版社,2008:128 ~ 179.

② 张学权. 退耕地不同植被恢复模式对坡面径流的影响 [J]. 四川林业科技,2005(10):43.

③ 罗海波. 喀斯特山区退耕还林保持水土生态效应研究 [J]. 水土保持学报,2003(4):52.

④ 梅再美. 喀斯特山区水土流失动态特征及生态效应评价 [J]. 中国岩溶,2003(2):42.

⑤ 梁伟. 基于遥感的土地利用与退耕还林时空变化研究[J]. 水土保持通报,2007(2):54.

还林面积最大的几种主要模式作为调查对象,在选择调查准确性、代表性和可操作性的前提下,对少数模式进行了合并,共调查了10种退耕还林模式(见表5-4),并计算出每种模式的效益,然后以2003年万州区的退耕面积计算出其年生态效益的总量和价值。

**表5-4 万州区2003年退耕还林主要造林模式**

| 序号 | 主要退耕模式 | 退耕面积(公顷) | 百分比(%) |
|---|---|---|---|
| 1 | 柏木 | 2731.66 | 23.89 |
| 2 | 竹子 | 1623.8 | 14.05 |
| 3 | 柑橘 | 1048.46 | 9.12 |
| 4 | 板栗 | 1034.6 | 9.08 |
| 5 | 杨树 | 977.54 | 8.51 |
| 6 | 香椿 | 947.59 | 8.25 |
| 7 | 直杆桉 | 931.66 | 8.11 |
| 8 | 梨+桃 | 902.74 | 7.86 |
| 9 | 杜仲 | 820.48 | 7.14 |
| 10 | 柏+香草 | 456.38 | 1.99 |

资料来源:由重庆市万州区林业局提供的资料整理而成。

2. 调查样地的设置和调查内容

根据表5-4所选择的10种退耕还林调查模式,为了提高调查结果的代表性和准确性,每种退耕还林模式设置6个调查样地,分布在万州区52个不同乡镇和街道,同种模式的不同样地应尽可能设在不同立地条件地区。为了比较退耕还林工程生态效益的显著性,本书还在研究区设立了对照样地,根据每个调查乡镇所调查样地的立地条件,分别选取与调查样地立地条件相似的坡耕地作为对照进行调查,共计16个对照调查样地。

调查样地的主要调查内容包括样地概况、土壤原状土和混合土壤样品的采集、枯落物样品的采集和生物量调查等。

(二)样品采集与分析方法

1. 土壤样品的采集

在每个调查样地,选取两个有代表性的位置挖掘土壤剖面进行土壤样品采集。包括退耕还林土壤剖面分析样品和退耕还林土壤物理性质原状土样品。

(1)退耕还林土壤剖面分析样品的采集。选取有代表性的位置挖掘土壤面的位置,先挖一个1.0米×1.5米的长方形土坑,土坑的深度要达到土壤母质层,然后根据土壤剖面的颜色、结构、质地、坚实度、湿度、植物根系分布等自上而下划分土层,进行剖面特征的观察记载,作为土壤基本性质的资料,最后自下而上逐层采集布袋装的土壤分析样品,一般采样时只在各发生层的中部采集,而不是在整个发生层都采,这样可以克服层次之间的过渡现象,从而增加样品的典型性和代表性,随后将采集的样品放入布袋,一般采集1千克左右,在布袋内外均应附上标签,写明样地编号、采集地点、土层深度、采样深度、土壤名称、采集人和采样日期。

(2)森林土壤物理性质原状样品的采集。在采集地点用环刀在上述土壤剖面的各土层的中部取样,在采样过程中,必须保持土壤不受挤压,不使样品变形,并须剥去土块外面直接与土铲接触而变形的部分,保留原状土样。然后将取完土样的环刀盖上盖子,贴上标签,注明样地编号、采集地点、土层深度、采样深度、土壤名称、采集人和采样日期。

2. 土壤样品分析

(1)土壤含水量及土壤孔隙测定。在选定场所用环刀采取土样,回实验室内后称重($m_1$)。取下环刀上盖,将环刀盖有垫滤纸的网孔一端放入盛水的搪瓷盘中,盘中水层高度至环刀上沿(不淹没),使其吸水12小时,取出环刀,盖上上盖,立即称重($m_2$),准确至0.1克;将上述称量后的环刀放置在铺有干砂的平底盘中12小时(网孔在下),然后立即称重($m_3$);再将称量后的环刀继续放在平底盘中12小时,称重($m_4$),最后将环刀放入105℃烘箱至恒重($m_5$),并称取环刀重($m_6$),则:

土壤总孔隙度为 $P(\%) = [(m_2 - m_5)/V] \times 100$,其中 $V$ 为环刀体积。

土壤毛管孔隙度 $P_1(\%) = [(m_3 - m_5)/V] \times 100$,其中 $V$ 为环刀体积。

土壤非毛管孔隙度 $P_2(\%) = P - P_1$

最大持水量$(\%) = [(m_2 - m_5)/(m_5 - m_6)] \times 100$

最小持水量$(\%) = [(m_3 - m_5)/(m_5 - m_6)] \times 100$

田间持水量$(\%) = [(m_4 - m_5)/(m_5 - m_6)] \times 100$

土壤自然含水量$(\%) = [(m_1 - m_5)/(m_5 - m_6)] \times 100$

(2)土壤养分测定。养分分析取混合土样,采用半微量凯氏分析全 N,全 P 采用硫酸—高氯酸消煮—外钼锑抗比色法,全 K 采用碱熔火焰光度法(原子吸收光谱),水解 N 采用碱解体扩散法,速效 P 采用 0.5 摩尔/升碳酸氢钠浸提—钼锑抗比色法,有机质采用重铬酸钾容量法。

3. 森林枯落物样品的采集与分析

样品的采集方法:标准地内两条对角线各设两个样方,两条对角线交点设置一个样方,共设 5 个样方,样方大小为 50 厘米 ×50 厘米,收集小样方内所有的枯枝落叶,分别装入网袋中,称其鲜重,然后将所取样品混合,取混合样品带回室内分析,在网袋内外均应附上标签,写明样地编号、采集地点、土层深度、采样深度、土壤名称、采集人和采样日期。

样品的分析方法:根据国家行业标准林业卷(LY/T 1271—1999)所规定的森林枯落物样品有机成分含量的测定方法,测定枯落物样品的有机成分含量,可获得枯落物中全氮、全磷和全钾的含量。

4. 不同退耕模式森林的生物量与生产力数据资料的收集

由于退耕还林造林苗木为实生苗,而且造林年限较短,用解析法求其生物量误差较大,并且在实际操作过程中可行性不大,在参考相关文献的基础上,本书不直接调查不同退耕树种年生长量和生长率,而是参考万州区历年森林资源清查基本数据和重庆市林业科学研究院长期在万州区定位监测基本数据资料,获得研究树种生物量资料。

5. 径流和土壤侵蚀量观测

在研究区内设径流场,每次雨停后 10 ~ 20 分钟观测,记录径流场积水池内水的深度,然后将池内水搅匀,用量杯分层取样,经沉淀后,在 105℃ 条件下烘干至恒重,将干物质称重。最后计算每年由于径流产生的流失泥沙的量,即可求得土壤的年侵蚀模数(吨/平方千米)。

## 第二节　万州区退耕还林生态效益的计量模型①

退耕还林(草)工程的生态效益是指通过退耕还林还(草)工程的开展,

① 本节的计量模型和原理主要参考和借鉴了:王珠娜. 三峡库区秭归县退耕还林工程生态效益计量评价研究[D]. 海口:华南热带农业大学,2007:23 ~45。在此致谢!

给退耕区带来生态环境质量改善,包括退耕区林草植被的恢复与植被覆盖率的提高、控制水土流失以及所产生的水土资源的改善、局部地区生态系统的重建与系统的动态平衡以及退耕区对周边及整个生态环境的贡献等方面。退耕还林的生态效益主要是通过退耕后形成森林植被的生态功能来表现。我国退耕还林的生态效益主要界定在森林涵养水源效益、森林水土保持效益、森林抑制风沙效益、森林吸收二氧化碳效益、森林净化大气效益、森林野生生物保护效益等方面。本书在参考森林生态效益类型前提下,充分考虑我国退耕还林工程实施的背景和现实意义,在科学性、系统性、针对性的原则下对万州区退耕还林工程的生态效益主要从水源涵养效益、水土保持效益、改良土壤效益、固碳释氧效益 4 个方面对主要的退耕还林模式的生态效益进行计量评价。

## 一、水源涵养效益的实物计量模型与价值计量方法

退耕还林水源涵养功能主要表现在通过对降水的截留、吸收和下渗,以及随降水进行时空的再分配,实现减少无效水、增加有效水。森林的这种涵养功能与森林土壤较特殊的结构功能有关,森林土壤像海绵体一样,吸收体内降水并很好地加以贮存。在森林流域,降水首先被林冠所截持,通过林冠截留,第一次改变了到达地面的自然降水过程、减少了降雨量,在一定雨量范围内林冠截留量随降雨量增加而增加。降水通过林冠后,到达枯枝落叶层,枯枝落叶层不仅具有较强的持水性,而且具有很强的透水性,于是通过枯枝落叶层的截留,第二次改变了到达土壤表面的自然降水过程和降雨量。由于枯枝落叶层截持了大量的水分,并减缓了水在土壤坡面上的流动速度,因此增加了水向土壤中入渗的机会。森林在生长过程中,根系不断的新老更替,疏松了原来较为板结的土壤,增加了土壤的孔隙度和透水性。同时由于森林的存在,土壤动物和微生物也十分活跃,形成了大量纵横交错的土壤水分通道。这样,土壤的持水性和透水性大大地获得改善,因此在径流形成过程中,在土壤表面未来得及流走的降水被土壤吸收并向深层渗透,甚至很快达到地下水位。

### (一)水源涵养效益的实物计量模型

通过对退耕还林水源涵养效益的作用机理分析可知,森林涵养水源的功能是通过森林生态系统作为积聚和贮存水分为中心来实现的,主要表现

为森林拦截降水效益、森林增加地表有效水效益和净化水质效益三个方面。

1. 退耕还林森林拦蓄降水效益的实物计量模型

退耕还林森林的贮水量由林冠截留降水量、枯枝落叶层的持水量、森林土壤的降水储量三个部分组成。由于林冠截留的降水量十分有限，枯枝落叶的吸水能力只占森林下层涵养水源量的1%～2%，而土壤贮水能力占98%～99%，因此土壤是涵养水源的主要载体，故退耕还林的森林贮水量可以直接用森林土壤贮水量来表示。其计算模型如下：

$$R = \sum_{i=1}^{n} (K_i \times L_i \times S_i \times 1000) \tag{5-1}$$

式中：$R$ 为森林贮水量（吨/年）；$n$ 为森林类型数；$i$ 为流动指标，$i=1,2,3,\cdots,n$；$K_i$ 为第 $i$ 种森林类型的非毛管孔隙度（%）；$L_i$ 为第 $i$ 种森林类型的土层平均厚度（米）；$S_i$ 为第 $i$ 种森林类型的面积（公顷）。

2. 退耕还林森林增加地表有效水量的实物计量模型

由于无林地也具有一定的贮水能力，因此森林真正增加地表有效水的量等于它与无林地相比多贮水的量。其计量模型为：

$$T = \sum_{i=1}^{n} [(K_i - K_{i0}) \times L_i \times S_i \times 1000] \tag{5-2}$$

式中：$K_i$，$L_i$，$S_i$同式（5-1）；$K_{i0}$为与第 $i$ 种森林类型相对照的荒地的非毛管孔隙度。

3. 退耕还林森林净化水的实物计量模型

根据北京市林业局和北京林业大学的研究，在森林生态系统中，森林的拦截降水和对比试验相差很大，森林生态系统对拦截降水具有良好的过滤效应，普遍能达到生活用水的标准，有的甚至是最好的水源。因此本书将森林的蓄水量看作森林净化水质效益的实物计量值。其计量模型为：

$$森林净化水质量 = 森林拦蓄降水量 \tag{5-3}$$

（二）水源涵养效益的价值计量方法

1. 退耕还林森林拦蓄降水效益的价值计量方法

退耕还林的森林蓄水效益的经济计量值＝森林的年蓄水量×森林蓄水效益的经济转换参数。进行森林蓄水效益的经济计量，目前主要采用影子工程法取得森林蓄水效益的经济转换参数，主要有根据水库的蓄水成本确定、根据供用水的价格确定、根据电能产生成本确定、根据级差地租确定、根据区域水源运费确定、根据海水淡化费确定等方法转换参数。一般情况下，最常采用的是前两种转换参数，第一种根据影子工程法，利用水库的蓄水成本进行确定，这在很大程度上反映了水库的实际利用率，因此本书采用水库的蓄水成本法来计算退耕还林的蓄水效益。其计量模型为：

$$V_1 = R_1 \times P_1 \tag{5-4}$$

式中：$V_1$ 为森林拦截降雨的价值；$R_1$ 为林地的蓄水量（吨/年）；$P_1$ 为中小型水库单位库容的造价（元/立方米）。

2. 退耕还林森林增加地表有效水量的价值计量方法

主要采用市场价值法，假设这些水用于市场交换并以市场水价作为森林增加有效水的“替代价格”，计算出退耕还林森林增加有效水的价值。其计量模型为：

$$V_2 = T \times (P_1 \times r_1 + P_2 \times r_2 + P_3 \times r_3) \tag{5-5}$$

式中：$V_2$ 为森林增加地表有效水的价值；$T$ 为森林增加地表有效水的量（吨/年）；$P_1$，$P_2$，$P_3$ 分别为农田灌溉、工业用水和生活供水的价格（元/吨）；$r_1$，$r_2$，$r_3$ 分别为农田灌溉、工业用水和生活用水的比例（%）。

3. 退耕还林森林净化水的价值计量方法

主要采用市场价格法，利用工业净化水的成本作为森林净化水质的标准。其计量模型为：

$$V_3 = R_2 \times P_2 \tag{5-6}$$

式中：$V_3$ 为森林净化水的价值（元/年）；$R_2$ 为森林净化水的量（吨/年）；$P_2$ 为工业净化水的收费标准（元/立方米）。

## 二、水土保持效益的实物计量模型与价值计量方法

退耕还林森林发挥其保持水土效益的功能，主要是利用它具有庞大的根系改良、固持和网络土壤作用；林冠层和枯枝落叶层削减侵蚀性降雨的雨滴动能及拦截、分散、滞缓和减弱地表径流作用以及保护土壤结构稳定等作用来实现的。

### （一）水土保持效益的实物计量模型

根据国内外对森林水土保持效益的研究，可知森林生态系统保持水土的功能，主要表现在减少土地资源损失，防止泥沙滞留、淤积，保护土壤肥力（减少有机质损失和养分 N、P、K 的损失），减少风沙灾害损失，减少崩塌泄

流及泥石流灾害损失五方面。

1. 退耕还林固土效益的实物计量模型

从理论上来说，退耕还林森林的固土量应该用有林地和无林地土壤侵蚀的对比研究数据计算。但是目前情况下，由于森林资源与土壤特性相结合的技术参数测定缺乏，普遍采用土壤侵蚀模数作为森林固土效益实物计量的基本指标。为了比较退耕还林前后土壤侵蚀量的变化，本书采用根据无林地与有林地的土壤侵蚀差异计量退耕还林固土效益的实物量，其计量模型为：

$$Q = \sum_{i=1}^{n} [(D_{i0} - D_i) \times S_i \times \frac{1}{100}] \tag{5-7}$$

式中：$Q$ 为森林年固土总量（吨）；$n$ 为森林类型数；$i$ 为流动指标，$i=1,2,3\cdots,n$；$S_i$ 为第 $i$ 种森林类型的面积（公顷）；$D_i$ 为第 $i$ 种森林类型的土壤年侵蚀模数（吨/平方千米）；$D_{i0}$ 为与第 $i$ 种森林类型相对照的坡耕地土壤年侵蚀模数（吨/平方千米）。

2. 退耕还林防止泥沙淤积的实物计量模型

目前一般采用以下模型计量森林防止泥沙淤积的实物量：

$$E = \sum_{i=1}^{n} \frac{Q_i}{G_i} \times d \tag{5-8}$$

式中：$E$ 为森林减少泥沙淤积的量（吨）；$Q_i$ 为第 $i$ 种森林类型的固土量（吨/年）；$G_i$ 为第 $i$ 种森林类型的土壤容重（克/立方厘米）；$d$ 为进入河道或水库中的泥沙占泥沙流失量的比值（%）。

3. 退耕还林减少土壤肥力损失的实物计量模型

土壤侵蚀使土壤中的 N、P、K 及有机质大量流失，从而增加土壤的化肥施用量，因此森林减少土壤 N、P、K 及有机质损失的量，可通过退耕还林每年减少土壤流失的量与流失土壤中 N、P、K 和有机质的含量来表示。其计量模型为：

$$M = \sum_{i=1}^{n} (Q_i \sum_{j=1}^{m} P_{ij}) \tag{5-9}$$

式中：$M$ 为减少土壤肥料损失的总量（吨）；$Q_i$ 为第 $i$ 种森林类型的固土量（吨）；$P_{ij}$ 为 $i$ 种森林类型土壤中的第 $j$ 种养分的含量（%）；$i,j$ 为流动指标，$i=1,2,3,\cdots,n$；$j=1,2,3,4$（当 $j$ 取值为 1,2,3,4 时，代表的养分类型分别为有机质、全 N、全 P、全 K);$n$ 为森林类型数;$m$ 为养分类型数。

(二)水土保持效益的价值计量方法

1. 退耕还林固土效益的价值计量方法

每年因土壤侵蚀会损失大量的表土,表现为经济损失,首先是丧失土地的价值。因此可以先根据土壤的侵蚀量和一般土壤的耕作层厚度计算出相应的土地面积减少量,然后再用影子价格法,即以当地林业生产的平均收益[全国年平均值为 282.17 元/公顷(1990 年不变价)]来计量森林减少土地损失的经济价值。其计量模型为:

$$V_1 = \sum_{i=1}^{n} \frac{Q_i}{(G_i \times L_i)} \times \frac{1}{10000} \times Y_i \qquad (5-10)$$

式中:$V_1$ 为森林固土效益的年经济价值(元);$Q_i$ 为第 $i$ 种森林类型的年固土量(吨);$G_i$ 为第 $i$ 种森林类型的土壤容重(克/立方厘米);$L_i$ 为第 $i$ 种森林类型的表土厚度(米);$Y_i$ 为第 $i$ 种森林类型从事林业生产的年受益(元/公顷)。

2. 退耕还林防止泥沙淤积效益的价值计量方法

水土流失,造成河道泥沙淤积,使河床抬高,给航运业带来了极大的影响,每年需要进行河道淤积物的清理,因此森林防止泥沙淤积效益的价值可以用恢复费用法进行估算。其计量模型为:

$$V_2 = E \times P \qquad (5-11)$$

式中:$V_2$ 为森林减少泥沙淤积的价值(元/年);$E$ 为森林减少泥沙淤积的量(吨/年);$P$ 为清除单位泥沙的费用(元/年)。

3. 退耕还林减少土壤肥力损失效益的价值计量方法

土壤侵蚀使土壤中的 N、P、K 及有机质大量流失,从而增加土壤的化肥施用量,因此森林减少土壤 N、P、K 及有机质损失的价值,可通过把这些养分元素用于生产化肥所能获得的最大市场收益来表示。其计量模型为:

$$V_3 = M \times P_{1i} \times P_{2i} \qquad (5-12)$$

式中:$V_3$ 为森林减少土壤肥力损失的价值(元/年);$M$ 为森林减少土壤肥力损失的总量(吨/年);$P_{1i}$ 为 N、P、K 折算后的比例;$P_{2i}$ 为 $(NH_4)_2SO_4$,KCl 和有机质的市场价格(元/吨)。

三、改良土壤效益的实物计量模型与价值计量方法

森林土壤是在森林植被下产生和发育起来的,具有其他土壤不具备的

三种成土因素,即森林死地被物、林木根系和依靠森林生存的特有生物。森林死地被物通过自身的分解来补充森林土壤的有机质,有利于土壤形成颗粒比较大的团聚体,而大颗粒的团聚体之间具有较多的非毛管孔隙。庞大的林木根系的生长对森林土壤的各向切割作用,使得森林土壤的结构变得疏松多孔。根系死亡后,增加了土壤下层的有机物质,也可促进土壤孔隙结构的形成。根系腐烂后,在土壤中留下许多孔道。另外,林木根系在其生长过程中,不断地产生根系分泌物,在许多情况下,根系分泌物能促进土壤团聚体的形成。由于林木根系的上述物理、化学作用,使得森林土壤内部容易形成比较大的孔隙。森林生态系统中除了具有上述两类特殊的产物外,其内部还生存着大量的动物,动物的代谢产物及死亡后的遗体可以增加土壤中有机质的含量,这些洞穴和有机质增大了土壤非毛管孔隙度,改良了土壤的水文物理特性。由此可以看出,森林以及整个森林生态系统对其生长的土壤起着重要的改良作用。

1. 退耕还林改良土壤效益的实物计量模型

通过对森林改良土壤效益的作用机理分析可知,退耕还林森林对土壤的改良作用主要表现在两个方面:第一,对土壤孔隙和颗粒大小等物理特性的改良;第二,主要表现在增加土壤养分的作用方面。森林对土壤孔隙度等物理特性改良作用的效益主要体现在土壤蓄水量增加,这在森林的水源涵养效益中已经计量。为了避免效益的重复计量,在此只对森林增加土壤有机质和养分含量进行计量,而退耕还林森林增加土壤有机质和土壤养分的主要途径是通过增加地表枯落物的量来实现。其计量模型为:

$$E = \sum_{i=1}^{n} (Q_i \sum_{i=1}^{4} P_{ij}) \tag{5-13}$$

式中:$E$ 为枯落物增加土壤肥料的总量(吨/年);$Q_i$ 为第 $i$ 种森林类型的枯落物的量(吨/年);$P_{ij}$为第 $i$ 种枯落物中第 $j$ 种养分的含量(%);$i$,$j$ 为流动指标,$i=1,2,3,\cdots,n$;$j=1,2,3,4$(当 $j$ 取值为 1,2,3,4 时,代表的养分类型分别为有机质、全 N、全 P、全 K)。

2. 退耕还林改良土壤效益的价值计量方法

森林的存在改善了土壤的物理结构和化学特性,退耕还林森林每年代谢的枯枝落叶在土壤微生物的作用下,分解成土壤所需要的养分,使土壤起到了自肥的作用。因此,可以用市场价格法把退耕还林森林枯落物中有机质和 N、P、K 的含量折合成相应的化肥的量,然后根据各种化肥在当地的销售价格计算退耕还林森林改良土壤的效益。其计量方法为:

$$V = E \times P_{1i} \times P_{2i} \tag{5-14}$$

式中:$V$ 为森林改良土壤的年经济价值(元);$E$ 为枯落物中 N、P、K 肥和有机物的含量(吨/年);$P_{1i}$ 为 N、P、K 的折算比例;$P_{2i}$ 为各种化肥和有机质的市场价值(元/吨)。

### 四、固碳释氧效益的实物计量模型与价值计量方法

森林是地球陆地生态系统的主体。在陆地植物与大气的 $CO_2$ 的交换中,90% 以上是由森林植被完成的。据计算,每年全球植物吸收 $CO_2$ 约为 $9.36 \times 10^{10}$ 吨,据研究,陆地植物放入大气的 $O_2$ 占全部绿色植物 $O_2$ 产量的 60% 以上。森林植物在其生长过程中通过光合作用,吸收大气中的 $CO_2$,将其固定在森林生物量(包括树干、枝、叶和根)中,成了大气中 $CO_2$ 的吸收汇合缓冲器,在吸收 $CO_2$ 的同时,绿色植物还释放出大量的 $O_2$,其化学反应方程式为:

$CO_2$(264 克)$+H_2O$(108 克)→葡萄糖(180 克)$+O_2$(192 克)→多糖(162 克)

上述方程式中,林木生长每产生 162 克干物质需吸收(固定)$CO_2$ 264 克,释放 192 克 $O_2$,则林木每形成 1 吨干物质,需吸收(固定)1.63 吨 $CO_2$,释放 1.20 吨 $O_2$。

#### (一)退耕还林固碳释氧效益的实物计量模型

1. 退耕还林固定 $CO_2$ 效益的实物计量模型

森林生态系统是一个复杂生态系统,有植物的光合作用和呼吸作用。光合作用的过程实际上是固定 $CO_2$,生产有机物质并释放 $O_2$ 的过程。一个森林群落通过光合作用能固定多少 $CO_2$,实测的难度很大,目前对于森林固碳释氧效益的评价,采用较多的有蓄积量法、微气象涡相关技术和生物量法。本书考虑到研究区的实际情况和收集到的现有数据,采用第三种方法即生物量法来估算退耕还林的固碳释氧效益,其计量模型为:

$$R_1 = \sum_{i=1}^{n} M_i S_i C_i K_1 \tag{5-15}$$

式中:$R_1$ 为森林固定 $CO_2$ 的量;$M_i$ 为第 $i$ 种森林类型的单位面积年森林蓄积量(立方米/公顷);$S_i$ 为第 $i$ 种森林类型的面积(公顷);$C_i$ 为第 $i$ 种林木总

生物量与树干生物量的比例；$K_1$ 为森林生产1吨干物质吸收的 $CO_2$ 的量。

2. 退耕还林释氧效益的实物计量模型

森林在吸收空气中 $CO_2$ 的同时，释放 $O_2$，维持大气中的碳氧平衡。根据森林光合作用的方程式可见，林木生长每形成1吨干物质，需吸收（固定）1.63吨 $CO_2$，释放1.20吨 $O_2$。因此，释放 $O_2$ 的计量模型为：

$$R_2 = \frac{1.2}{1.6R_1} \tag{5-16}$$

式中：$R_2$ 为森林固定 $O_2$ 的量；$R_1$ 为森林固定 $CO_2$ 的量。

（二）退耕还林固碳释氧效益的价值计量方法

1. 退耕还林固定 $CO_2$ 效益的价值计量方法

在充分考虑到我国目前生态效益计量的基本现状和三峡库区的实际状况，其固定 $CO_2$ 效益的价值计量方法本书采用造林成本法，作为退耕还林固碳释氧效益的基本方法，其计量模型为：

$$V_1 = R_1 \times P_1 \times G_1 \tag{5-17}$$

式中：$V_1$ 为森林固碳效益的价值（元/年）；$R_1$ 为森林固定 $CO_2$ 的量（吨/年）；$P_1$ 根据我国造林成本固定1吨纯C的成本（元/吨）；$G_1$ 为将 $CO_2$ 折合成纯碳的比例，根据 $CO_2$ 的分子量，$C/CO_2 = 0.2729$。

2. 退耕还林释氧效益的价值计量方法

同样采取市场价值法，通过我国造林成本计算，其计量模型为：

$$V_2 = R_2 \times P_2 \tag{5-18}$$

式中：$V_2$ 为森林放氧效益的价值（元/年）；$R_2$ 为森林放出氧气的量（吨/年）；$P_2$ 根据我国造林成本固定1吨 $O_2$ 的成本（元/吨）。

## 第三节 万州区退耕还林生态效益的计量分析

在本章第一节研究方法和第二节研究计量模型确定的基础上，本节以万州区2003年的10种主要退耕还林模式为对象，对其2003年的退耕还林的生态效益进行定量分析，其基本思路是在第二节所确立的4种单项效益的基础上，计算出其2003年总的生态效益，然后以此扩展到整个案例区的退耕时间。

### 一、万州区退耕还林工程执行状况

万州区辖28个镇、13个乡、11个街道，总人口171.6万，其中农业人口

123 万人,农村劳动力 84.2 万人,是重庆市 6 个率先启动退耕还林工程的区县之一,2006 年全区退耕任务完成。根据 2007 年万州区巩固退耕还林成果的专项规划报告显示:2000—2006 年,累计完成退耕还林工程造林 129.58 万亩(其中:退耕地造林 51.58 万亩,荒山荒地造林 72.8 万亩,封山育林 5.2 万亩)(见表 5-5、表 5-6),累计投资 5.746733 亿元(其中:种苗和造林费补助 6604 万元,生活费及粮食折现直补 4.737747 亿元,粮食调运费 3109.96 万元,工作经费 375.9 万元)。工程实施镇乡(街道)50 个,涉及退耕农户 186861 户,人口 609617 人。

同时报告认为,工程取得的主要成效是:第一,提高了林业建设水平,促进了生态环境的明显改善。退耕还林工程坚持严格的造林责任制,严把种苗质量、整地栽植和检查验收"三关",退耕地造林合格面积保存率达到了 99%。工程投资强度大,建设质量高,植被恢复加快,水土流失减少,森林覆盖率由退耕还林实施前的 16.5% 提高到了 32.34%,预计每年减少水土流失 250 万吨以上。第二,带动了产业基地建设,促进了农业结构的有效调整。依托退耕还林,全区新建笋竹 40484.3 亩,蚕桑 25782.9 亩,中药材 13219.8 亩,香料林 29205.2 亩(其中花椒 9381 亩),柑橘 36863.7 亩,干果 505463.1 亩,速丰林 117872.5 亩,为退耕还林接续产业的发展奠定了坚实的基础。第三,加快了农村经济发展,促进了退耕农民的增收致富。退耕还林给农民带来了较大实惠,每个退耕农户平均直接享受退耕还林生活费及粮食折现直补达到 2600 元,退耕还林给农民增收拓宽了渠道。

**表 5-5 万州区历年退耕地还林面积统计表** 单位:亩

| 序号 | 实施范围 | 年份 | 退耕还林面积 | | | |
|---|---|---|---|---|---|---|
| | | | 合计 | 生态林 | 经济林 | 还草 |
| 1 | 万州区 | 小计 | 515800 | 460347.1 | 55318.5 | 134.4 |
| 2 | 万州区 | 2000 | 30000 | 27312 | 2688 | — |
| 3 | 万州区 | 2001 | 30000 | 29361.4 | 638.6 | — |
| 4 | 万州区 | 2002 | 150000 | 129514.9 | 20350.7 | 134.4 |
| 5 | 万州区 | 2003 | 170000 | 156297.8 | 13702.2 | — |
| 6 | 万州区 | 2004 | 25000 | 22058.5 | 2941.5 | — |
| 7 | 万州区 | 2005 | 73800 | 62574.5 | 11225.5 | — |
| 8 | 万州区 | 2006 | 37000 | 33228 | 3772 | — |

资料来源:本表数据由重庆市万州区林业局提供。

**表5-6 万州区各镇(乡、街道)历年退耕地还林面积统计表** 单位:亩

| 序号 | 实施乡镇 | 实施年份 | 退耕还林面积 | | | |
|---|---|---|---|---|---|---|
| | | | 合计 | 生态林 | 经济林 | 还草 |
| 1 | 白土镇 | 小计 | 1098 | 1098 | — | — |
| | | 2000 | 144 | 144 | — | — |
| | | 2003 | 378 | 378 | — | — |
| | | 2005 | 220 | 220 | — | — |
| | | 2006 | 356 | 356 | — | — |
| 2 | 白羊镇 | 小计 | 18859 | 9635.4 | 9223.6 | — |
| | | 2003 | 12462 | 9503.4 | 2958.6 | — |
| | | 2005 | 5697 | 132 | 5565 | — |
| | | 2006 | 700 | — | 700 | — |
| 3 | 百安坝街道 | 小计 | 3183.1 | 2585.5 | 866.3 | — |
| | | 2002 | 2031.1 | 1442.6 | 588.5 | — |
| | | 2003 | 458.9 | 458.9 | — | — |
| | | 2005 | 9.1 | — | 9.1 | — |
| | | 2006 | 684 | 684 | — | — |
| 4 | 长岭镇 | 小计 | 26301.1 | 22794.6 | 3506.5 | — |
| | | 2002 | 11216.1 | 9691.6 | 1524.5 | — |
| | | 2004 | 5200 | 4200 | 1000 | — |
| | | 2005 | 8285 | 7303 | 982 | — |
| | | 2006 | 1600 | 1600 | — | — |
| 5 | 长坪乡 | 小计 | 8318 | 8318 | — | — |
| | | 2003 | 3115 | 3115 | — | — |
| | | 2005 | 4801 | 4801 | — | — |
| | | 2006 | 402 | 402 | — | — |
| 6 | 长滩镇 | 小计 | 22050.6 | 21771.1 | 279.5 | — |
| | | 2001 | 4240 | 4240 | — | — |
| | | 2002 | 10250.3 | 9970.8 | 279.5 | — |
| | | 2005 | 4754.3 | 4754.3 | — | — |
| | | 2006 | 2806 | 2806 | — | — |
| 7 | 普子乡 | 小计 | 7268 | 4233 | 3035 | — |
| | | 2002 | 5000 | 3181 | 1819 | — |
| | | 2003 | 1919 | 1052 | 867 | — |
| | | 2005 | 349 | — | 349 | — |

续表

| 序号 | 实施乡镇 | 实施年份 | 退耕还林面积 | | | |
|---|---|---|---|---|---|---|
| | | | 合计 | 生态林 | 经济林 | 还草 |
| 8 | 茨竹乡 | 小计 | 4889.9 | 4889.9 | — | — |
| | | 2002 | 3089.9 | 3089.9 | — | — |
| | | 2005 | 1800 | 1800 | — | — |
| 9 | 大周镇 | 小计 | 8880.5 | 7036.9 | 1843.6 | — |
| | | 2000 | 3582.5 | 3432.5 | 150 | — |
| | | 2001 | 1976 | 1925.4 | 50.6 | — |
| | | 2003 | 3162 | 1679 | 1483 | — |
| | | 2006 | 160 | — | 160 | — |
| 10 | 弹子镇 | 小计 | 2943 | 2511 | 432 | — |
| | | 2003 | 2943 | 2511 | 432 | — |
| 11 | 地宝乡 | 小计 | 7727 | 7727 | — | — |
| | | 2004 | 2000 | 2000 | — | — |
| | | 2005 | 4425 | 4425 | — | — |
| | | 2006 | 1302 | 1302 | — | — |
| 12 | 分水镇 | 小计 | 33682 | 30884.5 | 2797.5 | — |
| | | 2000 | 1010 | 1010 | — | — |
| | | 2001 | 1595 | 1595 | — | — |
| | | 2002 | 10563 | 9875 | 688 | — |
| | | 2003 | 15394 | 13284.5 | 2109.5 | — |
| | | 2004 | 2976 | 2976 | — | — |
| | | 2006 | 2144 | 2144 | — | — |
| 13 | 甘宁镇 | 小计 | 32049.7 | 28968 | 2813 | — |
| | | 2002 | 22898 | 20459 | 2439 | — |
| | | 2003 | 8478.4 | 8226 | 252.4 | — |
| | | 2005 | 673.3 | 283 | 390.3 | — |
| 14 | 高峰镇 | 小计 | 15621.8 | 14644.4 | 977.4 | — |
| | | 2000 | 4351 | 3999 | 352 | — |
| | | 2001 | 361 | 361 | — | — |
| | | 2002 | 3492 | 3202 | 290 | — |
| | | 2003 | 7152.8 | 7082.4 | 70.4 | — |
| | | 2005 | 265 | — | 265 | — |

续表

| 序号 | 实施乡镇 | 实施年份 | 退耕还林面积 | | | |
|---|---|---|---|---|---|---|
| | | | 合计 | 生态林 | 经济林 | 还草 |
| 15 | 高梁镇 | 小计 | 18504.6 | 17778.6 | 726 | — |
| | | 2002 | 9306.9 | 9040.9 | 266 | — |
| | | 2003 | 8737.7 | 8737.7 | — | — |
| | | 2006 | 460 | — | 460 | — |
| 16 | 郭村乡 | 小计 | 10500 | 10500 | — | — |
| | | 2000 | 1000 | 1000 | — | — |
| | | 2001 | 350 | 350 | — | — |
| | | 2003 | 4563 | 4563 | — | — |
| | | 2005 | 2000 | 2000 | — | — |
| | | 2006 | 2587 | 2587 | — | — |
| 17 | 恒合乡 | 小计 | 6770.5 | 6770.5 | — | — |
| | | 2000 | 3092 | 3092 | — | — |
| | | 2001 | 1000 | 1000 | — | — |
| | | 2002 | 1974.5 | 1974.5 | — | — |
| | | 2003 | 250 | 250 | — | — |
| | | 2006 | 454 | 454 | — | — |
| 18 | 后山镇 | 小计 | 6891.7 | 6891.7 | — | — |
| | | 2002 | 372.7 | 372.7 | — | — |
| | | 2003 | 3047 | 3047 | — | — |
| | | 2004 | 1072 | 1072 | — | — |
| | | 2006 | 2400 | 2400 | — | — |
| 19 | 黄柏乡 | 小计 | 5771.8 | 5075.5 | 696.3 | — |
| | | 2003 | 5000 | 4390.5 | 609.5 | — |
| | | 2005 | 771.8 | 685 | 86.8 | — |
| 20 | 九池乡 | 小计 | 8710 | 7585 | 1125 | — |
| | | 2002 | 5896 | 4771 | 1125 | — |
| | | 2003 | 2765 | 2765 | — | — |
| | | 2004 | 49 | 49 | — | — |
| 21 | 梨树乡 | 小计 | 200 | 200 | — | — |
| | | 2006 | 200 | 200 | — | — |

续表

| 序号 | 实施乡镇 | 实施年份 | 退耕还林面积 | | | |
|---|---|---|---|---|---|---|
| | | | 合计 | 生态林 | 经济林 | 还草 |
| 22 | 李河镇 | 小计 | 7651 | 6238.8 | 1412.2 | — |
| | | 2001 | 1900 | 1695 | 205 | — |
| | | 2002 | 4951 | 4543.8 | 407.2 | — |
| | | 2006 | 800 | — | 800 | — |
| 23 | 龙都街道 | 小计 | 6810 | 5340 | 1470 | — |
| | | 2001 | 1627 | 1460 | 167 | — |
| | | 2002 | 5146 | 3880 | 1266 | — |
| | | 2005 | 37 | — | 37 | — |
| 24 | 龙驹镇 | 小计 | 25905.2 | 25352.2 | 553 | — |
| | | 2000 | 2008 | 1943 | 65 | — |
| | | 2001 | 2000 | 2000 | — | — |
| | | 2002 | 14326.2 | 13838.2 | 488 | — |
| | | 2003 | 4227 | 4227 | — | — |
| | | 2005 | 3344 | 3344 | — | — |
| 25 | 龙沙镇 | 小计 | 17700 | 17150.7 | 549.3 | — |
| | | 2001 | 3148 | 3148 | — | — |
| | | 2002 | 3172 | 3172 | — | — |
| | | 2003 | 11380 | 10830.7 | 549.3 | — |
| 26 | 罗田镇 | 小计 | 6290.3 | 6290.3 | — | — |
| | | 2000 | 506.8 | 506.8 | — | — |
| | | 2001 | 316.5 | 316.5 | — | — |
| | | 2002 | 3032 | 3032 | — | — |
| | | 2003 | 1935 | 1935 | — | — |
| | | 2005 | 500 | 500 | — | — |
| 27 | 牌楼街道 | 小计 | 358 | 179 | 179 | — |
| | | 2002 | 358 | 179 | 179 | — |
| 28 | 瀼渡镇 | 小计 | 4501 | 2909 | 1592 | — |
| | | 2000 | 2526 | 1733 | 793 | — |
| | | 2001 | 251 | 251 | — | — |
| | | 2005 | 943 | 925 | 18 | — |
| | | 2006 | 781 | — | 781 | — |

续表

| 序号 | 实施乡镇 | 实施年份 | 退耕还林面积 | | | |
|---|---|---|---|---|---|---|
| | | | 合计 | 生态林 | 经济林 | 还草 |
| 29 | 沙河街道 | 小计 | 986.1 | 596.9 | 389.2 | — |
| | | 2002 | 986.1 | 596.9 | 389.2 | — |
| 30 | 双河口街道 | 小计 | 4479.4 | 3949.4 | 530 | — |
| | | 2000 | 112 | 112 | — | — |
| | | 2002 | 4185.5 | 3660.5 | 525 | — |
| | | 2003 | 181.9 | 176.9 | 5 | — |
| 31 | 孙家镇 | 小计 | 1830 | 1830 | — | — |
| | | 2003 | 1830 | 1830 | — | — |
| 32 | 太安镇 | 小计 | 9672 | 9672 | — | — |
| | | 2001 | 1000 | 1000 | — | — |
| | | 2003 | 5002 | 5002 | — | — |
| | | 2004 | 1300 | 1300 | — | — |
| | | 2005 | 1570 | 1570 | — | — |
| | | 2006 | 800 | 800 | — | — |
| 33 | 太白街道 | 小计 | 1661 | 1136 | 525 | — |
| | | 2002 | 1611 | 1086 | 525 | — |
| | | 2004 | 50 | 50 | — | — |
| 34 | 太龙镇 | 小计 | 7838 | 7726 | 112 | — |
| | | 2003 | 6229 | 6229 | — | — |
| | | 2005 | 800 | 800 | — | — |
| | | 2006 | 809 | 697 | 112 | — |
| 35 | 天城镇 | 小计 | 17895.6 | 15528.9 | 2366.7 | — |
| | | 2001 | 2129 | 2129 | — | — |
| | | 2002 | 9000 | 6878.3 | 2121.7 | — |
| | | 2003 | 4469.6 | 4469.6 | — | — |
| | | 2005 | 785 | 540 | 245 | — |
| | | 2006 | 1512 | 1512 | — | — |
| 36 | 铁峰乡 | 小计 | 400 | 87 | 313 | — |
| | | 2006 | 400 | 87 | 313 | — |

续表

| 序号 | 实施乡镇 | 实施年份 | 退耕还林面积 | | | |
|---|---|---|---|---|---|---|
| | | | 合计 | 生态林 | 经济林 | 还草 |
| 37 | 五桥街道 | 小计 | 4892 | 1719.1 | 3172.9 | — |
| | | 2000 | 39.5 | 39.5 | — | — |
| | | 2001 | 17 | 17 | — | — |
| | | 2002 | 4039.8 | 878.9 | 3160.9 | 134.4 |
| | | 2003 | 786.7 | 774.7 | 12 | — |
| | | 2004 | 5 | 5 | — | — |
| | | 2006 | 4 | 4 | — | — |
| 38 | 武陵镇 | 小计 | 17338 | 16927.5 | 410.5 | — |
| | | 2001 | 2756 | 2717 | 39 | — |
| | | 2002 | 2281 | 2185 | 96 | — |
| | | 2004 | 5117 | 4908.5 | 208.5 | — |
| | | 2005 | 6876 | 6812 | 64 | — |
| | | 2006 | 308 | 305 | 3 | — |
| 39 | 溪口乡 | 小计 | 6436.2 | 6268.2 | 168 | — |
| | | 2003 | 3189 | 3189 | — | — |
| | | 2004 | 1500 | 1500 | — | — |
| | | 2005 | 1747.2 | 1579.2 | 168 | — |
| 40 | 响水镇 | 小计 | 14872 | 14817 | 55 | — |
| | | 2000 | 1011 | 1011 | — | — |
| | | 2001 | 500 | 500 | — | — |
| | | 2003 | 4899 | 4899 | — | — |
| | | 2004 | 784 | 729 | 55 | — |
| | | 2005 | 4148 | 4148 | — | — |
| | | 2006 | 3530 | 3530 | — | — |
| 41 | 小周镇 | 小计 | 12400 | 8402.5 | 3997.5 | — |
| | | 2000 | 4193 | 2865 | 1328 | — |
| | | 2001 | 2400 | 2223 | 177 | — |
| | | 2003 | 5692 | 3219.5 | 2472.5 | — |
| | | 2005 | 115 | 95 | 20 | — |

续表

| 序号 | 实施乡镇 | 实施年份 | 退耕还林面积 | | | |
|---|---|---|---|---|---|---|
| | | | 合计 | 生态林 | 经济林 | 还草 |
| 42 | 新田镇 | 小计 | 28137 | 22676 | 5461 | — |
| | | 2002 | 4248 | 3567 | 681 | — |
| | | 2003 | 12738 | 11109 | 1629 | — |
| | | 2004 | 2995 | 2269 | 726 | — |
| | | 2005 | 6163 | 3738 | 2425 | — |
| | | 2006 | 1993 | 1993 | — | — |
| 43 | 新乡镇 | 小计 | 4161.3 | 4066 | 95.3 | — |
| | | 2003 | 3500 | 3500 | — | — |
| | | 2005 | 331.3 | 296 | 35.3 | — |
| | | 2006 | 330 | 270 | 60 | — |
| 44 | 熊家镇 | 小计 | 18249 | 16752 | 1497 | — |
| | | 2000 | 5231 | 5231 | — | — |
| | | 2001 | 2000 | 2000 | — | — |
| | | 2003 | 4705 | 4705 | — | — |
| | | 2004 | 952 | — | 952 | — |
| | | 2005 | 3718 | 3556 | 162 | — |
| | | 2006 | 1643 | 1260 | 383 | — |
| 45 | 燕山乡 | 小计 | 7081 | 6781 | 300 | — |
| | | 2003 | 4122 | 3870 | 252 | — |
| | | 2004 | 1000 | 1000 | — | — |
| | | 2005 | 1359 | 1311 | 48 | — |
| | | 2006 | 600 | 600 | — | — |
| 46 | 余家镇 | 小计 | 200 | — | 200 | — |
| | | 2005 | 200 | — | 200 | — |
| 47 | 钟鼓楼街道 | 小计 | 2108 | 985 | 1123 | — |
| | | 2002 | 1952 | 985 | 967 | — |
| | | 2005 | 156 | — | 156 | — |
| 48 | 周家坝街道 | 小计 | 550.2 | 25 | 525.2 | — |
| | | 2002 | 550.2 | 25 | 525.2 | — |

续表

| 序号 | 实施乡镇 | 实施年份 | 退耕还林面积 | | | |
|---|---|---|---|---|---|---|
| | | | 合计 | 生态林 | 经济林 | 还草 |
| 49 | 柱山乡 | 小计 | 22379 | 22379 | — | — |
| | | 2003 | 10778 | 10778 | — | — |
| | | 2005 | 5957 | 5957 | — | — |
| | | 2006 | 5644 | 5644 | — | — |
| 50 | 走马镇 | 小计 | 12798.4 | 12798.4 | — | — |
| | | 2000 | 1193.2 | 1193.2 | — | — |
| | | 2001 | 433.5 | 433.5 | — | — |
| | | 2002 | 4070.7 | 4070.7 | — | — |
| | | 2003 | 4510 | 4510 | — | — |
| | | 2005 | 1000 | 1000 | — | — |
| | | 2006 | 1591 | 1591 | — | — |

资料来源:本表数据由重庆市万州区林业局提供。

## 二、退耕还林的水源涵养效益计量分析

### (一)主要退耕模式土壤的物理特性与蓄水性能

#### 1. 主要退耕模式土壤的物理特性

森林的水源涵养效益是森林生态系统的重要功能之一,水源涵养功能主要表现在对土壤物理结构的改善、对降水的再分配。因此,土壤的性质,特别是土壤的容重和空隙度状况直接影响土壤的通气性和透水性,是决定森林水源涵养功能的重要因素。一般来说,土壤的密度越小、孔隙度越大,说明土壤的发育良好,有利于水分的保持与渗透。退耕还林的林分类型不同,林地表层枯落物的现存量及其构成和树木根系的生长发育各异,造成了土壤物理性质的差异,不同模式退耕还林林地土壤性质存在较大的差异(见表5-7)。

表5-7 不同退耕还林模式森林土壤的物理特性

| 退耕模式 | 土壤容重(克/立方厘米) | 土壤毛管孔隙度(%) | 土壤非毛管孔隙度(%) | 土壤总孔隙度(%) | 孔隙比 |
|---|---|---|---|---|---|
| 杨树 | 1.32 | 42.3 | 2.5 | 44.8 | 0.81 |
| 柑橘 | 1.33 | 40.64 | 3.39 | 44.03 | 0.79 |
| 板栗 | 1.38 | 47.7 | 1.1 | 48.8 | 0.95 |

续表

| 退耕模式 | 土壤容重（克/立方厘米） | 土壤毛管孔隙度（%） | 土壤非毛管孔隙度（%） | 土壤总孔隙度（%） | 孔隙比 |
|---|---|---|---|---|---|
| 柏+香草 | 1.64 | 43.95 | 2.3 | 46.25 | 0.86 |
| 梨+桃 | 1.45 | 47.6 | 2.2 | 49.8 | 0.99 |
| 柏木 | 1.65 | 43.09 | 1.45 | 44.15 | 0.79 |
| 杜仲 | 1.41 | 47.6 | 3.2 | 50.8 | 1.03 |
| 香椿 | 1.41 | 44.48 | 3.05 | 47.53 | 0.91 |
| 直杆桉 | 1.47 | 42.9 | 1.8 | 44.7 | 0.81 |
| 竹子 | 1.25 | 44.66 | 6.12 | 50.78 | 1.03 |
| 农耕地 | 1.53 | 41.25 | 1.03 | 42.28 | 0.73 |

由表5-7可以看出，退耕还林后，退耕还林地土壤的容重平均为1.42克/立方厘米，比未退耕地减少7.0%。由此可以看出，坡耕地经退耕还林后，由于林草植被的增加、林分根系活动和枯落物分解等作用增强，使林地土壤结构得到了明显的改善。退耕后林地孔隙度明显大于未退耕地。不同退耕还林地总孔隙度变动范围在44.03%～50.80%，比未退耕地增加3.7%～18.0%。毛管孔隙度越大，土壤中有效水分的贮存容量越大，可供植物根系利用的有效水分的比例也随之增加，退耕还林后林地土壤毛管孔隙度平均变动范围为40.64%～47.70%，可见退耕还林后林地土壤的蓄水性能明显优越于未退耕地。退耕还林后林地土壤孔隙比的变化范围为0.79～1.03，分别比退耕地（孔隙比为0.73）增加8.2%～41.1%，表明退耕还林后土壤透水性、通气性和持水能力比较协调，既有利于林分生长发育，又有较好的涵养水源功能。

2. 主要退耕模式土壤的蓄水性能

退耕还林的林地土壤是水分贮蓄的主要场所，土壤蓄水能力是评价退耕还林涵养水源效能的一个重要指标，土壤水分贮蓄量和贮蓄方式受其物理性质影响很大。土壤总贮水量是毛管孔隙与非毛管孔隙水分贮蓄量之和，反映了土壤贮蓄和调节水分的潜在能力，是土壤涵蓄潜力的最大值，其中毛管水供植物根系吸收和林地蒸发，只做上下垂直运动，非毛管水通过重力作用在土壤中可做上下运动，也可横向渗透，沿不透水层由高到低来供应湖泊、河流，起着调节流量、稳定水位的功能，因此，通常把这部分水量叫涵养水源量。不同林分由于土壤物理性质差异明显,其土壤的持水和蓄水性能亦明显不同。

表 5-8 不同退耕还林模式森林土壤的蓄水性能

| 退耕模式 | 面积(公顷) | 土层厚度(米) | 最大持水量(%) | 毛管持水量(%) | 非毛管持水量(%) | 饱和含水量(%) | 毛/饱比值 | 土壤持水能力(立方米/公顷) |
|---|---|---|---|---|---|---|---|---|
| 杨树 | 977.54 | 0.25 | 50.98 | 32.05 | 1.89 | 33.94 | 0.94 | 62.5 |
| 柑橘 | 1048.46 | 0.8 | 56.05 | 30.56 | 2.55 | 33.11 | 0.92 | 271.2 |
| 板栗 | 1034.6 | 0.65 | 42.54 | 34.57 | 0.8 | 35.36 | 0.98 | 71.5 |
| 柏+香草 | 456.38 | 0.6 | 40.82 | 26.8 | 1.4 | 28.2 | 0.95 | 138 |
| 梨+桃 | 902.74 | 0.6 | 47.93 | 32.78 | 1.52 | 34.3 | 0.96 | 132 |
| 柏木 | 2731.66 | 0.4 | 30.89 | 28.34 | 0.88 | 28.6 | 0.98 | 16 |
| 杜仲 | 820.48 | 0.5 | 56.45 | 33.76 | 2.27 | 36.03 | 0.94 | 160 |
| 香椿 | 947.59 | 0.8 | 53.18 | 31.55 | 2.16 | 33.71 | 0.94 | 244 |
| 直杆桉 | 931.66 | 0.5 | 41.43 | 29.18 | 1.22 | 30.41 | 0.96 | 90 |
| 竹子 | 1623.8 | 0.5 | 84.69 | 35.73 | 4.9 | 40.62 | 0.88 | 306 |
| 农耕地 | — | 0.6 | 33.69 | 29.96 | 0.67 | 27.63 | 0.98 | 61.8 |

由上表 5-8 可以看出,退耕还林后林地土壤的平均持水能力为 153.3 立方米/公顷,是未退耕地持水能力(61.80 立方米/公顷)的 2.48 倍;经退耕还林后,坡地土壤的饱和含水量与未退耕地相比呈明显增加趋势。非毛管持水量作为森林土壤涵养水源能力的重要指标,不同退耕还林模式之间的差别较大,其中最大的是竹林地,其次为柑橘林地。退耕还林地土壤的非毛管持水量(变化范围为 0.8%~4.9%)均高于未退耕地(0.67%),毛管持水量与饱和持水量的比值(简称毛/饱比值)是衡量土壤水分供应的重要指标,退耕还林地与未退耕地的土壤毛/饱值变动为 0.88~0.98,说明退耕还林前后它们的供水性能差别不大。

(二)退耕还林水源涵养效益的实物计量分析

1. 退耕还林森林拦蓄降水效益的实物计量

根据万州区野外调查和室内分析数据(表 5-7 和表 5-8),由第二节的计量模型式(5-1),可得出万州区主要造林模式退耕还林年拦截降水的量为 1703211.87 吨/年,即:

$$R = \sum_{i=1}^{n} (K_i \times L_i \times S_i \times 1000) = 1703211.87 \text{ 吨}$$

2. 退耕还林森林增加地表有效水量的实物计量

由于无林地也具有一定的贮水能力,因此退耕还林森林真正增加地表有效水的量等于它与无林地相比多贮水的量。以土壤调查数据为依据,由第二节森林增加地表有效水计量模型式(5-2),计算得到万州区退耕还林工程每年增加地表有效水的量为1073900.49吨/年,即:

$$T = \sum_{i=1}^{n} [(K_i - K_{i0}) \times L_i \times S_i \times 1000] = 1073900.49 \text{ 吨}$$

3. 退耕还林森林净化水质的实物计量

根据前人研究可知,自然降水经森林拦截、土壤渗透等作用后可以达到生活用水的标准,因此,森林净化水质的量就是森林拦截降雨的量,即森林净化水质的量为1703211.87吨/年。

综上所述,万州区退耕还林工程每年涵养水源的总量为4480324.23吨,其中拦截降水的总量为1703211.87吨/年,增加地表有效水的量为1073900.49吨/年,净化水质的量为1703211.87吨/年,万州区不同退耕还林模式的水源涵养效益量见表5-9。

**表5-9 主要退耕还林模式水源涵养效益**

| 退耕模式 | 面积(公顷) | 土层厚度(米) | 土壤非毛管孔隙度(%) | 拦截的降雨量(吨/年) | 增加的地表有效水量(吨/年) | 净化水质的量(吨/年) |
|---|---|---|---|---|---|---|
| 杨树 | 977.54 | 0.25 | 2.5 | 61096.26 | 35924.59 | 61096.26 |
| 柑橘 | 1048.46 | 0.8 | 3.39 | 284342.35 | 197949.25 | 284342.35 |
| 板栗 | 1034.6 | 0.65 | 1.1 | 73973.9 | 4707.42 | 73973.9 |
| 柏+香草 | 456.38 | 0.6 | 2.3 | 62980.44 | 34776.16 | 62980.44 |
| 梨+桃 | 902.74 | 0.6 | 2.2 | 119161.68 | 63372.37 | 119161.68 |
| 柏木 | 2731.66 | 0.4 | 1.45 | 158436.28 | 45891.82 | 158436.28 |
| 杜仲 | 820.48 | 0.5 | 3.2 | 131276.8 | 89022.12 | 131276.8 |
| 香椿 | 947.59 | 0.8 | 3.05 | 231211.96 | 153130.5 | 231211.96 |
| 直杆桉 | 931.66 | 0.5 | 1.8 | 83849.4 | 35868.91 | 83849.4 |
| 竹子 | 1623.8 | 0.5 | 6.12 | 496882.8 | 413257.35 | 496882.8 |
| 合计 | — | — | — | 1703211.87 | 1073900.49 | 1703211.87 |

(三)退耕还林水源涵养效益的经济价值计量

1. 退耕还林林地蓄水效益的价值计量

通过上述水源涵养效益的计算可知万州区退耕还林后,每年退耕还林地土壤的蓄水量为1703211.87立方米,如果按照三峡工程的设计预算计算,每立方米库容造价约为1.28元,按照影子工程法,通过第二节的计量模型式(5-4),可求出万州区退耕还林工程每年由于林地蓄水带来的经济价值为:

$$V_1 = R_1 \times P_1$$

$$= 1703211.87 \times 1.28 = 218.01 \text{ 万元}$$

2. 退耕还林森林增加地表有效水效益的价值计量

据当地2003年水利主管部门提供信息可知,万州区每年供水总量大约为4.52亿立方米,其中生活用水的量为0.61亿立方米,占全县用水总量的13.5%;用于工业生产的水量为1.89亿立方米,占全县用水总量的42.0%;用于农业生产的水量为2.12亿立方米,占全县用水总量的46.5%。按照第二节的计量模型式(5-5),根据当地生活用水、工业用水和农业用水的实际价格分别1.83元/立方米、2.95元/立方米和0.065元/立方米计算,万州区退耕还林工程增加水资源的价值为:

$$V_2 = T \times (P_1 \times r_1 + P_2 \times r_2 + P_3 \times r_3)$$

$$= 1073900.49 \times (0.135 \times 1.83 + 0.4 \times 2.95 + 0.465 \times 0.065)$$

$$= 156.49 \text{ 万元}$$

3. 森林净化水质效益的价值计量

根据第二节的计量模型式(5-6),按照当地工业净化水的价格1.2元/吨计算,万州区退耕还林(草)工程每年净化水质的价值为:

$$V_3 = R_2 \times P_2$$

$$= 1703211.87 \times 1.2 = 204.38 \text{ 万元}$$

综上所述,万州区退耕还林工程主要造林模式水源涵养效益的总价值为:

$$V = V_1 + V_2 + V_3 = 218.01 + 156.49 + 204.38 = 578.88 \text{ 万元}$$

三、退耕还林的水土保持效益计量分析

(一)退耕还林主要退耕模式林地地表径流量与土壤侵蚀量

1. 退耕还林主要退耕模式林地地表径流量

地表径流是降雨经过林冠截留、地被物的拦蓄以及填洼、入渗、蒸发等过程后,到达地表形成的径流,它是土壤侵蚀和水土流失的主要驱动力。地表径流主要与两种因素有关,即降雨和下垫面,下垫面特征是由地形、土壤、地表覆盖等决定的。在相同立地条件下,同一场降雨下,地表径流主要受地表地被物的特性影响,不同植被类型其径流量大小差异较大。以2000—2006年径流量的监测数据的平均值计算,万州区主要退耕还林模式林地地表径流量见表5-10。

**表5-10 不同退耕还林模式林地地表径流量**

| 退耕模式 | 径流深(毫米) | 径流系数 | 径流量(立方米/公顷) | 与农耕地比较减少量(%) |
|---|---|---|---|---|
| 杨树 | 36.54 | 0.0295 | 365.46 | 77.5 |
| 柑橘 | 25.31 | 0.0194 | 253.2 | 84.43 |
| 板栗 | 24.33 | 0.0196 | 243.3 | 85.01 |
| 柏+香草 | 24.04 | 0.0196 | 240.35 | 85.22 |
| 梨+桃 | 29.71 | 0.0241 | 297.22 | 81.7 |
| 柏木 | 42.32 | 0.0294 | 423.11 | 73.97 |
| 杜仲 | 28.69 | 0.0316 | 286.9 | 82.33 |
| 香椿 | 45.58 | 0.0227 | 455.75 | 71.96 |
| 直杆桉 | 30.91 | 0.0251 | 309.07 | 80.97 |
| 竹子 | 31.16 | 0.0254 | 311.54 | 80.84 |
| 农耕地 | 162.48 | 0.132 | 1624.86 | — |

2. 退耕还林主要退耕模式林地的土壤侵蚀量

土壤的侵蚀模数是评价土壤侵蚀程度的重要指标。不同土地利用方式,由于其植被类型的不同,土壤的侵蚀模数存在较大的差异。以2000—2006年土壤侵蚀量的监测数据的平均值计算,万州区主要退耕还林模式林地土壤的年侵蚀模数见表5-11。

**表5-11 不同退耕还林模式林地土壤的年侵蚀模数**

| 退耕模式 | 面积(公顷) | 土壤年侵蚀模数(吨/平方千米) | 与农耕地比较减少量(万吨/年) |
|---|---|---|---|
| 杨树 | 977.54 | 286.41 | 1.64 |
| 柑橘 | 1048.46 | 140.08 | 1.91 |
| 板栗 | 1034.6 | 171.13 | 1.85 |
| 柏+香草 | 456.38 | 140.08 | 0.83 |
| 梨+桃 | 902.74 | 267.79 | 1.54 |
| 柏木 | 2731.66 | 297.11 | 4.51 |

续表

| 退耕模式 | 面积(公顷) | 土壤年侵蚀模数（吨/平方千米） | 与农耕地比较减少量(万吨/年) |
|---|---|---|---|
| 杜仲 | 820.48 | 108.32 | 1.52 |
| 香椿 | 947.59 | 352.62 | 1.53 |
| 直杆桉 | 931.66 | 240.02 | 1.63 |
| 竹子 | 1623.8 | 85.83 | 2.97 |
| 农耕地 | — | 1962.49 | — |

(二)退耕还林水土保持效益的实物计量分析

1. 退耕还林固土量的实物计量

退耕还林森林的固土量用退耕还林地和未退耕地土壤年侵蚀模数的对比研究数据计算,通过野外观测和定位监测,可知万州区主要退耕模式林地土壤的年侵蚀模数(见表5-11),通过第二节的计量模型式(5-7)可以计算出万州区退耕还林工程主要退耕还林模式每年固土量为200122.66吨(见表5-13),即:

$$Q = \sum_{i=1}^{n} [(D_{i0} - D_i) \times S_i \times \frac{1}{100}] = 200122.66 \text{ 吨}$$

2. 退耕还林防止泥沙淤积效益的实物计量

根据三峡库区土壤侵蚀量与入库泥沙量的研究,库区泥沙输移比为32%。通过第二节的计量模型式(5-8),计算出万州区退耕还林工程主要退耕模式每年减少河道泥沙淤积量为44717.82吨(见表5-13),即:

$$E = \sum_{i=1}^{n} \frac{Q_i}{G_i} \times d = 44717.82 \text{ 吨}$$

3. 退耕还林减少土壤肥力损失的实物计量

退耕还林森林土壤中含有植物所需要的各种养分和有机物质,由于水土流失造成土壤肥力的下降,土壤养分损失量的大小主要取决于土壤侵蚀模数、侵蚀面积和土壤中养分含量。据调查分析,万州区不同退耕还林模式林地土壤有机质和养分的含量见表5-12。

表5-12　不同退耕模式土壤有机质和养分含量

| 退耕模式 | 面积(公顷) | 有机质(%) | 全N(%) | 全P(%) | 全K(%) |
|---|---|---|---|---|---|
| 杨树 | 977.54 | 0.82 | 0.03 | 0.23 | 0.71 |
| 柑橘 | 1048.46 | 0.59 | 0.03 | 0.16 | 1.57 |

续表

| 退耕模式 | 面积(公顷) | 有机质(%) | 全N(%) | 全P(%) | 全K(%) |
|---|---|---|---|---|---|
| 板栗 | 1034.6 | 1.55 | 0.59 | 0.1 | 2.2 |
| 柏+香草 | 456.38 | 0.46 | 0.03 | 0.16 | 0.64 |
| 梨+桃 | 902.74 | 1.22 | 0.07 | 0.08 | 0.64 |
| 柏木 | 2731.66 | 0.75 | 0.05 | 0.06 | 2.56 |
| 杜仲 | 820.48 | 1.2 | 0.07 | 0.05 | 0.69 |
| 香椿 | 947.59 | 0.52 | 0.03 | 0.07 | 1.82 |
| 直杆桉 | 931.66 | 1.1 | 0.07 | 0.03 | 0.52 |
| 竹子 | 1623.8 | 1.33 | 0.08 | 0.1 | 0.6 |

由表5-12可以得出，退耕后林地土壤有机质和全N、全P、全K的平均含量分别为1.20%、0.062%、0.89%、0.87%，通过第二节的计量模型式(5-9)，计算得万州区退耕还林工程主要退耕模式每年减少土壤有机质、全N、全P、全K的损失量分别为2487.76吨、127.95吨、190.13吨、3715.71吨(见表5-13)。

**表5-13　万州区主要退耕还林模式水土保持效益实物计量结果**

| 退耕模式 | 固土量(吨/年) | 防止泥沙淤积量(吨/年) | 减少土壤肥力损失的量(吨/年) | | | |
|---|---|---|---|---|---|---|
| | | | 有机质 | 全N | 全P | 全K |
| 杨树 | 16384.35 | 3971.97 | 134.35 | 4.91 | 37.69 | 116.33 |
| 柑橘 | 19107.24 | 4597.24 | 112.73 | 5.73 | 30.58 | 299.98 |
| 板栗 | 18533.41 | 4297.61 | 287.28 | 16.67 | 18.55 | 407.74 |
| 柏+香草 | 8317.11 | 1622.84 | 38.26 | 2.49 | 13.3 | 53.23 |
| 梨+桃 | 15298.76 | 3376.28 | 186.62 | 10.72 | 12.26 | 97.9 |
| 柏木 | 45492.79 | 8822.92 | 341.12 | 22.73 | 27.24 | 1164.6 |
| 杜仲 | 15213.12 | 3452.64 | 372.76 | 18.26 | 10.68 | 526.37 |
| 香椿 | 15254.94 | 3462.09 | 79.36 | 4.59 | 10.7 | 277.69 |
| 直杆桉 | 16047.61 | 3493.26 | 176.55 | 11.18 | 4.89 | 83.38 |
| 竹子 | 30473.33 | 7800.97 | 758.73 | 30.67 | 24.24 | 688.49 |
| 合计 | 200122.66 | 44717.82 | 2487.76 | 127.95 | 190.13 | 3715.71 |

(三)退耕还林水土保持效益的经济价值计量分析

1. 退耕还林固土效益的价值计量

通过以上分析可知万州区退耕还林工程主要造林模式每年固土量为200122.66 吨,采用影子工程法,按照全国林地生产的年平均受益 421.57 元/公顷计算,根据第二节计量模型式(5-10)可计算得到,万州区退耕还林工程主要造林模式每年固土效益的价值为 13.66 万元,即:

$$V_1 = \sum_{i=1}^{n} \frac{Q_i}{(G_i \times L_i)} \times \frac{1}{10000} \times Y_i = 13.66 \text{ 万元}$$

2. 退耕还林防止河道泥沙淤积效益的价值计量

以上述计量结果为基础,采用恢复费用法,根据当地经济发展水平,开挖河流泥沙的单价为 10 元/吨。通过第二节计量模型式(5-11)计算得到,万州区退耕还林工程主要造林模式每年防止泥沙淤积效益的价值为 44.71 万元,即:

$$V_2 = E \times P = 44.71 \text{ 万元}$$

3. 退耕还林保肥效益的价值计量

根据不同退耕类型林地土壤有机质、养分含量和工程每年固土量的计量结果,采用市场价格法,将土壤中的纯 N(N)、P($P_2O_5$)、K($K_2O_4$)折算成化肥的比例尿素、磷酸二铵、硫酸钾,按照当地化肥销售价格:尿素 1440 元/吨、磷肥(磷酸二铵)1850 元/吨、钾肥(硫酸钾)1750 元/吨、农家肥 25 元/吨,通过第二节计量模型式(5-12)计算得到,万州区退耕还林工程主要造林模式每年保肥效益的经济价值为 1426.71 万元(见表 5-14)。

**表 5-14 主要退耕还林模式土壤肥力保持效益价值计算**

| 流失养分 | 有机质 | 全 N | 全 P | 全 K |
|---|---|---|---|---|
| 少流失养分数量(吨/年) | 2487.76 | 127.95 | 190.13 | 3715.71 |
| 肥料名称 | 农家肥 | 尿素<br>N(46%) | 磷肥<br>P(44%) | 钾肥<br>K(50%) |
| 肥料单价(元/吨) | 25 | 1440 | 1850 | 1750 |
| 折标准肥料价值(元/年) | 62194 | 400539.13 | 799410.23 | 13004985 |
| 土壤肥力保持价值(万元) | 1426.71 | | | |

综上所述,万州区退耕还林工程主要造林模式年水土保持效益价值由退耕还林固土效益、防止河道泥沙淤积效益、保肥效益三部分的价值量相加

为1485.08万元。

## 四、退耕还林的改良土壤效益计量分析

通过对退耕还林森林改良土壤效益的作用机理分析可知,森林对土壤的改良作用主要表现在两个方面:一是对土壤孔隙和颗粒大小等物理特性的改良;二是表现在增加土壤养分的作用方面。森林对土壤孔隙度等物理特性改良作用的效益,主要体现在土壤蓄水量增加,这在森林的水源涵养效益中已经计量,为了避免效益的重复计量,在此只对退耕还林森林增加土壤有机质和养分含量进行计量,森林增加土壤有机质和养分的主要途径是通过增加林地枯落物含量来实现。通过实地调查分析可得,万州区主要退耕还林模式林地枯落物的储量和养分含量见表5-15。

表5-15 不同退耕模式林地枯落物量和养分含量

| 退耕模式 | 枯落物的量(吨/公顷) | 枯落物中的养分含量(%) | | | |
|---|---|---|---|---|---|
| | | 有机质 | 全N | 全P | 全K |
| 杨树 | 2.93 | 47.24 | 1.41 | 0.11 | 0.51 |
| 板栗 | 1.57 | 46.96 | 1.14 | 0.1 | 0.42 |
| 柏+香草 | 2.26 | 59.72 | 2.47 | 0.14 | 0.31 |
| 梨+桃 | 4.56 | 50.47 | 1.27 | 0.09 | 0.21 |
| 柏木 | 0.67 | 48.28 | 0.77 | 0.06 | 0.43 |
| 杜仲 | 1.62 | 50.4 | 1.53 | 0.12 | 0.6 |
| 直杆桉 | 0.78 | 43.2 | 0.95 | 0.07 | 0.45 |
| 竹子 | 5.79 | 48.67 | 1.02 | 0.55 | 2.1 |

### 1. 退耕还林改良土壤效益的实物计量分析

根据表5-15的监测数据,通过计量模型式(5-13),可计量得出万州区主要退耕还林模式每年增加土壤有机质和养分量为14373.51吨,其中有机质13680.63吨、全N 346.36吨,全P 70.48吨、全K 276.04吨(见表5-16)。

表5-16 不同退耕模式枯落物中养分的含量

| 退耕模式 | 枯落物的量(吨/公顷) | 增加的土壤养分含量(吨) | | | |
|---|---|---|---|---|---|
| | | 有机质 | 全N | 全P | 全K |
| 杨树 | 2.93 | 3780.98 | 112.85 | 8.8 | 40.82 |
| 板栗 | 1.57 | 762.78 | 18.52 | 1.62 | 6.82 |

续表

| 退耕模式 | 枯落物的量（吨/公顷） | 增加的土壤养分含量（吨） | | | |
|---|---|---|---|---|---|
| | | 有机质 | 全N | 全P | 全K |
| 柏+香草 | 2.26 | 615.96 | 25.48 | 1.44 | 3.2 |
| 梨+桃 | 4.56 | 2077.59 | 52.28 | 3.7 | 8.64 |
| 柏木 | 0.67 | 883.62 | 14.09 | 1.1 | 7.87 |
| 杜仲 | 1.62 | 669.91 | 20.34 | 1.6 | 7.98 |
| 直杆桉 | 0.78 | 313.93 | 6.9 | 0.51 | 3.27 |
| 竹子 | 5.79 | 4575.86 | 95.9 | 51.71 | 197.44 |
| 合计 | 15.68 | 13680.63 | 346.36 | 70.48 | 276.04 |

2. 退耕还林的改良土壤效益的经济价值计量分析

根据表5-16计量结果，采用市场价格法，将枯落物中的有机质和土壤中的纯N(N)、P($P_2O_5$)、K($K_2O_4$)折算成农家肥和化肥的比例尿素、磷酸二铵、硫酸钾，按照当地化肥销售价格：尿素1440元/吨，磷肥（磷酸二铵）1850元/吨，钾肥（硫酸钾）1750元/吨、农家肥25元/吨，通过第二节计量模型式(5-14)，可计量出万州区主要退耕还林模式每年通过增加枯落物的量，补充林地养分的经济价值为268.97万元（见表5-17）。

**表5-17 不同退耕还林模式改良土壤效益价值计量**

| 退耕模式 | 面积（公顷） | 增加的土壤养分的价值（元） | | | |
|---|---|---|---|---|---|
| | | 农家肥 | 尿素N(46%) | 磷肥P(44%) | 钾肥K(50%) |
| 杨树 | 977.54 | 94524.5 | 353269.57 | 37000 | 142870 |
| 板栗 | 1034.6 | 19069.5 | 57975.65 | 6811.36 | 23870 |
| 柏+香草 | 456.38 | 15399 | 79763.48 | 6054.54 | 11200 |
| 梨+桃 | 902.74 | 51939.75 | 163659.13 | 15556.81 | 30240 |
| 柏木 | 2731.66 | 22090.5 | 44107.83 | 4625 | 27545 |
| 杜仲 | 820.48 | 16747.75 | 63673.04 | 6727.27 | 27930 |
| 直杆桉 | 931.66 | 7848.25 | 21600 | 2144.32 | 11445 |
| 竹子 | 1623.8 | 114396.5 | 300208.7 | 217417.05 | 691940 |
| 合计 | 9478.86 | 342015.75 | 1084258.4 | 296336.35 | 967040 |

## 五、退耕还林的固碳释氧效益计量分析

1. 固碳释氧效益的实物计量分析

根据万州区森林资源清查资料和三峡库区植被样地的调查中树干解析

资料,可获得柏木、板栗等主要用材林树种的生产力资料。

根据第二节计量模型式(5-15)可以计量得出几种主要退耕还林模式每年固定二氧化碳的量,对于经济林和灌丛生物量以及生产力资料,主要是在借鉴胡会峰等人研究成果基础上计算得出,即长江流域平均幼龄林的年固碳率为1.05吨/公顷,按森林每生产1吨干物质需固定1.63吨$CO_2$计量得出万州区主要退耕还林模式每年固定$CO_2$的总量为35508.92吨。同时,根据上述计量结果,按照第二节的计量模型式(5-16)可计算出,万州区主要退耕还林模式每年释放$O_2$的总量为26141.07吨(见表5-18)。

2. 固碳释氧效益的经济价值计量分析

根据上述退耕还林工程固碳释氧效益的实物计量结果,按照我国造林成本:每吨C为260.90元,每吨$O_2$为352.93元,分别通过第二节的计量模型式(5-17)和式(5-18)可得出万州区主要退耕还林模式每年固碳释氧效益的总价值为1848.98万元,其中固碳的价值为926.52万元/年,释放氧气的价值为922.46万元(见表5-18)。

**表5-18 万州区主要退耕还林模式固碳释氧效益计量结果**

| 退耕模式 | 面积(公顷) | 固定$CO_2$量(吨) | 释氧量(吨) | 释氧价值(万元) | 固定$CO_2$价值(万元) |
|---|---|---|---|---|---|
| 杨树 | 977.54 | 2957.65 | 2177.41 | 76.84 | 77.17 |
| 柑橘 | 1048.46 | 4034.01 | 2969.83 | 104.81 | 105.25 |
| 板栗 | 1034.6 | 4686.67 | 3450.32 | 121.76 | 122.27 |
| 柏+香草 | 456.38 | 1755.95 | 1292.72 | 45.62 | 45.81 |
| 梨+桃 | 902.74 | 3473.36 | 2557.07 | 90.26 | 90.6 |
| 柏木 | 2731.66 | 3207.71 | 2361.5 | 83.34 | 83.7 |
| 杜仲 | 820.48 | 3156.87 | 2324.06 | 82.04 | 82.33 |
| 香椿 | 947.59 | 3645.91 | 2684.05 | 94.77 | 95.15 |
| 直杆桉 | 931.66 | 2342.89 | 1724.74 | 60.79 | 61.02 |
| 竹子 | 1623.8 | 6247.9 | 4599.37 | 162.23 | 163.22 |
| 合计 | 11474.91 | 35508.92 | 26141.07 | 922.46 | 926.52 |

综上所述,由表5-18可以看出:万州区主要退耕还林类型每年固定二氧化碳的量为35508.92吨,每年释放氧气的量为26141.07吨,固碳释氧效益的总价值为1848.98万元。

## 六、万州区退耕还林生态效益总量与总价值的修正

### 1. 万州区退耕还林生态效益总量

通过上述以主要退耕还林模式生态效益量为依据，然后取主要退耕还林模式各生态指标监测值的平均值作为其他退耕还林模式的生态效益指标值，根据不同退耕还林模式面积分布和不同生态效益计量模型，计算得出其他类型退耕还林模式不同生态效益值，最后求出主要退耕模式生态效益值与其他退耕还林模式生态效益值之和，即为万州区工程的总生态效益。

由上述原理计算得出重庆市万州区 2003 年退耕还林工程年生态效益总量为 4807709.76 吨，总价值为 4181.91 万元。其中：水源涵养效益量为 4480324.23 吨，价值量为 578.88 万元；水土保持效益量为 251362.03 吨，价值量为 1485.08 万元；改良土壤效益量为 14373.51 吨，价值量为 268.97 万元；固碳释氧效益量为 61649.99 吨，价值量为 1848.98 万元（见表 5－19）。

**表 5－19　万州区 2003 年退耕还林工程生态效益总量**

| 目标层 | 指标层 | 实物量（吨） | 经济价值（万元） | 百分比（%） |
|---|---|---|---|---|
| 水源涵养效益 | 蓄水效益 | 1703211.87 | 218.01 | 5.21 |
| | 增加地表有效水 | 1073900.49 | 156.49 | 3.74 |
| | 净化水质效益 | 1703211.87 | 204.38 | 4.89 |
| 水土保持效益 | 固土效益 | 200122.66 | 13.66 | 0.33 |
| | 减少泥沙淤积效益 | 44717.82 | 44.71 | 1.07 |
| | 保肥效益 | 6521.55 | 1426.71 | 34.12 |
| 改良土壤效益 | 增加土壤养分 | 14373.51 | 268.97 | 6.43 |
| 固碳释氧效益 | 固定二氧化碳效益 | 35508.92 | 926.52 | 22.16 |
| | 释放氧气效益 | 26141.07 | 922.46 | 22.06 |
| 合计 | | 4807709.76 | 4181.91 | 100 |

### 2. 万州区退耕还林生态效益货币价值量的修正

由于退耕还林森林生态效益的计量评价存在两个极端的倾向，一种认为森林的生态效益不具有货币价值，另一种却将森林生态效益的货币价值夸大到天文数字的地步，也就是说这两种认识都缺乏一定的科学计量理论和原则，为此许多研究者提出了对货币计量的精度进行分析的思路。

到目前为止，对森林生态效益货币价值量的修正主要通过调整货币计

量的有关参数,有关参数调整方法的研究成果主要有环境产出系数法、恩格尔系数法、市场逼近系数法和选择模型法等方法。通过对以上几种参数调整方法分析和比较,本书采用恩格尔系数法进行支付愿意水平的调整,即先进行恩格尔系数的修正,再将其换算成社会经济发展阶段系数作为调整参数,对退耕还林生态效益的货币化结果进行调整。

恩格尔系数法是国内学者李金昌在《生态价值》一书中提出了发展阶段系数的概念,将人们对生态价值的认识和为此进行的支付意愿同社会经济发展水平联系起来,用皮尔生长模型来描述森林的生态价值;将表示人们生活水平的恩格尔系数换算成发展阶段系数,代表某发展阶段人们对森林生态价值的支付意愿水平,然后用发展阶段系数对计量评价的森林生态价值进行修正,得出作者认为是可以接受的生态价值。调整参数即发展阶段系数为:$I=\frac{L}{1+ae^{-bt}}$。式中:$I$ 指发展阶段系数;$L$ 指 $I$ 的最大值;$a$,$b$ 为常数;e 为自然对数的底数;$t$ 指时间。

由表达式可知,当 $t\to-\infty$ 时,$I=0$;当 $t\to+\infty$ 时,$I=L$;当对 $I$ 取时间的二阶导数,并令其等于0,则得曲线拐点为 $t=\text{In}a/b$,这时 $I=0.5L$,曲线拐点对称,$L$、$a$、$b$ 均等于1,可由皮尔生长模型得简化形式:$I=1/(1+e^{-t})$。

经过一定的处理,横轴 $T=1/En$ 表示经济发展水平,以恩格尔系数($En$)的倒数来表示,并令 $T=t+3$,纵轴 $I$ 表示支付意愿水平,因此,$1/En$ 和 $I$ 在平面直角坐标系里呈"$S$"形曲线,表明随着 $1/En$(经济发展水平)的增大,$I$(支付意愿水平)的取值也增长,$I$ 的取值范围为 0~1。

2003 年万州区城市居民年人均消费支出 5629 元,其中食品支出为 2166 元,城市居民的恩格尔系数为 38.4%;农村居民年人均消费支出为 1411 元,其中食品支出 771 元,农村居民的恩格尔系数为 54.6%。在全区 169.7147 万人中,城镇人口 43.9471 万人,占总人口的 25.9%,农村人口 125.7676 万人,占全区人口的 74.1%。以人口比例为权重计算出全区恩格尔系数的平均值为 50.40%。

由 $En=50.40\%$ 可推知 $t=1/En-3=-1.016$,代入方程 $I=1/(1+e^{-t})$,可计算出当前收入水平下人们的支付意愿系数 $I=0.25$。经修正后,万州区退耕还林生态效益的总价值为 1045.49 万元,各部分的价值如表 5-20 所示。

表 5－20　万州区退耕还林工程生态效益计量结果修正表

| 目标层 | 指标层 | 初始价值（万元） | 支付意愿系数 | 修正值（万元） | 综合生态效益总价值（万元） |
|---|---|---|---|---|---|
| 水源涵养效益 | 蓄水效益 | 218.01 | 0.25 | 54.5 | 1045.49 |
| | 增加地表有效水 | 156.49 | 0.25 | 39.12 | |
| | 净化水质效益 | 204.38 | 0.25 | 51.10 | |
| 水土保持效益 | 固土效益 | 13.66 | 0.25 | 3.42 | |
| | 减少泥沙淤积效益 | 44.71 | 0.25 | 11.18 | |
| | 保肥效益 | 1426.71 | 0.25 | 356.68 | |
| 改良土壤效益 | 增加土壤养分 | 268.97 | 0.25 | 67.24 | |
| 固碳释氧效益 | 固定二氧化碳效益 | 926.52 | 0.25 | 231.63 | |
| | 释放氧气效益 | 922.46 | 0.25 | 230.62 | |

根据表 5－20 可知，经过参数修正后万州区退耕还林工程每年涵养水源的价值为 144.72 万元，其中蓄水效益的价值为 54.50 万元，增加地表有效水的价值为 39.12 万元，净化水质价值为 51.10 万元；水土保持效益的价值为 371.28 万元，其中固土效益价值为 3.42 万元，减少泥沙淤积价值为 11.18 万元，减少土壤肥效损失（保肥效益）价值为 356.68 万元；改良土壤效益的价值为 67.24 万元；固碳释氧效益的价值为 462.25 万元，其中固碳效益的价值为 231.63 万元，释氧效益价值为 230.62 万元。万州区退耕还林年总生态效益价值 1045.49 万元，指标层各生态效益价值大小比较如图 5－1 所示。

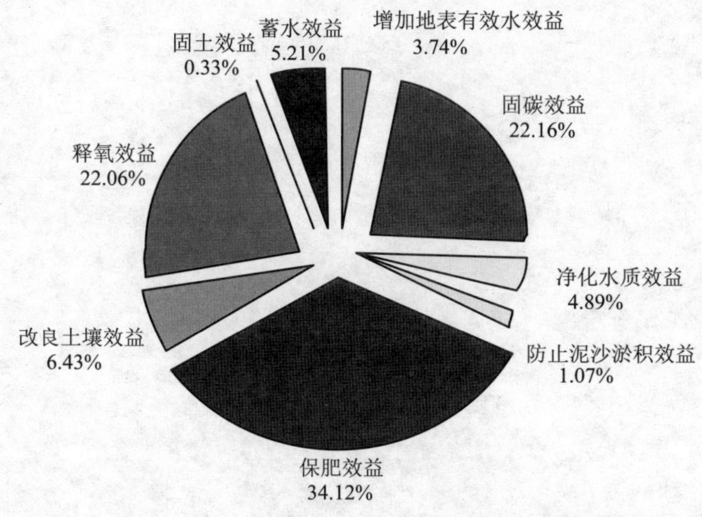


图 5－1　各项生态效益占总价值的比例

由图5-1可以看出，在万州区退耕还林9种生态效益中，所占比重大小依次是：保肥效益（34.12%）>固碳效益（22.16%）>释氧效益（22.06%）>改良土壤效益（6.43%）>蓄水效益（5.21%）>净化水质效益（4.89%）>增加地表有效水效益（3.74%）>防止泥沙淤积效益（1.07%）>固土效益（0.33%）。其中固碳释氧效益占总价值的44.22%，可见，万州区退耕还林工程生态系统的功能主要以固碳释氧效益为主，森林植被对维护地球表面碳氧平衡起着重要的作用，表明开展退耕还林工程极大地增加了万州区的森林覆盖率，正是森林植被的增加，使其固碳释氧效益日益明显。其次为水土保持效益和水源涵养效益，两者占总效益量的49.35%，说明开展退耕还林工程对三峡库区水土流失等环境问题具有积极的抑制作用，符合我国实施退耕还林工程的主要目的。

综上所述，万州区开展退耕还林工程建设，基本上实现了其退耕还林政策的生态目标，实现了良好的生态效益和经济价值。因此，本书认为，在三峡库区实施退耕还林政策是必要的，也是可行的。当前和今后的主要任务是如何巩固其前期的建设成果，因此，认真分析该区域退耕还林建设所面临的问题，积极探索巩固其成果的后续政策体系，是实现其退耕还林建设可持续发展的重要保障和实施路径。

# 第六章 CHAPTER 6 三峡库区退耕还林政策的社会经济效益评估

我国的退耕还林工程是一项复杂的综合性系统工程。其工程政策实施的预期目标是生态效益、社会效益与经济效益的统一,其中,生态效益是政策实施的首要目标。但由于我国的基本国情不同于发达国家,因此,要实现我国退耕还林政策的生态效益目标,就必须要以其社会经济效益目标的实现为前提和基础,确保广大的退耕农户不再复耕。基于此,对退耕还林政策的社会经济效益评估就显得尤为重要。而在社会效益与经济效益的评价中,两者有许多方面是重叠的,因此本章在前文研究的基础上,把社会效益和经济效益组合在一起,通过大量的实地调查和文献搜索,运用层次分析法和专家咨询法,对三峡库区的选定案例区——重庆市万州区的退耕还林政策的社会经济效益进行评估研究。

## 第一节　万州区退耕还林政策社会经济效益评估的框架与方法①

万州区退耕还林政策社会经济效益评价的基本思路与方法主要是在大量实地调查和参阅前人研究的基础上,对万州区退耕还林政策的评价框架和主要评价内容进行确定,构建其具体的评价指标体系和评价模型进行

① 本节的评价框架与方法主要参考和借鉴了崔海兴的《退耕还林工程社会影响评价理论与实证研究》(知识产权出版社 2009 年版,第 124～169 页),在此致谢!

评价。

## 一、退耕还林政策社会经济效益评价的框架与指标选择

### (一)退耕还林政策社会经济效益评价的内容框架

#### 1. 退耕还林政策社会经济效益评价的主要内容和视角

在对退耕还林工程进行的社会经济效益评价中,涉及的内容主要有生产力的提高、生产关系的改善、经济收入的变化、上层建筑的巩固、农民社会生活的变化等方面。其社会评价的角度涉及从农村农民的角度,从国家或政府的角度,从可持续发展的角度,从整个社会进步的角度等。

中国环境与发展国际合作委员会林草问题"生态建设工程中的监测评估体系"课题组(2002)的研究中强调对退耕还林政策评估进行定量分析、过程监控和预警分析的重要性,评估的主要内容包括工程执行监测、受益监测以及生态经济和社会影响监测三个部分。

中国国际工程咨询公司在退耕还林工程中期(2003)评估论文中指出,由于退耕还林工程才实施4年多,目前难以对工程的生态、经济和社会效益做出全面评价,本次评估只能通过个案对工程在生态、经济和社会等方面反映出来的初步效益进行简要评述。该论文从工程建设情况、政策落实情况、主要效果、存在问题、结论及建议方面进行了评价。

徐晋涛等在工程实施后对农民收入结构的影响进行了初步分析。邢小方等分析了退耕还林对农民收入和农村产业结构的影响。郭正模从定性角度分析了工程对山区土地利用的影响。于英等对天保工程和退耕还林工程中的社会经济影响进行了评价分析。周红等对贵州省退耕还林工程试点阶段的社会经济效益进行了初步评价。李瀚分析了退耕还林工程对土地利用状况的影响、对农业种植结构的影响、对农村经济结构的影响、对农村劳动者从业结构的影响。王永清等从划分合理的生态环境单元入手,对退耕还林等一系列生态工程项目效果进行了评价指标体系的研究,运用加权平均的方法,提出了综合评价指标值的计算模型。胡霞在对宁夏南部山区的实证研究中,分析了退耕还林还草政策实施后农村经济结构的变化。杨旭东以湖北省秭归县中坝村为例,分析了退耕还林工程生态、经济和社会效益。另有部分学者对退耕还林工程的社会经济影响进行了案例分析。近几年相关学科的硕士和博士毕业论文也开始关注这方面的研究。

2. 退耕还林政策社会经济效益评价的主要框架与思路

具体到退耕还林工程，不但涉及生产力、生产关系、经济基础、上层建筑等方面，而且涉及政治、经济、文化、社会生活、生态环境等具体领域。因此，社会影响评价的内容，从不同的角度可以划分出不同的评价内容，综合目前退耕还林政策社会经济效益评价的研究现状，归纳起来退耕还林政策的社会经济效益评价主要集中在社会结构、人口素质、社会安定、生活质量、社会进步和经济发展六个方面。

(1)社会结构方面，其具体内容和要素指标为农村就业结构变化、劳动力的节省与转移、农村产业结构变化、土地利用结构变化、农民耕作方式变化、社会关系变化、第三产业所占比重、对农村组织结构影响等。

(2)人口素质方面，其具体内容和要素指标为人均预期平均寿命、农村妇女素质提高、农民科技水平提高、农民观念转变、农民对国内外大事关注程度、农民参与集体活动情况、人口自然增长率。

(3)社会安定方面，其具体内容和要素指标为农村社会治安、农村社会保障、农村贫困人口、民族团结、城乡差距改善、社会关系变化等。

(4)生活质量方面，其具体内容和要素指标为恩格尔系数、农村人均居住面积、农民生活满意度、农村人均生活用电量、农村每千人拥有电话数、农民休闲时间、农村人均消费支出等。

(5)社会进步方面，其具体内容和要素指标为公示制度落实情况、行政效率(政府的态度与支持程度)、政策及时兑现情况(粮、款等)、基础设施建设(道路、农田水利、文教卫、通信)、民主制度建设(村民自治、村务公开)、社会公平(分配)、农民对退耕还林政策的满意度、农村妇女地位变化、扶贫、生产工具的改进等。

(6)经济发展方面，其具体内容和要素指标为地方 GDP、人均 GDP、农民人均纯收入、主要农作物总产量和单产、农民对经济收入的满意度、收入来源的变化、农民收入变化、农村人均纯收入、促进地方经济发展、农村后续产业发展、生产工具的改进、社会劳动生产率等。

根据万州区的社会经济实际情况和综合其他退耕还林政策社会经济效益评价的研究状况，本书对万州区退耕还林政策社会经济效益的评价主要集中在社会结构、人口素质、生活质量、社会进步和经济发展 5 个方面，其评价的主要框架和思路如图 6－1 所示。

基于图 6－1 的结构，万州区退耕还林政策的社会经济效益评价在目标层上为社会经济效益，变量层为社会结构、人口素质、生活质量、社会进步和经济发展 5 个方面。每个变量层中由若干要素指标构成，在对若干要素指标定量分析和技术处理的基础上，形成合成指标，在合成指标的基础上，对其退耕还林政策的社会经济效益进行综合评价。

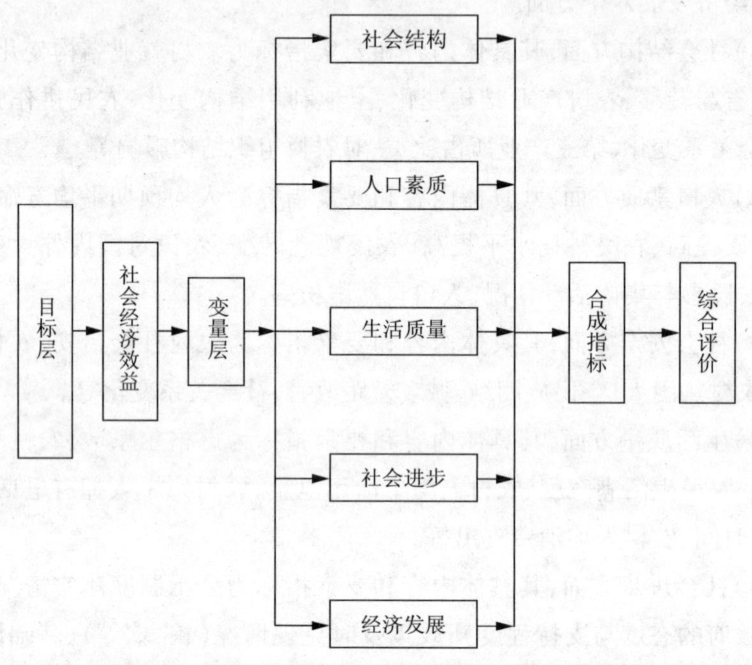


**图 6－1 万州区退耕还林政策社会经济效益评价结构**

（二）退耕还林政策社会经济效益评价的指标选择

1. 退耕还林政策社会经济效益评价的指标集

在参考相关林业项目社会影响评价采用的指标、相关公共项目社会影响评价采用的指标和我国“六五”计划（1981—1985 年）以来诸多社会经济发展的评价指标的基础上，结合万州区实地调研所获得的相关指标，针对出现频次较高的指标进行筛选，形成退耕还林政策社会经济效益评价的指标集（见表 6－1）。

**表6-1　选择的指标集**

| 序号 | 具体指标 | 序号 | 具体指标 |
|---|---|---|---|
| 1 | 三大产业产值比 | 28 | 每千人拥有医生数 |
| 2 | 农林牧渔业产值比 | 29 | 成人识字率 |
| 4 | 第三产业产值占 GDP 比重 | 30 | 儿童入学率 |
| 5 | 农林牧渔业劳动力占农村劳动力比 | 31 | 农民参加科技培训情况 |
| 6 | 农业人口比重 | 32 | 农民平均受教育年限 |
| 7 | 非农业人口比重 | 33 | 人均住房面积 |
| 8 | 第三产业从业人口比重 | 34 | 人均道路面积 |
| 9 | 农村干群及邻里关系 | 35 | 森林覆盖率 |
| 10 | 农村第三产业劳动力占农村劳动力比 | 36 | 农民对生活的满意度 |
| 11 | 农村城镇人口占农村总人口比重 | 37 | 农户耐用消费品拥有率 |
| 12 | 地方 GDP | 38 | 社会消费品零售总额 |
| 13 | 地方 GDP 增长率 | 39 | 农村人均年生活用电量 |
| 14 | 地方人均 GDP | 40 | 农村电话普及率 |
| 15 | 农民人均纯收入 | 41 | 农民闲暇时间变化 |
| 16 | 农民对收入的满意度 | 42 | 农民文教娱乐消费支出比重 |
| 17 | 农民主要收入来源变化 | 43 | 农民社会安全感 |
| 18 | 人均耕地面积 | 44 | 农村贫困人口比重 |
| 19 | 林地面积 | 45 | 农民社会治安满意度 |
| 20 | 主要农作物单产 | 46 | 村民自治率 |
| 21 | 种植业结构 | 47 | 农村妇女收入占家庭收入比重 |
| 22 | 生态环保观念 | 48 | 农民社会活动参与程度 |
| 23 | 民主法制观念 | 49 | 基础设施改善情况 |
| 24 | 社会参与意识 | 50 | 政府间利益关系 |
| 25 | 农民市场观念 | 51 | 政府与退耕农户间利益关系 |
| 26 | 人口自然增长率 | 52 | 农村基层组织数量 |
| 27 | 农村人均预期寿命 | 53 | 城镇化水平 |

续表

| 序号 | 具体指标 | 序号 | 具体指标 |
|---|---|---|---|
| 54 | 外出务工劳动力占农村劳动力比重 | 63 | 农村用电量 |
| 55 | 农村妇女劳动强度变化 | 64 | 农民可支配时间 |
| 56 | 政府对“三农”问题的重视程度 | 65 | 农村住户总收支 |
| 57 | 教育等费用支出占地方总支出比重 | 66 | 基尼系数 |
| 58 | 第三产业产值增长率 | 67 | 农村社会秩序变化 |
| 59 | 科技进步贡献率 | 68 | 农民对国内外大事关心程度 |
| 60 | 土地利用结构 | 69 | 农村居民养老保险覆盖率 |
| 61 | 地方财政收支 | 70 | 农村医疗保险覆盖率 |
| 62 | 农村恩格尔系数 | 71 | 民族关系 |

2. 指标归类与专家筛选指标

在退耕还林政策社会经济效益评价指标集选择确定的基础上，采用专家评分法来筛选退耕还林工程社会影响评价指标。专家评分法是由同行专家对指标作定量评价（评分或排序），通过计算比较，从中选择具有共识的、评价较高的指标。

首先，对表6－1中的指标集进行归类，按照前文的评价框架和归纳法的原理把指标集中预选的71个具体（单项）指标按社会结构、人口素质、生活质量、社会进步、经济发展这五类进行归纳分组（见表6－2）。

**表6－2 指标归类情况**

| 归类类型 | 具体指标 |
|---|---|
| 社会结构 | 农林牧渔业劳动力占农村劳动力比重，第三产业从业人口比重，三大产业产值比，农林牧渔业产值比，第三产业产值占GDP比重，农村第三产业劳动力占农村劳动力比重，政府间利益关系，政府与退耕农户间利益关系，农村城镇人口占农村总人口比重，农村基层组织数量，农村干群及邻里关系，民族关系，城镇化水平，外出务工劳动力占农村劳动力比重 |
| 人口素质 | 生态环保观念，民主法制观念，农民市场观念，社会参与意识，农业人口比重，非农业人口比重，人口自然增长率，农村人均预期寿命，每千人拥有医生数，成人识字率，儿童入学率，农民参加科技培训情况，农民平均受教育年限，教育等费用支出占地方总支出比重 |
| 生活质量 | 人均住房面积，人均道路面积，森林覆盖率，农民对生活的满意度，农户耐用消费品拥有率，社会消费品零售总额，农村恩格尔系数，农村用电量，农村电话普及率，农村人均年生活用电量，农民可支配时间，农民文教娱乐消费支出比重，农村住户总收支，农民闲暇时间变化 |

续表

| 归类类型 | 具体指标 |
| --- | --- |
| 社会进步 | 农民社会安全感,农民社会治安满意度,农村贫困人口比重,农民社会活动参与程度,农村妇女收入占家庭收入比重,基础设施改善情况,农民关心国内外大事程度,农村社会秩序变化,农村居民养老保险覆盖率,农村医疗保险覆盖率,基尼系数,村民自治率,农村妇女劳动强度变化,政府对"三农"问题的重视程度 |
| 经济发展 | 农民人均纯收入,农民主要收入来源变化,农民对收入的满意度,地方 GDP,地方 GDP 增长率,地方人均 GDP,第三产业产值增长率,科技进步贡献率,人均耕地面积,林地面积,主要农作物单产,种植业结构,土地利用结构,地方财政收支 |

其次是对指标的经验判断。将表 6－2 中五类分组的具体指标采用专家咨询评定的方法对指标集进行经验判断。具体做法是:把五类分组指标设计成调查表,发放给咨询专家,请他们对每组中的指标以 1,2,3,4……的顺序分别进行排序,以 1 表示最重要,2 表示次之……依此类推。在收回的调查表中,在每个分组内,对咨询专家的判断进行汇总,计算出每个指标的平均分值,然后根据每个指标的分值,在每组内按重要程度由大到小来进行排序。

最后,根据指标选取原则,在排序的基础上,通过经验分析,从中选择出 30 个主要具体指标作为使用指标(见表 6－3),至此,指标的选择工作基本完成,为指标体系的构建提供了坚实的指标支持。

**表 6－3　专家筛选后确立的指标**

| 分组指标 | 选择确立的最终具体指标 |
| --- | --- |
| 社会结构 | 农林牧渔业劳动力占农村劳动力比重,三大产业产值比,农林牧渔业产值比,农村干群及邻里关系,政府与退耕农户间利益关系,农村第三产业劳动力占农村劳动力比重 |
| 人口素质 | 农民市场观念,生态环保观念,民主法制观念,农民参加科技培训情况,农业人口比重,非农业人口比重 |
| 生活质量 | 农村恩格尔系数,森林覆盖率,农民对生活的满意度,农户耐用消费品拥有率,农民可支配时间,农民文教娱乐支出比重 |
| 社会进步 | 农民社会活动参与程度,农民社会治安满意度,农民社会安全感,农民关心国内外大事程度,农村妇女劳动强度变化,农村妇女收入占家庭收入比重 |
| 经济发展 | 农民人均纯收入,农民对收入的满意度,地方 GDP 增长率,地方人均 GDP,主要农作物单产变化,种植业结构 |

## 二、退耕还林政策社会经济效益综合评价体系构建

退耕还林综合评价体系的构建,其实质就是在确立的基本评价原则和目标的基础上,通过建立一套科学合理的指标评价体系和综合评价模型,对退耕还林政策的社会经济效益做出定量化的描述和分析,最终得出一个科学合理的研究结论,为退耕还林后续政策的制定提供一个强有力的理论和实践依据。

### (一)退耕还林政策社会经济效益评价指标体系构建

指标是反映社会现象某一方面情况的绝对数、相对数或平均数。指标体系是由一系列指标所构成的有机整体,它能够根据研究对象和研究目的,综合反映出研究对象的各方面情况。指标体系是项目评价的载体,任何项目的评价,都需要借助一定数量的指标并建立指标体系来衡量。作为林业投资项目之一的退耕还林工程,其社会效益评价同样需要一定数量的指标和建立相应的指标体系。退耕还林工程社会效益评价实际上就是利用具体的指标对工程所产生的社会贡献和影响进行具体化、层次化的描述分析和评价分析。如果没有相应的指标体系,评价就容易成为一个空洞的概念和形式,因此,构建退耕还林工程社会经济效益评价指标体系,不仅是理论研究的需要,也是客观现实的需要。通过构建退耕还林工程社会经济效益评价指标体系,为建立综合评价模型和进行实证分析评价提供支持。

1. 评价指标体系构建的框架

科学的指标体系应依据不同研究目的的要求和研究对象所具有的特征加以科学分类和有机组合。本书的目的是科学构建社会经济效益评价指标体系,建立综合评价模型,实证评价工程的社会影响,进而提出政策建议,为工程的良性运行和协调发展提供参考。退耕还林工程社会经济效益评价的特点是宏观性、多目标性、人文性、间接性、难量化、多层次性和非价值性等。可见,其社会经济效益评价并不是一个或少数几个指标所能反映和涵盖的,只有把众多指标结合起来作为一个有机整体、组成一个指标体系,才能进行科学、全面的评价。为此,退耕还林工程社会经济效益评价指标体系框架的构建,应从可持续发展角度出发,运用系统论的观点和系统分析的方法,立足客观现实,尊重科学规律,力求全面概括和充分体现退耕还林工程的社会贡献与影响;在指标选择上,绝对指标与相对指标、总量指标与人均指标、存

量指标与流量指标、主观指标与客观指标相互兼顾;在科学、全面、合理的前提下,力求实际应用过程中方便、简洁、可行。

基于上述思路和指导思想,在充分参考目前林业工程项目和其他社会项目评价指标体系构建的基础上,结合万州区退耕还林和社会经济发展的实际情况,建立起该区域退耕还林政策社会经济效益的评价指标体系框架。根据前文的评价框架思路,万州区退耕还林政策社会经济效益指标评价体系在层级上从高到低由 4 层指标构成:综合指标(目标层)、变量指标(变量层)、合成指标(归类层)、要素指标或单项指标(要素层)。

第一层,综合指标(目标层),即"退耕还林工程社会经济效益评价指标",反映退耕还林工程的实施对社会各因素总的贡献与影响情况。

第二层,变量指标(变量层),反映退耕还林工程的实施对社会相关领域的贡献与影响程度。根据社会学和发展社会学理论知识,参考全面建设小康社会指标体系、可持续发展评价指标体系等指标体系构建依据,主要从社会结构、人口素质、生活质量、社会进步和经济发展五个领域来设计。

第三层,合成指标(归类层),由几个单项指标组合而成,反映退耕还林工程的实施对社会某一方面如产业结构、就业结构、社会安全等的影响情况。合成指标一方面是分领域指标的进一步具体化,另一方面又是相关要素(单项)指标的合成,包括一个或几个要素(单项)指标。

第四层,要素指标或称单项指标(要素层),反映退耕还林工程的实施对某一具体社会因子如第三产业劳动力占总劳动力比例、森林覆盖率、人均 GDP、每千人拥有的医生数等的影响情况。

上述四级指标结合在一起,构成了万州区退耕还林政策社会经济效益评价的指标体系框架(见图 6-2)。

2. 社会经济效益评价指标体系的确立

为了更好地评价退耕还林工程的社会经济效益,以便提出针对性的政策建议,根据指标体系的构建原则和指标体系设计的基本思路,在指标体系框架结构下,对变量层的指标进行合成归类,在此基础上,形成最终使用指标评价体系。

首先,对专家筛选的 5 个变量层领域的具体指标进行归类。在社会结构分组内,把专家筛选的 8 个具体指标分别归类为产业结构、就业结构和利益

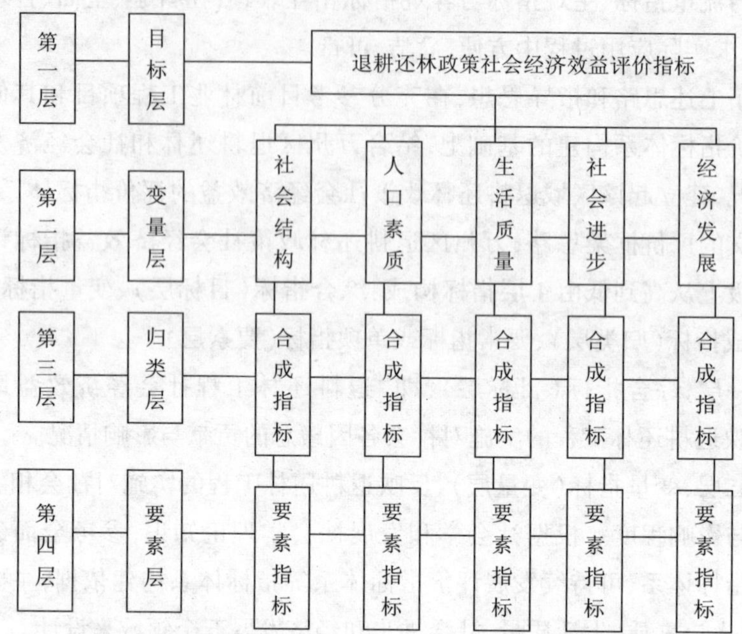


**图 6-2 退耕还林工程社会影响评价指标体系框架结构**

关系 3 个合成指标；在人口素质分组内，把专家筛选的 8 个具体指标分别归类为农民思想观念、农业及非农业人口和农民身心素质 3 个合成指标；在生活质量分组内，把专家筛选的 8 个具体指标分别归类为农民生活水平、农民消费水平和农民娱乐水平 3 个合成指标；在社会进步分组内，把专家筛选的 8 个具体指标分别归类为农村社会秩序、农民社会地位和农村妇女地位 3 个合成指标；在经济发展分组内，把专家筛选的 8 个具体指标分别归类为地方经济发展、农民经济收入和农村土地利用 3 个合成指标（见表 6-4）。

**表 6-4 退耕还林政策社会经济效益评价（归类）合成指标体系**

| 综合指标 | 变量指标 | 合成指标 | 要素指标 |
|---|---|---|---|
| 退耕还林政策社会经济效益评价指标 | 社会结构 | 产业结构 | 三大产业产值比，第三产业产值占 GDP 比重，农林牧渔业产值比 |
| | | 就业结构 | 农林牧渔业劳动力占农村劳动力比重，农村第三产业劳动力占农村劳动力比重，外出务工劳动力占农村劳动力比重 |
| | | 利益关系 | 农村干群及邻里关系，政府与退耕农户间利益关系 |

续表

<table>
<tr><th>综合指标</th><th>变量指标</th><th>合成指标</th><th>要素指标</th></tr>
<tr><td rowspan="15">退耕还林政策社会经济效益评价指标</td><td rowspan="3">人口素质</td><td>农民思想观念</td><td>农民市场观念,生态环保观念,民主法制观念</td></tr>
<tr><td>农业与人口</td><td>农业人口比重,非农业人口比重</td></tr>
<tr><td>农民身心素质</td><td>农民平均受教育年限,农村人均预期寿命,参加科技培训情况</td></tr>
<tr><td rowspan="3">生活质量</td><td>农民生活水平</td><td>农民对生活的满意度,农村住户总收支</td></tr>
<tr><td>农民消费水平</td><td>农村恩格尔系数,农村耐用消费品拥有率,社会消费品零售总额</td></tr>
<tr><td>农民娱乐水平</td><td>农民可支配时间,农民文教娱乐支出比重</td></tr>
<tr><td rowspan="3">社会进步</td><td>农村社会秩序</td><td>农村社会秩序变化,农民社会治安满意度,农民社会安全感</td></tr>
<tr><td>农民社会地位</td><td>农民社会活动参与程度,农民关心国内外大事程度,政府对“三农”问题的重视程度</td></tr>
<tr><td>农村妇女地位</td><td>农村妇女收入占家庭收入比重,农村妇女劳动强度变化</td></tr>
<tr><td rowspan="3">经济发展</td><td>地方经济发展</td><td>地方 GDP 增长率,地方人均 GDP</td></tr>
<tr><td>农民经济收入</td><td>农民人均纯收入,农户主要收入来源变化,农民对收入满意度</td></tr>
<tr><td>农村土地利用</td><td>主要农作物单产,种植业结构,土地利用结构</td></tr>
</table>

其次,在表 6-4 归类合成指标基础上,根据综合性、现实性、针对性、可操作性、相对独立性和通用性等原则,从定量分析角度建立起实证分析的社会经济效益指数指标评价体系。该指标体系是包括 1 个总指标、5 个分领域指标、15 个具体指标的 3 层指标体系,为了便于建立综合评价模型和易于计算,减少了合成指标这一层次。在社会结构领域选取第三产业产值占 GDP 比重、农村非农业劳动力占农村劳动力比重、农村干群关系改善程度 3 个具体指标,在人口素质领域选取农民市场观念、非农业人口占总人口比重、农民平均受教育年限 3 个具体指标,在生活质量领域选取农民对生活满意度、农村恩格尔系数、农民文教娱乐支出比重 3 个具体指标,在社会进步领域选取农民社会治安满意度、农民社会活动参与程度、农村妇女收入占家庭收入比重 3 个具体指标,在经济发展领域选取地方人均 GDP、农民人均纯收入、主要农作物单产 3 个具体指标(见表 6-5)。

**表6-5 退耕还林政策社会经济效益指数评价指标体系**

| 综合指标 | 变量指标 | 要素指标 |
| --- | --- | --- |
| 退耕还林政策社会经济效益综合评价指标 | 社会结构 | 第三产业产值占GDP比重 |
| | | 农村非农业劳动力占农村劳动力比重 |
| | | 农村干群关系改善程度 |
| | 人口素质 | 农民市场观念 |
| | | 非农业人口占总人口比重 |
| | | 农民平均受教育年限 |
| | 生活质量 | 农民对生活满意度 |
| | | 农村恩格尔系数 |
| | | 农民文教娱乐支出比重 |
| | 社会进步 | 农民社会治安满意度 |
| | | 农民社会活动参与程度 |
| | | 农村妇女收入占家庭收入比重 |
| | 经济发展 | 地方人均GDP |
| | | 农民人均纯收入 |
| | | 主要农作物单产 |

(二)退耕还林政策社会经济效益评价模型构建

表6-5构建的退耕还林政策社会经济效益指数评价指标体系是综合评价的前提和基础。在此基础上,进行综合评价还需要各评价指标的权重确定、指标的去量纲即标准化处理,以及指数合成方法的选择即综合评价模型的建立等技术工作。根据退耕还林工程政策社会经济效益评价的特点和本区域的实际情况,在方法上利用层次分析法和专家咨询法相结合来确定指数评价指标体系中各项指标的权重,采用直线型方法对指标进行去量纲(标准化)处理,利用线性加权和函数法建立综合评价模型。

1. 评价指标数据的标准化和技术处理

构建退耕还林政策社会经济效益指数评价指标体系的主要目的,就是从不同侧面选取指标来全面反映工程的社会经济影响状况,以对退耕还林工程的社会经济效益进行综合评价。由于社会经济影响的复杂性,评价指标体系中的各个指标的内涵、表现形式各不相同,各指标之间量纲往往很难统一,差异巨大,不能直接综合在一起,以免严重影响对工程的整体评价。

因此,需要根据退耕还林工程社会经济影响的具体情况来选取合适的标准化(无量纲化)公式,以便不同的指标能够综合起来建立较为客观的评价函数即综合评价模型。评价指标数据的标准化处理,是通过数学变化来消除原始变量(指标)量纲影响的方法,是指标综合的前提。从理论上来说,标准化方法可以有多种,概括起来可以分为直线型方法、折线型方法和曲线型方法三大类,本书根据实际情况,决定采用直线型方法。同时,在所有指标中,既有定性指标,又有定量指标和其他类型的指标,因此,不同类型指标的标准化处理的具体公式,应视其具体类型确定。

首先,对于定量指标,采用比率计算法(直线增长率法)进行量化。具体公式为:

$$Y_i = (X_i - X_i')/X_i' \tag{6-1}$$

式中:$Y_i$ 表示定量指标标准值,$X_i$ 表示退耕后的指标值,$X_i'$表示退耕前的指标值。

其次,定性指标的标准化处理。在综合评价时,会遇到一些定性指标,定性指标的信息不利用很可惜,直接利用又有困难,通常希望能给以量化,使量化后的指标数值能与其他定量指标一起使用。定性指标中有两类:名义指标和顺序指标。名义指标实际上是一种分类的表示,只能有代码,无法真正量化。顺序指标是可以量化的,比如专家排出的名次或确定的某一评价等级等。对于这类定性指标,也需要对评判结果做出无量纲处理,以便与其他指标的评价值一起使用。本研究中对这类指标拟采用先进行赋值,然后计算平均数或中位数的方法进行量化。

最后,对于逆指标和适度指标等其他类型的指标,通常采用的办法是先把它们转化成正指标,然后再进行标准化处理。同时,对于在构建的指标体系中,有些指标的数据可能会很全,有些指标的数据可能会不全,有些指标因收集不到具体的数据可能不能用。在具体评价中拟采取以下三种技术措施:一是相关替代,对于少数复杂的不易收集资料和计算的指标,用较为简便的指标替代;二是权宜变通,对一些数据不全或内涵不准确的指标,为了保持指标的一致性和可比性,采用小口径权宜变通的办法;三是超前预留,在社会发展过程中,一些能及时反映现代社会发展变化的新指标会不断出现,为了保证指标体系的科学性、完整性和创新性,选择超前预留的办法,即为这些新指标的增添留下供选择利用的空间。

2. 评价指标权重的确定

指标权重确定是进行综合评价中十分重要的一个环节。目前，评价指标权重的确定通常采用等权重法和不等权重法两大类，后者又分为客观赋值法和主观赋值法两种，常用的方法有德尔菲法（Delphi）、层次分析法（AHP）、序列综合法、主成分分析法、因子分析法等。通过比较，结合退耕还林工程实践，本书中指标权重以层次分析法和专家咨询法相结合来确定。首先，采用专家咨询问卷方式对同一层次内的指标进行两两比较，求出两两比较平均值。其次，构造指标重要程度的判断矩阵。再次，利用层次分析法计算出各指标的权重并进行一致性检验。

首先，根据层次分析法的原理和步骤，明确评价对象和目标，在此基础上，建立层次分析结构模型。在层次分析结构模型中，复杂系统分解为若干组成因素，这些因素按其属性分为若干组，形成不同层次，同一层次的因素作为准则对下一层次某些因素起支配作用，作为准则层元素又受上层元素的支配。一般分为三个层次：最高层，称之为目标层，只有一个因素，表示解决问题的目的；中间层，称之为准则层，表示为实现目标所涉及的中间环节；最低层，称之为措施层或方案层，表示为实现目标可供选择的各种措施或政策。

利用层次分析法建立退耕还林政策社会经济效益评价层次分析结构模型（见图 6－3），共三层：最高层为退耕还林工程社会经济效益综合评价指标；中间层为分领域变量指标，有社会结构、人口素质、社会生活、社会进步和经济发展五个准则层；最低层为社会经济效益评价具体指标，分别受中间层支配。

其次，构造专家判断矩阵和一致性检验。任何系统分析都以一定的信息为基础，AHP 的信息分析基础主要是人们对每一层次各因素的相对重要性给出判断，这些判断用数值表示出来，写成矩阵形式就是判断矩阵。构造判断矩阵是 AHP 工作的关键一步。

假设 $A$ 层中因素 $A_k$ 与下一层次中因素 $B_1, B_2, \cdots, B_n$ 有联系，其总权重为 $a_k$，因素 $B_i$ 相对于 $A_k$ 单权重为 $b_i$，首先通过专家评议，确定出 $B_i$ 相对于 $B_j$ 的相对重要性的比值 $b_{ij}$，其具体确定方法是：

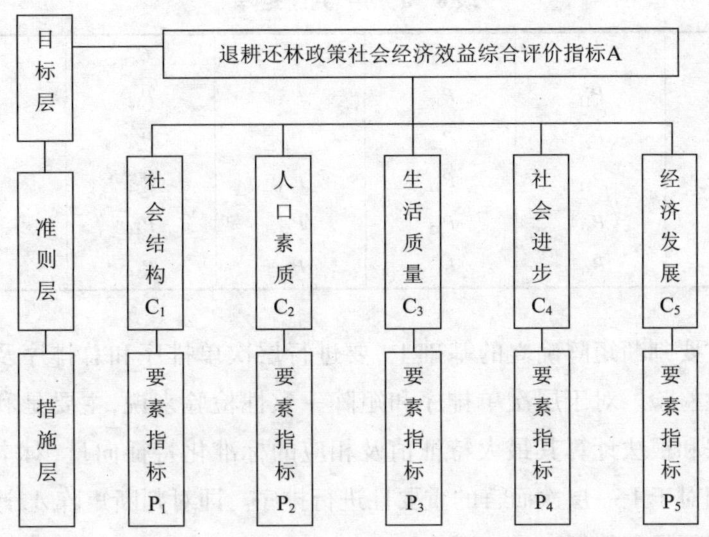


**图6-3　退耕还林政策社会经济效益综合评价层次分析结构模型**

认为 $b_{ij}$与 $b_{ji}$同样重要,则取 $b_{ij}=1,b_{ji}=1$;

认为 $b_{ij}$比 $b_{ji}$稍微重要,则取 $b_{ij}=3,b_{ji}=1/3$;

认为 $b_{ij}$比 $b_{ji}$明显重要,则取 $b_{ij}=5,b_{ji}=1/5$;

认为 $b_{ij}$比 $b_{ji}$很是重要,则取 $b_{ij}=7,b_{ji}=1/7$;

认为 $b_{ij}$比 $b_{ji}$绝对重要,则取 $b_{ij}=9,b_{ji}=1/9$。

认为 $b_{ij}$比 $b_{ji}$的重要程度介于两相邻的奇数之间,可取 $b_{ij}$为 2、4、6、8 值,$b_{ji}$值则为 1/2、1/4、1/6、1/8 值。确定出 $b_{ij}$和 $b_{ji}$的值后,就能构成一个两两比较的判断矩阵,把退耕还林政策社会经济效益指数评价指标体系中的指标设计成两两比较的调查表格,请咨询专家及工作人员进行评议判断,通过计算每一个信息元素的算术平均数和标准差,剔除掉算术平均数两个标准差以外的个体判断信息,然后再次计算算术平均值,以此作为专家群体对这一因素的综合判断信息。对每一信息依次进行上述判断,从而综合成专家群体的综合判断矩阵。依照这种方法,共构造 6 个综合判断矩阵:$A-C$ 判断矩阵,$C_1-P_1$ 判断矩阵,$C_2-P_2$ 判断矩阵,$C_3-P_3$ 判断矩阵,$C_4-P_4$ 判断矩阵,$C_5-P_5$ 判断矩阵,其中 $A-C$ 判断矩阵如表 6-6 所示(其余 5 个判断矩阵表略)。

表 6-6 A-C 判断矩阵

| $A_k$ | $C_1$ | $C_2$ | $C_3$ | $C_4$ | $C_5$ |
|---|---|---|---|---|---|
| $C_1$ | $P_{11}$ | $P_{12}$ | $P_{13}$ | $P_{14}$ | $P_{15}$ |
| $C_2$ | $P_{21}$ | $P_{22}$ | $P_{23}$ | $P_{24}$ | $P_{25}$ |
| $C_3$ | $P_{31}$ | $P_{32}$ | $P_{33}$ | $P_{34}$ | $P_{35}$ |
| $C_4$ | $P_{41}$ | $P_{42}$ | $P_{43}$ | $P_{44}$ | $P_{45}$ |
| $C_5$ | $P_{51}$ | $P_{52}$ | $P_{53}$ | $P_{54}$ | $P_{55}$ |

在主要判断矩阵确立的基础上，要进行层次单排序和总排序及其各自的一致性检验。对于层次单排序和矩阵一致性检验来说，主要是利用方根法或幂法和根法计算其最大特征值及相应的标准化特征向量，对本层次所有因素相对于上一层次而言的重要性进行排序。即对判断矩阵 $A$，计算满足下式的特征根和特征向量：

$$AW = \lambda_{\max} W_i \tag{6-2}$$

式中，$\lambda_{\max}$ 为 $A$ 的最大特征值，$W$ 为对应于 $\lambda_{\max}$ 的正规化特征向量；$W$ 的分量 $W_i$ 即为相应因素单排序的权值。

为了检验构造判断矩阵时的判断思维的一致性，要进行矩阵的一致性检验，即计算一致性指标和检验系数，一致性指标的计算公式为：

$$CI = (\lambda_{\max} - n)/(n-1) \tag{6-3}$$

检验系数的计算公式为：

$$CR = CI/RI \tag{6-4}$$

式中，$RI$ 是平均随机一致性指标，可通过查 $RI$ 系数表获得。当 $CR < 0.1$ 时，可认为判断矩阵具有满意的一致性，否则，需要重新调整判断矩阵。

在上述通过一致性检验后，便可将按归一化处理的特征向量作为某一层次对上一层次某因素相对重要的排序加权值，然后从高到低逐层计算排序权值，得出层次总排序，总排序的计算公式为：

$$\sum_{j=1}^{n} \sum_{i=1}^{m} a_i b_j^i = 1 \tag{6-5}$$

式中，$a_i$ 为准则层权重值，$b_j^i$ 为措施层权重值。层次总排序仍然是归一化正规向量。最后是对总排序的一致性检验，如果层次分析通过了这一检验，分析的结果便可直接应用，否则，需要重新调整判断矩阵，再进行分析。

$CI$ 为层次总排序一致性指标，$RI$ 为层次总排序平均随机一致性指标，$CR$ 为层次总排序平均随机一致性比例，其计算公式分别为

$$CI = \sum_{i=1}^{m} a_i CI_i \tag{6-6}$$

$$RI = \sum_{i=1}^{m} a_i RI_i \tag{6-7}$$

$$CR = CI/RI \tag{6-8}$$

当 $CR < 0.1$ 时，可以认为层次总排序的计算结果具有满意的一致性。按照上述公式对6个判断矩阵进行一致性检验，其结果表明具有较好的一致性（检验过程略），根据6个判断矩阵对各变量领域相对总目标的权重和各要素指标相对领域的权重，就可以计算各要素指标对目标层总指标的权重，其结果如表6－7所示。

**表6－7　退耕还林政策社会经济效益指数评价指标体系各指标的权重**

| 总指标 | 变量指标及权重 | | 要素指标及权重 | | |
|---|---|---|---|---|---|
| | 指标 | 权重 | 指标 | 要素权重 | 总权重 |
| 退耕还林政策社会经济效益指数评价指标 | 社会结构 | 0.2294 | 第三产业产值占 GDP 比重 | 0.4584 | 0.1051 |
| | | | 农村非农劳动力占农村劳动力比重 | 0.3853 | 0.0888 |
| | | | 农村干群关系 | 0.1563 | 0.0362 |
| | 人口素质 | 0.1974 | 农民市场观念 | 0.1477 | 0.0295 |
| | | | 农业人口占总人口比重 | 0.4646 | 0.0917 |
| | | | 农民平均受教育年限 | 0.3877 | 0.0766 |
| | 生活质量 | 0.1535 | 农民对生活满意度 | 0.4633 | 0.0709 |
| | | | 农村恩格尔系数 | 0.3619 | 0.0556 |
| | | | 农民文教娱乐支出比重 | 0.1748 | 0.0269 |
| | 社会进步 | 0.1721 | 农民社会治安满意度 | 0.4348 | 0.0710 |
| | | | 农民社会活动参与程度 | 0.3091 | 0.0534 |
| | | | 农村妇女收入占家庭总收入比重 | 0.2561 | 0.0443 |
| | 经济发展 | 0.2476 | 地方人均 GDP | 0.4688 | 0.1153 |
| | | | 农民人均纯收入 | 0.3080 | 0.0761 |
| | | | 主要农作物单产 | 0.0232 | 0.0551 |
| 合计 | | 1 | | 5 | 1 |

从表6－7中可以看出，在评价的变量指标领域，经济发展的权重最高，

为 0.2476；其余依次为社会结构（0.2294）、人口素质（0.1974）、社会进步（0.1721）、生活质量（0.1535）。

3. 综合评价模型构建

为了使综合评价具有可操作性和通用性，需要有效地建立和运用模型。模型是描述或解决某个问题所需的特征数据与描述或解决这个问题所需的操作水平的结合，是对客观事物的特征和变化规律一定程度的科学的抽象描述。如果模型建得太复杂，甚至与实际情况一样，那就很难控制和运用，而且也失去了建立模型的意义；如果模型建得太简单，就不能准确描述事物的本质特性和内在机制。因此，建立综合评价模型要做到简化而不失真，提炼而不失本，既要使模型大体上反映研究对象的主要特征，又要使模型尽可能的简化。

在指标权重确立和上述模型构建的指导思想下，采用线性加权和函数法建立退耕还林政策社会经济效益综合评价模型，把各指标标准化值进行线性加权，求出综合评价指数，建立的综合评价模型公式为：

$$S = \sum_{i=1}^{n} W_i x_i + m \qquad (6-9)$$

式中，$S$ 为退耕还林政策社会经济效益的综合评价值，$W_i$ 为各指标权重，$x_i$ 为各指标标准值，$i$ 为指标个数，$m$ 为修正值，代表其他干扰因素的影响，实际评价时，假设正负干扰因素的作用相抵消，故 $m$ 取值为 0。

## 第二节　万州区退耕还林政策社会经济效益评估的实证分析

在第一节指标体系评价构建的基础上，根据万州区社会经济发展和退耕还林工程开展的实际情况，依据社会统计学的基本原理，在万州区参与退耕任务的 28 个镇、14 个乡和 13 个街道中选择了退耕面积较大的 14 个乡（镇）、街道作为调查区域，并从每个样本乡（镇）、街道随机抽取 3 ~ 5 个村，每个村随机抽取 12 户左右的农户进行问卷调查，以获得第一手资料。随后，在万州区林业局和万州区统计局获得万州区 2000—2009 年的统计年鉴和相关的二手资料。在此基础上，依照第一节指标体系和评价框架，首先对万州区退耕还林政策效益分别从社会结构、人口素质、生活质量、社会进步和经济发展 5 个方面分别进行要素指标和合成指标的定量分析，然后以此为基础进行其社会经济效益的综合评价分析。在时间段的选择上，由于万州区的退耕还林工程开始于2000年，在2006年基本结束。因此，本书选择退耕前的1999年到退耕结束后的2007年这一时间段作为考察的时间段。

## 一、各主要指标的相关数据描述

### （一）社会结构方面

依据第一节的分析，退耕还林政策社会经济效益在社会结构方面合成归类为产业结构、就业结构和利益关系三个方面，其评价的要素指标分别是第三产业产值占GDP比重、农村非农劳动力占农村劳动力比重、农村干群关系三个具体指标。

#### 1. 产业结构的相关数据描述

通过1999—2007年万州区的统计数据可以看出，退耕还林工程实施以来，其产业结构在不断调整之中。

1999—2007年，万州区第一产业总产值先下降后上升，第二、第三产业总产值呈上升趋势；第一产业在三大产业中的比重呈先下降后上升趋势，第二产业产值比重呈先下降后上升趋势，第三产业产值占GDP比重呈上升趋势，分别为39.8%、44.2%、45.4%、45.5%、46.1%、46.2%、45.9%、47.2%、43.6%，平均为44.88%；2000—2006年三大产业产值比平均为15.6∶38.61∶45.79，与1999年三大产业产值比21.8∶38.4∶39.8相比较，产业结构在向合理方向调整（见表6-8）。

**表6-8 1999—2007年万州区三大产业生产总值** 单位：万元

| 年份 | 第一产业 | | 第二产业 | | 第三产业 | | 总产值 |
|---|---|---|---|---|---|---|---|
| | 总值 | 比重（%） | 总值 | 比重（%） | 总值 | 比重（%） | |
| 1999 | 127398 | 21.8 | 224038 | 38.4 | 232025 | 39.8 | 583461 |
| 2000 | 124316 | 18.4 | 252397 | 37.4 | 297889 | 44.2 | 674602 |
| 2001 | 127079 | 16.7 | 288849 | 37.9 | 346199 | 45.4 | 762127 |
| 2002 | 140722 | 16.5 | 323143 | 38 | 387262 | 45.5 | 851127 |
| 2003 | 148952 | 15.4 | 372942 | 38.5 | 445650 | 46.1 | 967544 |
| 2004 | 172821 | 15.1 | 442671 | 38.7 | 529330 | 46.2 | 1144822 |
| 2005 | 191013 | 14.6 | 518405 | 39.5 | 602820 | 45.9 | 1312238 |
| 2006 | 190573 | 12.5 | 613932 | 40.3 | 718419 | 47.2 | 1522924 |
| 2007 | 249394 | 13.1 | 825389 | 43.3 | 830043 | 43.6 | 1904826 |

资料来源：根据《万州统计年鉴（2008）》（内部资料）第22～23页相关资料整理而得。

2. 就业结构的相关数据描述

退耕还林工程实施以来,对农村就业结构产生了积极的影响,加速了农村剩余劳动力的流动和转移。工程的实施,减少了劳动力在耕地上的投入,带来生产要素的流动和劳动力投向的变化,大量的农村劳动力从土地上解放出来,逐步由第一产业向第二、第三产业转移。从表 6－9 可以看出,万州区农村从业人员的从业结构从 1999—2006 年发生了明显的变化:在农林牧渔业领域,从业人员由 1999 年的 71.57% 逐步下降到 2006 年的 49.02%,下降了 22.55%;工业及建筑业领域的从业人员由 1999 年的 9.87% 上升到 2006 年的 23.68%,上升了 13.81%;第三产业领域的从业人员由 1999 年的 18.56% 上升到 2006 年的 27.30%,上升了 8.74%。从业人员的结构由退耕前的传统农业领域逐步向非农产业领域转变。与此同时,随着退耕农户耕地的减少和观念的逐步改变,外出务工的人数和比例也不断上升,据调查显示,万州区每年外出务工的人数逐步由退耕前的 30 余万人增加到近 40 余万人,几乎每个农村家庭都有一两个外出务工人员,实现了剩余劳动力转移的目标和任务。

**表 6－9 1999—2006 年万州区农村劳动力变化情况** 单位:人

| 年份 | 农村从业人员 | 农林牧渔业人员 | | 工业及建筑业人员 | | 第三产业人员 | |
|---|---|---|---|---|---|---|---|
| | | 人数 | 比重(%) | 人数 | 比重(%) | 人数 | 比重(%) |
| 1999 | 767537 | 549326 | 71.57 | 75756 | 9.87 | 142455 | 18.56 |
| 2000 | 767320 | 518939 | 67.63 | 86246 | 11.24 | 162135 | 21.13 |
| 2001 | 725635 | 460270 | 63.43 | 95204 | 13.12 | 170161 | 23.45 |
| 2002 | 740780 | 443653 | 59.89 | 106302 | 14.35 | 190825 | 25.76 |
| 2003 | 732825 | 433613 | 59.17 | 118132 | 16.12 | 178150 | 24.31 |
| 2004 | 749355 | 424510 | 56.65 | 136607 | 18.23 | 188238 | 25.12 |
| 2005 | 761868 | 402050 | 52.77 | 156641 | 20.56 | 203177 | 26.67 |
| 2006 | 767631 | 376307 | 49.02 | 181754 | 23.68 | 209569 | 27.30 |

资料来源:根据《万州统计年鉴》(2000—2006)(内部资料)相关资料整理而得。

3. 利益关系的相关数据描述

根据前文的分析,农村利益关系的考核指标主要是干群关系、邻里关系等主要指标,现将要使用的评价指标——干群关系作相关的分析。

通过实地调查,万州区退耕还林工程的实施加强了基层干部与群众之间的联系,基层干部广泛宣传国家退耕还林工程政策和县、乡级政府的相关配套政策,群众在积极参与工程的同时也比原来更加相信干部。随着退耕还林工程各项政策给农民带来好处的增多,乡镇干部下乡得到村民的更多欢迎,与退耕前漠视或抵制的态度相比,有了明显的改变;村级干部得到农民的认可的程度大为提高,农民对干部的信任程度增加,在执行退耕还林工程政策中得到农民的充分理解和热情支持。通过落实钱粮兑现政策,政府和党的威信得到提高,加强了党员干部同人民群众之间的联系,促进了党群、干群关系的改善。通过对万州区退耕农户调查显示,分别有78.2%的人认为退耕还林后干群关系比以前好,18.6%的人认为变化不大或没有变化,仅有3.2%的人认为比以前关系坏(见表6-10)。与此同时,通过实地调查显示,退耕还林期间,农户的邻里关系也有不同程度的改善。

**表6-10　退耕后农村干群关系变化情况调查**　　单位:人

| 地区 | 调查总人数 | 得到改善 | | 变化不大或无变化 | | 关系变坏 | |
|---|---|---|---|---|---|---|---|
| | | 人数 | 比例 | 人数 | 比例 | 人数 | 比例 |
| 万州区 | 326 | 255 | 78.2% | 61 | 18.6% | 10 | 3.2% |

(二)人口素质方面

根据前文的分析,退耕还林政策的社会经济效益在人口方面合成归类为农民思想观念、农业与人口、农民身心素质三个方面,其评价的要素指标分别是农民市场观念、农业人口占总人口比重、农民平均受教育年限三个具体指标。

1. 农民思想观念的相关数据描述

退耕还林工程把一部分耕地转化为林地,减少了农民对土地的依赖程度,促使农民重新思考和认识各种社会现象和问题,在某种程度上可以说,这是一场由制度创新引发的农民思想观念变革。随着退耕还林政策实施的不断深入,农民的思想观念、生活方式、习俗等在逐步发生变化,对退耕的态度由开始的观望到现在的积极参与,考虑问题由关心自己的事到开始关心村内及国内外大事转变。在与基层干部和退耕农户座谈中,人们的普遍反映是,在退耕还林工程的实施中,由于政策宣传到位、钱粮兑现及时、公示制度落实好,进而增强了人们的市场观念、加强了人们的生态环保意识、提高了人们的民主法制观念。

从表6-11中对万州区退耕农户市场观念变化的调查情况可以看出,在调查的326人中,退耕前有市场观念的人数是150人,占总人数的46.1%,无市场观念的人数是176人,占总人数的53.9%;退耕后有市场观念的人数是279人,占总人数的85.6%,无市场观念的人数是47人,占总人数的14.4%,分别增加和减少了39.5%。而从实际的调查情况来看,在退耕后,农户分别开始种植花椒、葡萄、柑橘和季节性蔬菜,逐步关注市场的变化,与此同时,通过退耕还林的公示制度和环境保护政策的宣传,农户的民主法制观念和环境保护观念也比退耕前有较大的提高和变化。

**表6-11 退耕前后农民市场观念变化情况调查** 单位:人

| 地区 | 总人数 | 变化量 | 有市场观念 | | 无市场观念 | |
|---|---|---|---|---|---|---|
| | | | 人数 | 比重(%) | 人数 | 比重(%) |
| 万州区 | 326 | 退耕前 | 150 | 46.10 | 176 | 53.90% |
| | | 退耕后 | 279 | 85.60 | 47 | 14.40 |
| | | 变化量 | 129 | 39.50 | -129 | -39.50 |

2. 农业及非农人口方面的相关数据描述

退耕还林工程的实施,减少了农业人口对土地的依赖程度,在农业剩余劳动力由第一产业向第二、第三产业转移的同时,农业人口下降,非农业人口上升,从表6-12中我们可以看出,万州区的总人口尽管由1999年的166.2万人逐步增加到2007年的172.9万人,但其却出现了农业人口逐步下降而非农人口逐步增加的趋势。1999—2007年,万州区的农业人口由77.31%逐步下降到2007年71.14%,7年时间下降了6.17%,而同期非农人口却由22.69%增加到28.86%,7年间增加了6.17%,人口结构变化明显。

**表6-12 1999—2007年万州区人口变化情况** 单位:万人

| 年份 | 总人口 | 农业人口 | | 非农人口 | |
|---|---|---|---|---|---|
| | | 数量 | 比重(%) | 数量 | 比重(%) |
| 1999 | 166.2 | 128.5 | 77.31 | 37.7 | 22.69 |
| 2000 | 167.3 | 127.7 | 76.33 | 39.6 | 23.67 |

续表

| 年份 | 总人口 | 农业人口 | | 非农人口 | |
| --- | --- | --- | --- | --- | --- |
| | | 数量 | 比重(%) | 数量 | 比重(%) |
| 2001 | 168 | 127.4 | 75.83 | 40.6 | 24.17 |
| 2002 | 168.8 | 126.6 | 75 | 42.2 | 25 |
| 2003 | 169.7 | 125.8 | 74.13 | 43.9 | 25.87 |
| 2004 | 169.7 | 124.1 | 73.13 | 45.6 | 26.87 |
| 2005 | 170.7 | 123.6 | 72.4 | 47.1 | 27.6 |
| 2006 | 171.6 | 123 | 71.68 | 48.6 | 28.32 |
| 2007 | 172.9 | 123 | 71.14 | 49.9 | 28.86 |

3. 农民身心素质方面的相关数据描述

退耕还林工程的实施,在短期内对农村人均预期寿命和农民平均受教育年限的影响情况体现不出来,同时,这方面的影响资料收集也有困难。因此,这里主要用退耕农民参加科技培训情况来衡量对农民科技文化素质的影响情况。退耕还林工程的实施,激发了农民学习科技知识的欲望和热情,退耕农民参加各类培训增多。从表 6－13 中可以看出,在退耕还林实施前后,农民参加培训的人数有着明显的变化,在退耕前经常参加培训的农民大约占调查人数的 14.1%,很少参加培训的农民占调查人数的 72.4%,没有参加培训的农民占调查人数的 13.5%;在退耕后经常参加培训的农民大约占调查人数的 61.3%,很少参加培训的农民占调查人数的 33.2%,没有参加培训的农民占调查人数的 5.5%,分别增加或减少了 47.2%、38.8%和 5.6%;经常参加培训的农户大幅度增加,而很少参加和没有参加培训的农民人数和比例大大减少。

**表 6－13　退耕前后农民参加培训情况调查**　　单位:人

| 区县 | 人数 | 变化 | 经常参加培训 | | 很少参加培训 | | 没有参加培训 | |
| --- | --- | --- | --- | --- | --- | --- | --- | --- |
| | | | 人数 | 比例(%) | 人数 | 比例(%) | 人数 | 比例(%) |
| 万州区 | 326 | 退耕前 | 46 | 14.1 | 236 | 72.4 | 44 | 13.5 |
| | | 退耕后 | 200 | 61.3 | 78 | 33.2 | 18 | 5.5 |
| | | 变化量 | 154 | 47.2 | －158 | －38.8 | －26 | －5.6 |

(三)生活质量方面

退耕还林政策社会经济效益在生活质量方面归类为农户的生活水平、消费水平和娱乐水平三个方面,每个方面的要素评价指标分别为农民对生活的满意度、农户食品消费支出占总支出的比重和农民娱乐文教支出占总支出的比重。

1. 农户生活水平方面的相关数据描述

万州区自1999—2006年退耕还林政策实施以来,森林覆盖率不断提高,环境不断改善,农户的总体收入逐步增加,广大退耕农户从中得到了实惠,农民的生活满意度不断提高。从表6-14对326户退耕农户的调查情况来看,对退耕后生活水平感到满意的农户291户,占总户数的89.3%,认为生活水平无变化的农户27户,占总户数的8.4%,对退耕后生活水平感到不满意的农户8户,占总户数的2.3%。因此,从总体上来看,绝大多数农户对退耕后自己的生活水平还是比较满意的。

**表6-14 退耕后农民生活满意情况调查**

| 地区 | 总户数 | 满意 | | 没有变化 | | 不满意 | |
|---|---|---|---|---|---|---|---|
| | | 户数 | 比例(%) | 户数 | 比例(%) | 户数 | 比例(%) |
| 万州区 | 326 | 291 | 89.3 | 27 | 8.4 | 8 | 2.3 |

2. 农户消费水平方面的相关数据描述

退耕还林工程的实施,改变了农民的思想观念,增加了农民的收入,进而带动了农民消费水平的提高。1999—2007年,万州区农村各类物质产品和生活用品不断丰富,农村彩电、冰箱、空调、洗衣机、电话等普及率在逐年提高;所有的村都通了电,农村用量电逐年增加;农民的饮食结构也发生了重大变化,食品消费支出在家庭生活总支出中的比例也开始逐步下降。从表6-15中可以看出,1999—2007年退耕还林期间,尽管农户在食品支出中人均支出的具体费用在不断增加,但是食品支出占生活消费总支出的比例却在逐年下降,到2006年农村恩格尔系数由1999年的63.39%下降到2006年的49.75%,下降了13.64%。实际调查显示,农户在衣着支出、居住支出、家庭耐用消费品支出等其他非食品支出的比例大幅度增加,农户的消费水平发生了较大的变化。

表 6-15 1999—2007 年万州区农村生活消费情况 单位:元/人

| 年份 | 生活消费支出 | 食品支出 | 食品支出占生活消费支出比例(%) |
| --- | --- | --- | --- |
| 1999 | 1083.89 | 687.07 | 63.39 |
| 2000 | 1297.42 | 816.11 | 62.9 |
| 2001 | 1492.14 | 896.16 | 60.06 |
| 2002 | 1449.19 | 831.03 | 57.34 |
| 2003 | 1410.62 | 770.59 | 54.63 |
| 2004 | 1712.73 | 962.48 | 56.2 |
| 2005 | 1897.57 | 1009.45 | 53.2 |
| 2006 | 2125.32 | 1057.38 | 49.75 |
| 2007 | 2651.16 | 1376.15 | 51.91 |

资料来源:根据《万州统计年鉴(2009)》(内部资料)第 104-105 页相关数据整理而得。

3. 农民娱乐水平方面的相关数据描述

退耕还林工程的实施,减少了耕地上的劳动力投入,从事种植业的人数和时间明显减少,把部分农民从世代耕耘的土地上解放出来,农民有了更多的可支配时间用以改善自己的精神文化生活和提高生活质量。退耕还林以来,农民投入文化教育娱乐等方面的费用持续增加,占总支出的比重不断提高。通过实地调查结果显示,1999—2007 年,万州区文教娱乐支出费用由 1999 年的人均 90.14 元增加到 2007 年的 205.69 元,文教娱乐支出占生活消费支出比例分别为 8.32%、7.16%、9.36%、9.32%、11.14%、10.45%、11.17%、7.64%、7.76%,支出的绝对费用和比例在不断提高。

表 6-16 1999—2007 年万州区农民文教娱乐支出情况 单位:元/人

| 年份 | 生活消费支出 | 文教娱乐支出 | 文教娱乐支出占生活消费支出比例(%) |
| --- | --- | --- | --- |
| 1999 | 1083.89 | 90.14 | 8.32 |
| 2000 | 1297.42 | 92.92 | 7.16 |
| 2001 | 1492.14 | 139.71 | 9.36 |
| 2002 | 1449.19 | 135.05 | 9.32 |
| 2003 | 1410.62 | 157.12 | 11.14 |
| 2004 | 1712.73 | 178.91 | 10.45 |

续表

| 年份 | 生活消费支出 | 文教娱乐支出 | 文教娱乐支出占生活消费支出比例(%) |
|---|---|---|---|
| 2005 | 1897.57 | 212.03 | 11.17 |
| 2006 | 2125.32 | 162.48 | 7.64 |
| 2007 | 2651.16 | 205.69 | 7.76 |

资料来源:根据《万州统计年鉴(2009)》(内部资料)第104-105页相关资料整理而得。

(四)社会进步方面

在社会进步方面,其效益可以归类合成为农村社会秩序、农民社会地位和农村妇女地位三个方面,评价每个类型方面的要素指标分别为农民社会治安满意度、农民社会活动参与程度、农村妇女收入占家庭总收入比重三个具体指标。

1. 农村社会秩序方面的相关数据描述

在实地调查中,大部分基层干部和农民普遍反映退耕还林政策好,出台非常及时,农民得到实惠、收入增加、民心稳定,农闲时间外出打工人员增加,农村游手好闲的人少了,刑事案件发案率明显降低,农村社会治安好,农民社会安全感增加。表6-17中的调查结果显示,退耕农户对社会治安的满意度(满意和基本满意)由退耕前的86.6%提高到退耕后的94.9%,提高了8.3%;不满意的比重由退耕前的13.4%下降到退耕后的5.1%,下降了8.3%。此外,在调查中也发现,农户普遍认为退耕后的社会风气并没有出现倒退现象,广大农户的社会安全感增强。

**表6-17　退耕前后农村社会治安满意度调查**　　单位:人

| 地区 | 总人数 | 时间 | 满意 | | 基本满意 | | 不满意 | |
|---|---|---|---|---|---|---|---|---|
| | | | 人数 | 比重(%) | 人数 | 比重(%) | 人数 | 比重(%) |
| 万州区 | 326 | 退耕前 | 109 | 33.4 | 173 | 53.2 | 44 | 13.4 |
| | | 退耕后 | 204 | 62.5 | 106 | 32.4 | 16 | 5.1 |
| | | 变化量 | 95 | 29.1 | -67 | -20.8 | -28 | -8.3 |

2. 农民社会地位的相关数据描述

退耕还林工程实施中,农民得到的实惠和参与程度是以前其他工程无法相比的。除国家政府各部门外,农民成为最直接的工程实施主体,自始至终参与到退耕还林工程的实施之中,退耕还林工程成为名副其实的社会林业工程。农民参与退耕面积的丈量和确认,参与整地、植树、管护等工作,参与检查与监督工作,更为直接的是参与补贴政策的兑现工作。随着工程的逐步开展,农民社会活动参与意识增强,参与社会活动的积极性提高,参与社会活动和集体活动也开始增多。从表6-18万州区退耕农户调查显示,退耕后农民参与社会活动比以前增多的占调查总人数的81.3%,参与活动减少和没变化的分别为4.5%和14.2%,广大农户参与社会活动的增多,也促使农民更加关注国家大事和政策,地方政府对"三农"问题的关注程度也较以前大为提高,农民的社会地位得到了明显的改变。

**表6-18 退耕后农民参与社会活动情况调查**

| 区县 | 总人数 | 活动增多 | | 活动没变化 | | 活动减少 | |
|---|---|---|---|---|---|---|---|
| | | 人数 | 比例(%) | 人数 | 比例(%) | 人数 | 比例(%) |
| 万州区 | 326 | 265 | 81.3 | 46 | 14.2 | 15 | 4.5 |

3. 农村妇女地位的相关数据描述

妇女社会地位是衡量一个国家文明进步程度的重要尺度,退耕还林工程的实施,提高了农村妇女在家庭中的地位。退耕还林工程使部分耕地转化为林地后,退耕家庭农活用工量减少,从事农活劳动时间也明显减少,农村妇女的劳动强度下降,有了更多的可支配时间,能把更多的精力投入其他有收入的行业,从而妇女收入占家庭总收入比重增加,其家庭地位得以提高。从表6-19对万州区326户农户调查结果表明,妇女收入占家庭总收入比重由退耕前的24.8%提高到退耕后的38.6%,提高了13.8%。

**表6-19 退耕前后农村妇女收入占家庭收入比重情况调查**

| 调查地区 | 调查总户数(户) | 退耕前占的平均比重(%) | 退耕后占的平均比重(%) |
|---|---|---|---|
| 万州区 | 326 | 24.8 | 38.6 |

(五)经济发展方面

对退耕还林政策社会经济效益评价在经济发展方面归类合成为地方经济发展、农民经济收入和土地利用三个方面,每个方面评价的要素指标分别为地方人均GDP、农民人均纯收入和主要农作物单产三个具体指标。

1. 地方经济发展的相关数据描述

国家为了保证退耕还林工程的顺利实施、巩固退耕还林的成果,实行了积极的财政政策(一方面对退耕农户进行生活补助和种苗补助,另一方面对地方进行财政转移支付),进而使地方经济持续增长。通过调查和收集到的相关资料显示,退耕还林工程实施以来,万州区 GDP 和人均 GDP 得到持续增长,经济得到迅速发展。从表 6-20 中可以看出,1999—2007 年,全区人均 GDP 由 1999 年的 3521 元增长到 2007 年的 12408 元,平均年增长率都在两位数以上,全区农村人均 GDP 由 1999 年的 2024.86 元增加到 2007 年的 4205.70 元,平均年增长率都接近两位数。

表 6-20 1999—2007 年万州区人均 GDP 及增长情况 单位:元

| 年份 | 全区人均 GDP | | 全区农村人均 GDP | |
|---|---|---|---|---|
| | 总量 | 增长率(%) | 总量 | 增长率(%) |
| 1999 | 3521 | 5.8 | 2024.86 | -3.49 |
| 2000 | 4045 | 8.8 | 2190.61 | 7.23 |
| 2001 | 4896 | 12.1 | 2339.29 | 6.78 |
| 2002 | 5505 | 13 | 2439.85 | 4.3 |
| 2003 | 6301 | 15 | 2577.91 | 5.66 |
| 2004 | 7512 | 13.7 | 2952.6 | 14.53 |
| 2005 | 8646 | 13.7 | 3383 | 14.58 |
| 2006 | 10040 | 14.1 | 3427.88 | 1.33 |
| 2007 | 12408 | 17.5 | 4205.7 | 22.69 |

资料来源:根据《万州统计年鉴(2009)》(内部资料)第 98-99 页相关资料整理而得。

2. 农民经济收入的相关数据描述

退耕还林工程实施以来,农民总收入和人均纯收入均呈上升趋势,农民经济收入增长明显。按照退耕还林政策,农户在退耕后得到钱粮补助,直接收入明显增加。从表 6-21 对万州区 1999—2007 年农村居民收入的调查情况来看,农村居民的人均总收入和人均纯收入都得到了增加,其中,人均总收入由 1999 年的 2042.86 元增加到 2007 年 4205.70 元,绝对收入增加了 1 倍以上,人均纯收入由 1999 年的 1615.16 元增加到 2007 年的 3334.61 元,绝对收入也增加了 1 倍以上,年均增长率在两位数左右。

表 6-21 1999—2007 年万州区农村居民收入情况 单位:元

| 年份 | 人均总收入 | 人均纯收入 | 人均纯收入增长率(%) |
|---|---|---|---|
| 1999 | 2042.86 | 1615.16 | -1.2 |
| 2000 | 2190.61 | 1651.24 | 2.2 |
| 2001 | 2339.29 | 1707.63 | 3.4 |
| 2002 | 2439.85 | 1802.36 | 5.5 |
| 2003 | 2577.91 | 1925.13 | 6.8 |
| 2004 | 2952.6 | 2287.09 | 18.8 |
| 2005 | 3383 | 2582.13 | 12.9 |
| 2006 | 3427.88 | 2739.25 | 6.1 |
| 2007 | 4205.7 | 3334.61 | 21.7 |

资料来源:根据《万州统计年鉴(2009)》(内部资料)第 98-99 页相关数据整理而得。

3. 土地利用方面的相关数据描述

退耕还林以来,通过把不适宜农作物生长的土地种植林木和其他经济作物,把农业生产资料集中投入到适宜农作物生长的耕地上后,主要农作物单产增加,土地生产效率大幅度提升,土地利用结构得到优化。从表 6-22 中统计数据来看,1999—2007 年万州区主要农作物像小麦、水稻、玉米、大豆等在单位产量上都得到了较大的增长,例如小麦由 1999 年的 2269.94 千克/公顷增加到 2006 年 3563.22 千克/公顷,增长幅度比较持续稳定,相反,像水稻、玉米等主要的夏秋季农作物由于常常受到三峡库区的自然灾害的影响,其单位产量在年度之间不稳定。因此,如何减少自然灾害对主要农作物的损失是该区域农业发展亟须解决的一个重要问题。

表 6-22 1999—2007 年万州区主要农作物单位产量 单位:千克/公顷

| 年份 | 小麦 | 水稻 | 玉米 | 大豆 |
|---|---|---|---|---|
| 1999 | 2269.94 | 6752.83 | 4438.21 | 1470.75 |
| 2000 | 3253.26 | 6570.25 | 4326.33 | 1568.56 |
| 2001 | 3047.59 | 4600.82 | 3430.34 | 1146.02 |
| 2002 | 3155.24 | 5728.22 | 4314.03 | 1694.41 |

续表

| 年份 | 小麦 | 水稻 | 玉米 | 大豆 |
|---|---|---|---|---|
| 2003 | 3189.42 | 6070.55 | 4648.07 | 1786.54 |
| 2004 | 3469.02 | 6231.33 | 4771.82 | 1757.91 |
| 2005 | 3506.87 | 6343.37 | 4822.62 | 1731.75 |
| 2006 | 3563.22 | 4791.31 | 4119.78 | 1276.22 |
| 2007 | 3538.43 | 7007.32 | 5120.75 | 1698.72 |

资料来源:根据《万州统计年鉴(2009)》(内部资料)第 116－118 页相关资料整理而得。

## 二、退耕还林政策社会经济效益的综合分析评价

在前文效益指数评价体系和相关数据描述的基础上,先对五个二级指标领域如社会结构、人口素质、生活质量、社会进步和经济发展的相关指标进行合成计算,在此基础上,形成退耕还林政策社会经济效益的综合指数,进而进行综合分析和评价。

### (一)五个二级指标领域指数的合成

社会经济效益分领域指数包括社会结构、人口素质、生活质量、社会进步、经济发展五个二级指数。为了能分离出退耕还林工程的社会经济效益程度,采用退耕前后对比法进行计算。具体步骤:第一步,利用各指标原始数值(指标数据来自描述性分析中的相关资料),根据前文阐述的评价指标处理方法,求出各指标的标准值。第二步,用退耕后每年度的标准值减去退耕前的基期标准值,求出退耕还林工程实施后对各指标的效益值。第三步,根据前文的指数合成方法,采用加权求和法计算出各指标的指数值,并合成每年度的社会经济效益分领域指数。以下各表中,基期 1 代表 1996—1998 年的平均值,基期 2 代表 1997—1999 年的平均值,年度 1～年度 7 分别代表万州区 2000—2006 年的数值。

#### 1. 社会结构方面效益指数的合成计算

退耕还林政策在社会结构领域的效益评价是通过第三产业产值占 GDP 比重、农村非农业劳动力占农村劳动力比重、农村干群关系改善程度三个具体指标合成的。

首先,分别把基期 1、基期 2 和年度 1～年度 7 的原始数据进行统计计算

和整理,具体情况见表6-23。

**表6-23 2000—2006年万州区社会结构指标原始值** (%)

| 指标 | 基期1 | 基期2 | 年度1 | 年度2 | 年度3 | 年度4 | 年度5 | 年度6 | 年度7 |
|---|---|---|---|---|---|---|---|---|---|
| $X_1$ | 36.6 | 37.85 | 44.2 | 45.4 | 45.5 | 46.1 | 46.2 | 45.9 | 47.2 |
| $X_2$ | 28.53 | 30.21 | 32.27 | 36.57 | 40.11 | 40.43 | 43.35 | 47.23 | 50.98 |
| $X_3$ | 0 | 0 | 14.21 | 25.87 | 78.2 | 83.6 | 86.7 | 89.4 | 92.1 |

注:$X_1$ 代表第三产业产值占GDP比重;$X_2$ 代表农村非农业劳动力占农村劳动力比重;$X_3$ 代表农村干群关系改善程度等指标。

其次,在表6-23整理的基础上,用求标准值的方法分别求出基期的标准值和年度1~年度7的标准值,具体情况见表6-24。

**表6-24 2000—2006年万州区社会结构指标标准值**

| 指标 | 基期 | 年度1 | 年度2 | 年度3 | 年度4 | 年度5 | 年度6 | 年度7 |
|---|---|---|---|---|---|---|---|---|
| $X_1$ | 0.0342 | 0.1678 | 0.1994 | 0.2021 | 0.2179 | 0.2206 | 0.2126 | 0.247 |
| $X_2$ | 0.0589 | 0.0682 | 0.2105 | 0.3277 | 0.3382 | 0.4349 | 0.5633 | 0.6875 |
| $X_3$ | 0 | 0.1421 | 0.2587 | 0.3982 | 0.4897 | 0.5889 | 0.6996 | 0.782 |

注:$X_1$ 代表第三产业产值占GDP比重;$X_2$ 代表农村非农业劳动力占农村劳动力比重;$X_3$ 代表农村干群关系改善程度等指标。

再次,在表6-24的基础上,用退耕后每年度的标准值减去退耕前的基期标准值,求出退耕还林工程实施后对各指标的效益值,具体见表6-25。

**表6-25 2000—2006年万州区退耕还林工程社会结构指标的效益值**

| 指标 | 权重 | 年度1 | 年度2 | 年度3 | 年度4 | 年度5 | 年度6 | 年度7 |
|---|---|---|---|---|---|---|---|---|
| $X_1$ | 0.4584 | 0.1336 | 0.1652 | 0.1679 | 0.1837 | 0.1864 | 0.1784 | 0.2128 |
| $X_2$ | 0.3853 | 0.0093 | 0.1516 | 0.2688 | 0.2793 | 0.376 | 0.5044 | 0.6286 |
| $X_3$ | 0.1563 | 0.1421 | 0.2587 | 0.3982 | 0.4897 | 0.5889 | 0.6996 | 0.782 |

注:$X_1$ 代表第三产业产值占GDP比重;$X_2$ 代表农村非农业劳动力占农村劳动力比重;$X_3$ 代表农村干群关系改善程度等指标。

最后,在表6-25的基础上,用各指标的相关权重乘以各年度的效益值,得出各年度的效益指数,具体见表6-26。

表 6－26　2000—2006 年万州区退耕还林政策社会结构的效益指数

| 指标 | 年度 1 | 年度 2 | 年度 3 | 年度 4 | 年度 5 | 年度 6 | 年度 7 |
|---|---|---|---|---|---|---|---|
| $X_1$ | 0.0612 | 0.0757 | 0.0769 | 0.0842 | 0.0854 | 0.0818 | 0.0975 |
| $X_2$ | 0.0036 | 0.0584 | 0.1036 | 0.1076 | 0.1448 | 0.1943 | 0.2422 |
| $X_3$ | 0.0222 | 0.0404 | 0.0622 | 0.0765 | 0.092 | 0.1093 | 0.1222 |

注：$X_1$ 代表第三产业产值占 GDP 比重；$X_2$ 代表农村非农业劳动力占农村劳动力比重；$X_3$ 代表农村干群关系改善程度等指标。

2. 人口素质方面效益指数的合成计算

退耕还林政策在人口素质领域的效益评价是通过农民市场观念变化、非农业人口占总人口比重、农民平均受教育年限三个指标合成的。

首先，分别把人口素质领域的基期和各年度的相关数据进行统计整理，具体情况见表 6－27。

表 6－27　2000—2006 年万州区人口素质指标原始值　（%）

| 指标 | 基期 1 | 基期 2 | 年度 1 | 年度 2 | 年度 3 | 年度 4 | 年度 5 | 年度 6 | 年度 7 |
|---|---|---|---|---|---|---|---|---|---|
| $X_1$ | 46.1 | 46.1 | 50.8 | 58.6 | 85.6 | 85.8 | 89.2 | 93.1 | 96.2 |
| $X_2$ | 20.32 | 21.42 | 23.67 | 24.17 | 25 | 25.87 | 26.87 | 27.6 | 28.32 |
| $X_3$ | 14.1 | 14.1 | 15.25 | 17.43 | 61.3 | 25.93 | 33.9 | 47.86 | 67.96 |

注：$X_1$ 代表农民市场观念变化；$X_2$ 代表农村非农人口占总人口比重；$X_3$ 代表农民平均受教育情况等指标。

其次，在表 6－27 的基础上，用前文求标准值的方法计算出基期和各年度的相关数据的标准值，具体情况见表 6－28。

表 6－28　2000—2006 年万州区人口素质指标标准值

| 指标 | 基期 | 年度 1 | 年度 2 | 年度 3 | 年度 4 | 年度 5 | 年度 6 | 年度 7 |
|---|---|---|---|---|---|---|---|---|
| $X_1$ | 0 | 0.1021 | 0.1537 | 0.1986 | 0.2347 | 0.2936 | 0.3493 | 0.395 |
| $X_2$ | 0.0541 | 0.105 | 0.1284 | 0.1671 | 0.2077 | 0.2544 | 0.2885 | 0.3221 |
| $X_3$ | 0 | 0.082 | 0.143 | 0.192 | 0.253 | 0.345 | 0.412 | 0.472 |

注：$X_1$ 代表农民市场观念变化；$X_2$ 代表农村非农人口占总人口比重；$X_3$ 代表农民平均受教育情况等指标。

再次，在表 6－28 的基础上，用各年度的标准值减去基期标准值，得出各年度的效益值，具体情况见表 6－29。

表 6-29 2000—2006 年万州区人口素质指标的效益值

| 指标 | 权重 | 年度 1 | 年度 2 | 年度 3 | 年度 4 | 年度 5 | 年度 6 | 年度 7 |
|---|---|---|---|---|---|---|---|---|
| $X_1$ | 0.1477 | 0.1021 | 0.1537 | 0.1986 | 0.2347 | 0.2936 | 0.3493 | 0.395 |
| $X_2$ | 0.4646 | 0.0509 | 0.0743 | 0.113 | 0.1536 | 0.2003 | 0.2344 | 0.268 |
| $X_3$ | 0.3877 | 0.082 | 0.143 | 0.192 | 0.253 | 0.345 | 0.412 | 0.472 |

注:$X_1$ 代表农民市场观念变化;$X_2$ 代表农村非农人口占总人口比重;$X_3$ 代表农民平均受教育情况等指标。

最后,在表 6-29 的基础上,用各年度的标准值乘以相关指标的权重,得出各年度的效益指数,具体情况见表 6-30。

表 6-30 2000—2006 年万州区退耕还林在人口素质方面的效益指数

| 指标 | 年度 1 | 年度 2 | 年度 3 | 年度 4 | 年度 5 | 年度 6 | 年度 7 |
|---|---|---|---|---|---|---|---|
| $X_1$ | 0.0151 | 0.0222 | 0.0287 | 0.0339 | 0.0424 | 0.0505 | 0.0571 |
| $X_2$ | 0.0236 | 0.0345 | 0.0525 | 0.0714 | 0.0931 | 0.1089 | 0.1245 |
| $X_3$ | 0.0031 | 0.0554 | 0.0744 | 0.0981 | 0.1337 | 0.1597 | 0.1829 |

注:$X_1$ 代表农民市场观念变化;$X_2$ 代表农村非农人口占总人口比重;$X_3$ 代表农民平均受教育情况等指标。

3. 生活质量方面效益指数的合成计算

退耕还林政策在农村生活质量领域的效益评价是通过农民对生活的满意度、农村恩格尔系数、农民文教娱乐支出占总支出比重三个指标合成的。由于指标中既有主观指标,又有其他指标,所以,必须对所有指标进行标准化处理,才能进行比较。

首先,在前文分析描述的基础上,对三个指标的基期和各年度的相关数据进行统计整理,具体情况见表 6-31。

表 6-31 2000—2006 年万州区生活质量指标原始值 (%)

| 指标 | 基期 1 | 基期 2 | 年度 1 | 年度 2 | 年度 3 | 年度 4 | 年度 5 | 年度 6 | 年度 7 |
|---|---|---|---|---|---|---|---|---|---|
| $X_1$ | 0 | 0 | 19.5 | 20.5 | 89.3 | 22.6 | 27.2 | 35.4 | 49.6 |
| $X_2$ | 64.74 | 64.39 | 62.9 | 60.06 | 57.34 | 54.63 | 56.2 | 53.2 | 49.75 |
| $X_3$ | 7.01 | 7.06 | 7.16 | 9.36 | 9.32 | 11.14 | 10.45 | 11.17 | 7.64 |

注:$X_1$ 代表农民生活满意度;$X_2$ 代表农村恩格尔系数(用食品占生活支出计算获得);$X_3$ 代表农民文教娱乐支出情况等指标。

其次，在表 6－31 的基础上，用前文求标准值的方法计算出基期和各年度的相关数据的标准值，具体情况见表 6－32。

**表 6－32　2000—2006 年万州区退耕还林生活质量指标标准值**

| 指标 | 基期 | 年度 1 | 年度 2 | 年度 3 | 年度 4 | 年度 5 | 年度 6 | 年度 7 |
|---|---|---|---|---|---|---|---|---|
| $X_1$ | 0 | 0.1643 | 0.2487 | 0.3673 | 0.4892 | 0.6132 | 0.7684 | 0.893 |
| $X_2$ | 0.0065 | 0.0258 | 0.0839 | 0.1226 | 0.1806 | 0.1484 | 0.2129 | 0.2968 |
| $X_3$ | 0.0071 | 0.0142 | 0.3258 | 0.3201 | 0.5698 | 0.4802 | 0.5822 | 0.0822 |

注：$X_1$ 代表农民生活满意度；$X_2$ 代表农村恩格尔系数（用食品占生活支出计算获得）；$X_3$ 代表农民文教娱乐支出情况等指标。

再次，在表 6－32 的基础上，用各年度的标准值减去基期标准值，得出各年度的效益值，具体情况见表 6－33。

**表 6－33　2000—2006 年万州区退耕还林生活质量指标的效益值**

| 指标 | 权重 | 年度 1 | 年度 2 | 年度 3 | 年度 4 | 年度 5 | 年度 6 | 年度 7 |
|---|---|---|---|---|---|---|---|---|
| $X_1$ | 0.4633 | 0.1643 | 0.2487 | 0.3673 | 0.2347 | 0.6132 | 0.7684 | 0.893 |
| $X_2$ | 0.3619 | 0.0193 | 0.0774 | 0.1161 | 0.1741 | 0.1419 | 0.2064 | 0.2903 |
| $X_3$ | 0.1748 | 0.0071 | 0.3187 | 0.313 | 0.5627 | 0.4731 | 0.5751 | 0.0749 |

注：$X_1$ 代表农民生活满意度；$X_2$ 代表农村恩格尔系数（用食品占生活支出计算获得）；$X_3$ 代表农民文教娱乐支出情况等指标。

最后，在表 6－33 的基础上，用各年度的标准值乘以相关指标的权重，得出各年度的效益指数，具体情况见表 6－34。

**表 6－34　2000—2006 年万州区退耕还林在生活质量方面的效益指数**

| 指标 | 年度 1 | 年度 2 | 年度 3 | 年度 4 | 年度 5 | 年度 6 | 年度 7 |
|---|---|---|---|---|---|---|---|
| $X_1$ | 0.0761 | 0.1152 | 0.1702 | 0.1087 | 0.2841 | 0.356 | 0.4137 |
| $X_2$ | 0.007 | 0.028 | 0.042 | 0.063 | 0.0513 | 0.075 | 0.1051 |
| $X_3$ | 0.0012 | 0.0569 | 0.0547 | 0.0984 | 0.0827 | 0.1005 | 0.0131 |

注：$X_1$ 代表农民生活满意度；$X_2$ 代表农村恩格尔系数（用食品占生活支出计算获得）；$X_3$ 代表农民文教娱乐支出情况等指标。

4. 社会进步方面效益指数的合成计算

根据前文的分析，万州区退耕还林在社会进步领域的效益评价是通过对“农民社会治安满意度”“农民社会活动参与程度”和“农村妇女收入占家庭收入比重”三个具体指标合成的。但是由于“农民社会治安满意度”和“农民社会活动参与程度”是两个主观指标，因此，为了分析的需要，把调查得到的数据进行平均，累加处理后分别置于相关年度中。

首先，在前文对社会进步领域相关数据分析描述的基础上，对三个指标的基期和各年度的相关数据进行统计整理，具体情况见表 6-35。

表 6-35 2000—2006 年万州区社会进步指标原始值 (%)

| 指标 | 基期 | 年度 1 | 年度 2 | 年度 3 | 年度 4 | 年度 5 | 年度 6 | 年度 7 |
|---|---|---|---|---|---|---|---|---|
| $X_1$ | 86.6 | 88.2 | 90.7 | 93.9 | 94.9 | 95.3 | 95.8 | 96.2 |
| $X_2$ | 0 | 14.2 | 26.8 | 42.3 | 81.3 | 64.5 | 71.3 | 81.3 |
| $X_3$ | 24.8 | 25.3 | 25.7 | 26.1 | 38.6 | 27.2 | 27.6 | 28.2 |

注：$X_1$ 代表农民对社会治安满意度；$X_2$ 代表农民社会活动参与程度；$X_3$ 代表农村妇女收入占家庭收入的比重等指标。

其次，在表 6-35 的基础上，用前文求标准值的方法计算出基期和各年度的相关数据的标准值，具体情况见表 6-36。

表 6-36 2000—2006 年万州区社会进步指标标准值

| 指标 | 基期 | 年度 1 | 年度 2 | 年度 3 | 年度 4 | 年度 5 | 年度 6 | 年度 7 |
|---|---|---|---|---|---|---|---|---|
| $X_1$ | 0 | 0.0186 | 0.0287 | 0.0354 | 0.0462 | 0.0573 | 0.0754 | 0.083 |
| $X_2$ | 0 | 0.1423 | 0.2675 | 0.4226 | 0.5816 | 0.6454 | 0.7127 | 0.813 |
| $X_3$ | 0 | 0.0182 | 0.0352 | 0.0531 | 0.0738 | 0.0982 | 0.1132 | 0.138 |

注：$X_1$ 代表农民对社会治安满意度；$X_2$ 代表农民社会活动参与程度；$X_3$ 代表农村妇女收入占家庭收入的比重等指标。

再次，在表 6-36 的基础上，用各年度的标准值减去基期标准值，得出各年度的社会进步领域的效益值，具体情况见表 6-37。

表 6-37 2000—2006 年万州区退耕还林在社会进步领域的效益值

| 指标 | 权重 | 年度 1 | 年度 2 | 年度 3 | 年度 4 | 年度 5 | 年度 6 | 年度 7 |
|---|---|---|---|---|---|---|---|---|
| $X_1$ | 0.4348 | 0.0186 | 0.0287 | 0.0354 | 0.0462 | 0.0573 | 0.0754 | 0.083 |
| $X_2$ | 0.3091 | 0.1423 | 0.2675 | 0.4226 | 0.5816 | 0.6454 | 0.7127 | 0.813 |
| $X_3$ | 0.2561 | 0.0182 | 0.0352 | 0.0531 | 0.0738 | 0.0982 | 0.1132 | 0.138 |

注：$X_1$ 代表农民对社会治安满意度；$X_2$ 代表农民社会活动参与程度；$X_3$ 代表农村妇女收入占家庭收入的比重等指标。

最后,在表6-37的基础上,用各年度的标准值乘以相关指标的权重,得出社会进步领域各年度的效益指数,具体情况见表6-38。

**表6-38 2000—2006年万州区退耕还林在社会进步领域的效益指数**

| 指标 | 年度1 | 年度2 | 年度3 | 年度4 | 年度5 | 年度6 | 年度7 |
|---|---|---|---|---|---|---|---|
| $X_1$ | 0.0081 | 0.0125 | 0.0154 | 0.0201 | 0.0249 | 0.0328 | 0.0361 |
| $X_2$ | 0.044 | 0.0827 | 0.1306 | 0.1798 | 0.1995 | 0.2203 | 0.2513 |
| $X_3$ | 0.0047 | 0.009 | 0.0136 | 0.0189 | 0.0251 | 0.029 | 0.0353 |

注:$X_1$ 代表农民对社会治安满意度;$X_2$ 代表农民社会活动参与程度;$X_3$ 代表农村妇女收入占家庭收入的比重等指标。

5. 经济发展方面效益指数的合成计算

根据前文分析,万州区退耕还林政策在经济发展方面的效益评价是通过人均GDP、农民人均纯收入、主要农作物单产三个指标合成的。依据实际情况,主要农作物单产指标选择小麦产量作为评价数据。

首先,在前文对经济发展领域相关数据分析描述的基础上,对三个指标的基期和各年度的相关数据进行统计整理,具体情况见表6-39。

**表6-39 2000—2006年万州区经济发展领域的指标原始值** 单位:元、千克/公顷

| 指标 | 基期1 | 基期2 | 年度1 | 年度2 | 年度3 | 年度4 | 年度5 | 年度6 | 年度7 |
|---|---|---|---|---|---|---|---|---|---|
| $X_1$ | 3034 | 3437 | 4045 | 4896 | 5505 | 6301 | 7512 | 8646 | 10040 |
| $X_2$ | 1407.2 | 1625.4 | 1651.2 | 1707.6 | 1802.4 | 1925.1 | 2287.1 | 2582.1 | 2739.3 |
| $X_3$ | 2654.8 | 2874.3 | 3253.3 | 3047.6 | 3155.2 | 3189.4 | 3469 | 3506.9 | 3563.2 |

注:$X_1$ 代表人均GDP;$X_2$ 代表农民人均纯收入;$X_3$ 代表小麦单产等指标。

其次,在表6-39的基础上,用前文求标准值的方法计算出基期和各年度在经济发展领域的相关数据的标准值,具体情况见表6-40。

**表6-40 2000—2006年万州区退耕还林在经济发展方面的指标标准值**

| 指标 | 基期 | 年度1 | 年度2 | 年度3 | 年度4 | 年度5 | 年度6 | 年度7 |
|---|---|---|---|---|---|---|---|---|
| $X_1$ | 0.1328 | 0.1769 | 0.4245 | 0.6017 | 0.8333 | 1.1856 | 1.5155 | 1.9211 |
| $X_2$ | 0.1551 | 0.0159 | 0.0506 | 0.1089 | 0.1844 | 0.4071 | 0.5886 | 0.6853 |
| $X_3$ | 0.0826 | 0.1319 | 0.0603 | 0.0977 | 0.1096 | 0.2069 | 0.2201 | 0.2397 |

注:$X_1$ 代表人均GDP;$X_2$ 代表农民人均纯收入;$X_3$ 代表小麦单产等指标。

再次,在表6-40的基础上,用各年度的标准值减去基期标准值,得出各年度的经济发展领域的效益值,具体情况见表6-41。

**表6-41 2000—2006年万州区退耕还林在经济发展方面的效益值**

| 指标 | 权重 | 年度1 | 年度2 | 年度3 | 年度4 | 年度5 | 年度6 | 年度7 |
|---|---|---|---|---|---|---|---|---|
| $X_1$ | 0.4688 | 0.0441 | 0.2917 | 0.4689 | 0.7005 | 1.0528 | 1.3827 | 1.7973 |
| $X_2$ | 0.308 | -0.1392 | -0.1045 | -0.0462 | 0.0293 | 0.252 | 0.4335 | 0.5302 |
| $X_3$ | 0.0232 | 0.0493 | -0.0223 | 0.0151 | 0.027 | 0.1243 | 0.1375 | 0.1571 |

注:$X_1$ 代表人均GDP;$X_2$ 代表农民人均纯收入;$X_3$ 代表小麦单产等指标。

最后,在表6-41的基础上,用各年度的标准值乘以相关指标的权重,得出经济发展领域各年度的效益指数,具体情况见表6-42。

**表6-42 2000—2006年万州区退耕还林在经济发展方面的效益指数**

| 指标 | 年度1 | 年度2 | 年度3 | 年度4 | 年度5 | 年度6 | 年度7 |
|---|---|---|---|---|---|---|---|
| $X_1$ | 0.0207 | 0.1367 | 0.2198 | 0.3284 | 0.4936 | 0.6482 | 0.8426 |
| $X_2$ | -0.0429 | -0.0322 | -0.0142 | 0.009 | 0.0776 | 0.1335 | 0.1633 |
| $X_3$ | 0.0012 | -0.0005 | 0.0004 | 0.0006 | 0.0029 | 0.0032 | 0.0036 |

注:$X_1$ 代表人均GDP;$X_2$ 代表农民人均纯收入;$X_3$ 代表小麦单产等指标。

(二)退耕还林社会经济效益综合分析评价

在上文五个二级指标领域要素指标合成的分领域指数基础上,根据评价指标处理方法和构建的综合评价模型,计算并合成万州区退耕还林政策在社会经济效益综合指数。

1. 万州区退耕还林社会经济效益综合指数的合成

其基本步骤:第一步,把万州区退耕还林政策在社会经济效益分领域指数分别进行汇总(见表6-43);第二步,根据分领域指数在总指数中的权重和各自指数值进行加权求和计算,求出万州区退耕还林政策社会经济效益综合指数(见表6-44)。

**表 6-43　2000—2006 年万州区退耕还林在社会经济效益分领域效益指数汇总**

| 指标 | 权重 | 年度 1 | 年度 2 | 年度 3 | 年度 4 | 年度 5 | 年度 6 | 年度 7 |
|---|---|---|---|---|---|---|---|---|
| $X_1$ | 0.2294 | 0.087 | 0.1745 | 0.2427 | 0.2683 | 0.3222 | 0.3854 | 0.4619 |
| $X_2$ | 0.1974 | 0.0418 | 0.1121 | 0.1556 | 0.2034 | 0.2692 | 0.3191 | 0.3645 |
| $X_3$ | 0.1535 | 0.0843 | 0.2001 | 0.2669 | 0.2701 | 0.4181 | 0.5315 | 0.5499 |
| $X_4$ | 0.1721 | 0.0568 | 0.1042 | 0.1596 | 0.2188 | 0.2495 | 0.2821 | 0.3227 |
| $X_5$ | 0.2476 | -0.021 | 0.104 | 0.206 | 0.338 | 0.5741 | 0.7849 | 1.0095 |

注：$X_1$ 代表社会结构；$X_2$ 代表人口素质；$X_3$ 代表生活质量；$X_4$ 代表社会进步；$X_5$ 代表经济发展等指标。

**表 6-44　2000—2006 年万州区退耕还林社会经济效益综合指数**

| 指标 | 年度 1 | 年度 2 | 年度 3 | 年度 4 | 年度 5 | 年度 6 | 年度 7 |
|---|---|---|---|---|---|---|---|
| $X_1$ | 0.02 | 0.04 | 0.0557 | 0.0615 | 0.0739 | 0.0884 | 0.106 |
| $X_2$ | 0.0083 | 0.0221 | 0.0307 | 0.0402 | 0.0531 | 0.063 | 0.072 |
| $X_3$ | 0.0129 | 0.0307 | 0.041 | 0.0415 | 0.0642 | 0.0816 | 0.0844 |
| $X_4$ | 0.0098 | 0.0179 | 0.0275 | 0.0377 | 0.0429 | 0.0485 | 0.0555 |
| $X_5$ | -0.0052 | 0.0258 | 0.051 | 0.0837 | 0.1355 | 0.1943 | 0.2499 |
| $X_6$ | 0.0458 | 0.1365 | 0.2059 | 0.2646 | 0.3695 | 0.4758 | 0.5678 |

注：$X_1$ 代表社会结构；$X_2$ 代表人口素质；$X_3$ 代表生活质量；$X_4$ 代表社会进步；$X_5$ 代表经济发展；$X_6$ 代表各年度综合效益指数等指标。

2. 万州区退耕还林社会经济效益综合分析与评价

在对万州区退耕还林的社会经济效益综合指数合成的基础上，运用相关的分析工具，对万州区 2000—2006 年退耕还林期间其社会经济效益进行综合分析和评价，力争比较客观科学地揭示出其退耕还林政策实施的成就和不足，为退耕还林后续政策的制定和完善提供较好的决策参考。

(1)社会经济效益整体综合分析评价

首先，由表 6-44 可知，2000—2006 年万州区退耕还林政策在社会经济方面的综合效益指数分别为：0.0458、0.1365、0.2059、0.2646、0.3695、0.4758、0.5678，从综合效益指数来看，2000 年和 2001 年其数据分别为

0.0458、0.1365，表明退耕还林在开展的初期，其社会经济效益非常小，随后，在2002—2003年，其效益指数虽有上升，但也仅仅为0.2059、0.2646，变化幅度不大。随着时间的推移和退耕还林工程的深入发展，其社会经济综合效益开始变得逐步明显，从2004—2006年，其效益指数为0.3695、0.4758、0.5678，表明退耕还林的社会经济综合效益开始增加，这一点从图6-4中也可看出。2000—2006年万州区的退耕还林的社会经济综合效益指数曲线可以近似的看作一条向上的直线，表明退耕还林在社会经济综合效益方面的作用在逐年增加。但是在2000—2003年的初始阶段，其直线比较平坦，表明其作用不明显。2004—2006年这一时期的直线比较陡峭，表明其作用日益凸显。

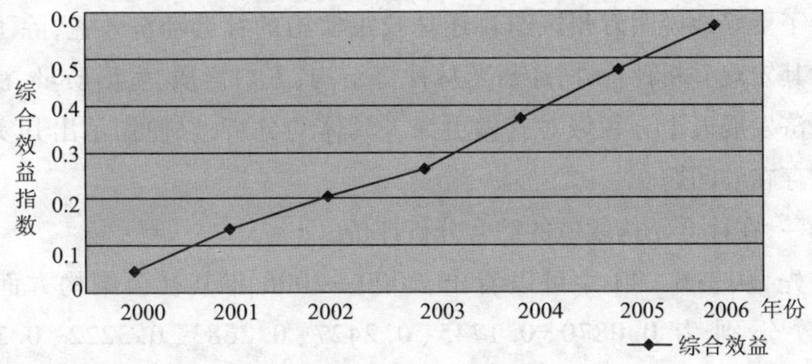


**图6-4 退耕还林社会经济综合效益指数**

其次，2000—2006年万州区退耕还林政策在社会经济综合效益逐步上升的同时，在不同的时间对社会结构、人口素质、生活质量、社会进步、经济发展五个分领域的作用和影响存在着很大的差异。这一点从表6-44和图6-5可以看出：从整体上看，它对社会结构和经济发展的作用最大，其次为人口素质和生活质量，对社会进步的作用最小。与此同时，在不同的时间段，其对不同的领域的作用也是不同的，在2000—2001年的开始阶段，退耕还林政策的实施对社会结构的影响最大，而对经济发展的影响最小。而从2003—2006年，随着退耕还林工程的深入开展和各种补偿资金到位以及外出打工和产业结构的调整，其对经济发展领域的作用最大，而对社会进步和人口素质的影响最小。这也充分反映了退耕还林工程的复杂性和长期性，它的许多成效还需要经历一个较长的时间才会显现出来。

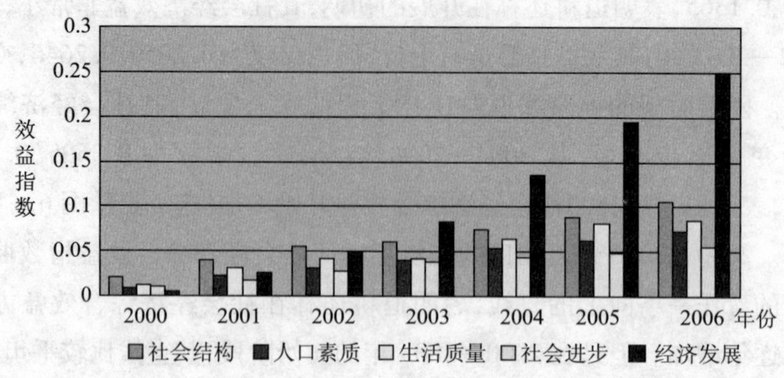


**图6-5 退耕还林各年度效益指数**

(2)退耕还林分领域的综合分析评价

为了更好地说明万州区退耕还林政策实施的社会经济效益,除了从整体上对其宏观分析评价外,还需要从社会结构、人口素质、生活质量、社会进步和经济发展五个分领域对其做更深入具体的分析,以便揭示出其实际的成效和存在的问题。

第一,在社会结构领域的综合分析评价。

首先,从表6-43中可以看出,2000—2006年其社会结构方面的效益指数分别为0.0870、0.1745、0.2427、0.2683、0.3222、0.3854、0.4619,其效益指数表现为逐年增加,在图形上表现为一条向上倾斜的直线(见图6-6)。

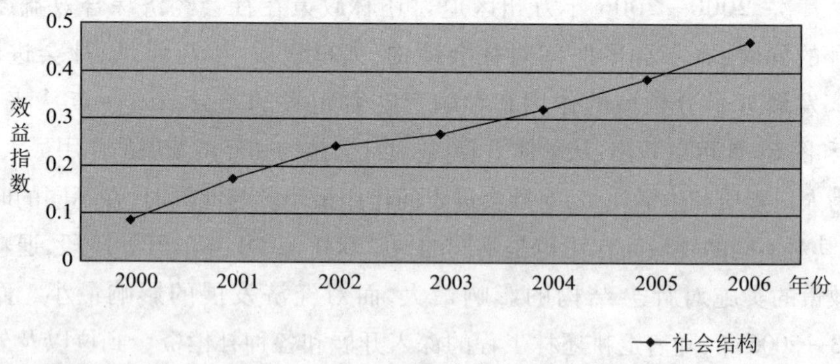


**图6-6 社会结构领域的效益指数**

其次,在社会结构领域其具体的要素指标为第三产业产值占 GDP 的比重、农村非农业劳动力占农村劳动力的比重、农村干群关系改善程度,三个要素指标的效益指数也是有差异的(见表6-26)。从图6-7可以看出,退耕还林作用效益最明显的是对农村劳动力转移的作用,在2000年退耕的开始阶段,在农村劳动力转移方面,其作用效益是最小的,但是随着退耕深入发展和退耕面积的扩大,使得许多农户有更多的空闲时间去外出打工和从事二、三产业,这在2003—2006年表现得非常明显,而对产业结构的作用不如劳动转移明显,这主要是由于万州区仍然是一个以农业为主的传统的贫困区域,在短时间内要改变其产业结构是非常困难的。此外,退耕还林对改善农村干群关系有一定的作用,但作用效果变化不大。

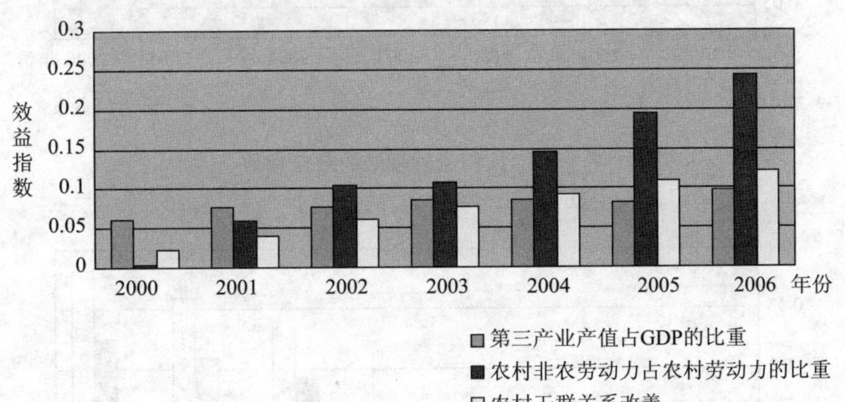


**图6-7　社会结构领域要素指标的效益指数**

第二,在人口素质领域的综合分析评价。

首先,从表6-43中可以看出,2000—2006年其人口素质方面的综合效益指数分别为:0.0418、0.1121、0.1556、0.2034、0.2692、0.3191、0.3645,其发展趋势是逐年增加,但变化幅度较小,在图形上表现为一条向上平缓倾斜的直线(见图6-8)。

其次,具体反映人口素质的三个要素指标,农民市场观念变化、农村非农人口占总人口比重、农民平均受教育情况在各年度的效益指数变化也是不同的(见图6-9),其中农民市场观念变化最小,其次为农村非农人口占总人口比重,变化最大的是农民平均受教育情况(主要是各种技术培训)。这种变化状况,也是符合万州区的实际情况,因为万州区是一个社会经济发展相对滞后的农业大县(区),农民的观念和农村非农人口的变化在短时间内很难有大的变化。恰恰相反,像对农户的各种技术培训等办法却能迅速改变农民的很多观念,促进社会经济发展。因此,如何推进林地产权改革,加强对农民各种技术培训,是实现农村人口素质改善的重要途径。

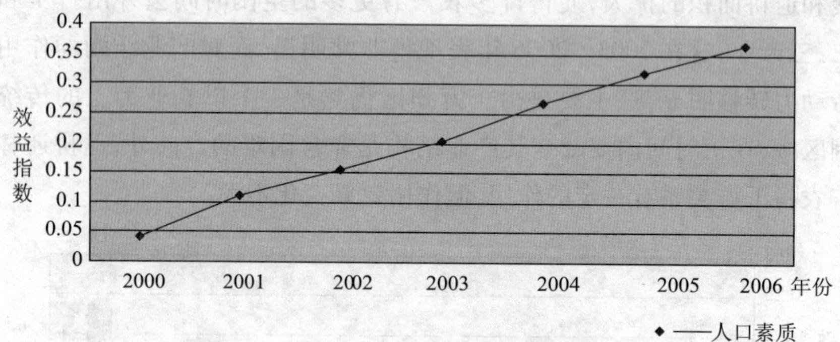


**图6-8 人口素质领域的效益指数**

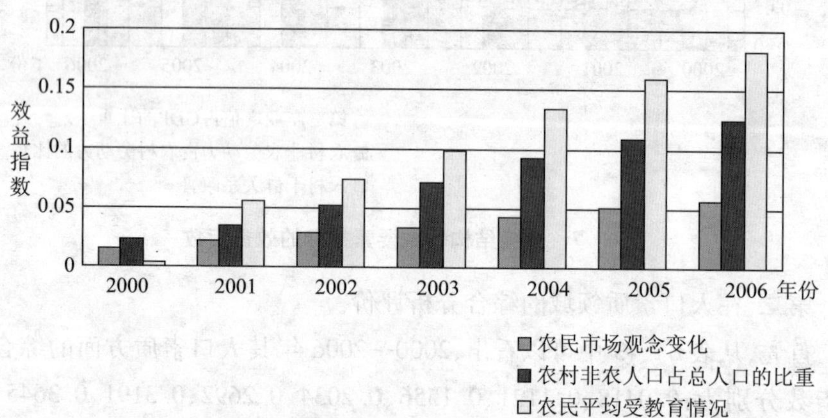


**图6-9 人口素质领域要素指标的效益指数**

第三,在生活质量领域的综合分析评价。

从表6-43中可以看出,2000—2006年其生活质量方面的综合效益指数分别为:0.0843、0.2001、0.2669、0.2701、0.4181、0.5315、0.5499,整体呈现直线上升趋势。但是各个时段的变化有所差异(见图6-10),2000—2003年变化较小,而2004—2006变化较大。这表明,随着退耕还林工程的深入开展，农户的退耕补偿和其他收入的增加，逐步改变了农民的生活质量，但其作用有限。与此同时，在生活质量领域的要素指标中农民生活满意度、农村恩格尔系数（用食品占生活支出计算获得）、农民文教娱乐支出情况等方面的具体效益是有所差别的，其中农民生活满意度的效益指数变化最大，表明通过退耕还林，农民的生活并未受到很大影响。相反，通过退耕补偿和其他收入增加，农户得到了实惠，生活满意度逐步增加；对农村恩格尔系数（用食品占生活支出计算获得）的改变有影响，但影响变化不大。这也反映了万州区农村整体社会消费水平和消费能力在短时间内很难有大的改变；效益指数最小的是农民文教娱乐支出，这表明退耕还林并未对农民的精神生活面貌有明显影响（见图6-11）。

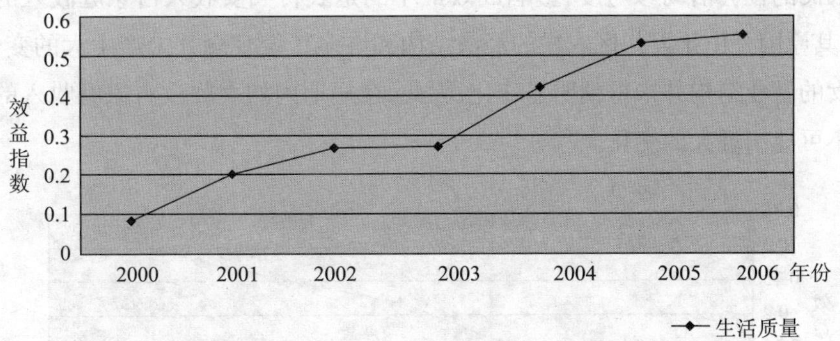


**图6-10 生活质量领域的效益指数**

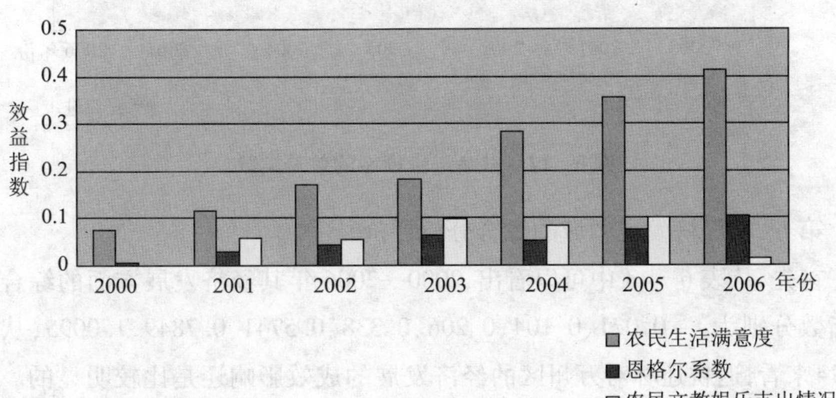


**图6-11 生活质量领域要素指标的效益指数**

第四，在社会进步领域的综合分析评价。

从表 6 - 43 中可以看出，2000—2006 年其社会进步方面的综合效益指数分别为：0. 0568、0. 1042、0. 1596、0. 2188、0. 2495、0. 2821、0. 3227，呈现向上增加的非常平缓的一条直线（见图 6 - 12），这表明退耕还林虽然在逐步改善农民的社会状况，但是成效不明显，其中的主要原因是退耕还林在短期内很难改变传统的社会结构和活动方式。同时，社会进步领域的三个要素指标，农民对社会治安满意度、农民社会活动参与程度、农村妇女收入占家庭收入的比重受到退耕还林影响的成效也是有差异的（见图 6 - 13）。在图 6 - 13 中可以看出，农民社会活动参与程度的成效最为显著，这主要是由于在退耕期间广大农户经常参加像种苗分配、栽培技术培训、补偿公示等活动，从而提高了农民的社会活动参与度；影响成效最小的是农村妇女收入占家庭收入的比重，其原因是由于万州区农村的经济结构和许多传统观念并未产生大的变化，妇女的就业结构并未得到明显变化，因此，在短期内妇女收入占家庭收入的比重不可能出现大的变化。

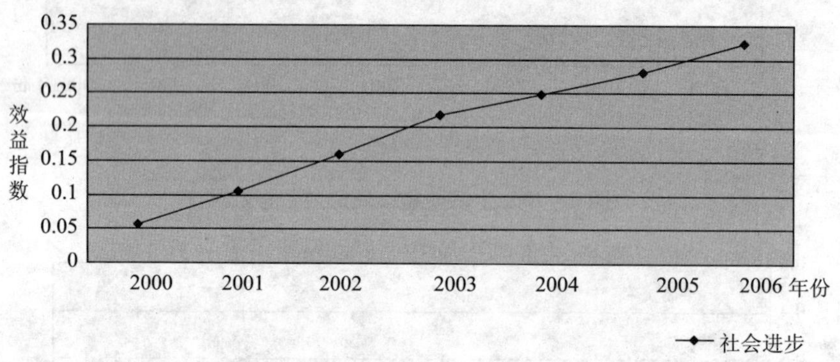


**图 6 - 12　社会进步领域的效益指数**

第五，在经济发展领域的综合分析评价。

首先，从表 6 - 43 中可以看出，2000—2006 年其经济发展方面的综合效益指数分别为：- 0. 021、0. 104、0. 206、0. 338、0. 5741、0. 7849、1. 0095，从图 6 - 14来看，退耕还林对万州区的经济发展的成效影响还是比较明显的。在退耕初期，由于大量土地退耕，使得这个以农业生产为主的地区经济发展效益指数呈现负数，随着时间的推移和退耕的深入发展，退耕还林对经济发展的成效比较明显,2004—2006 年,万州区退耕还林对经济发展的效益指数在 0.5 ~1,效益显著(见图 6 -15)。

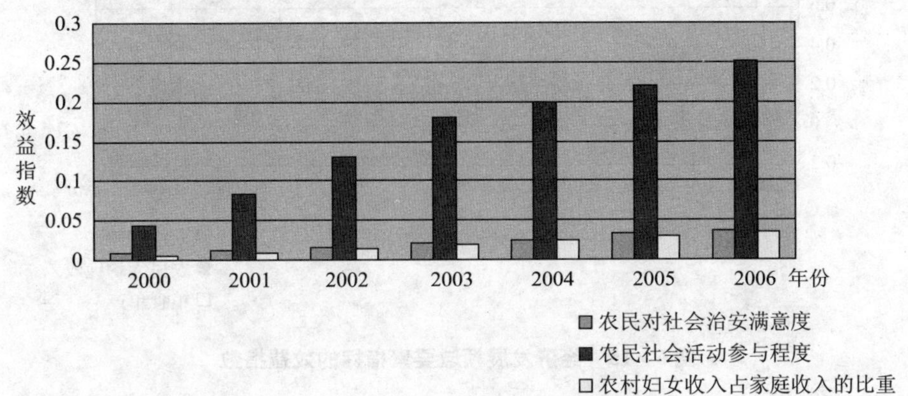


**图 6 -13 社会进步领域要素指标的效益指数**

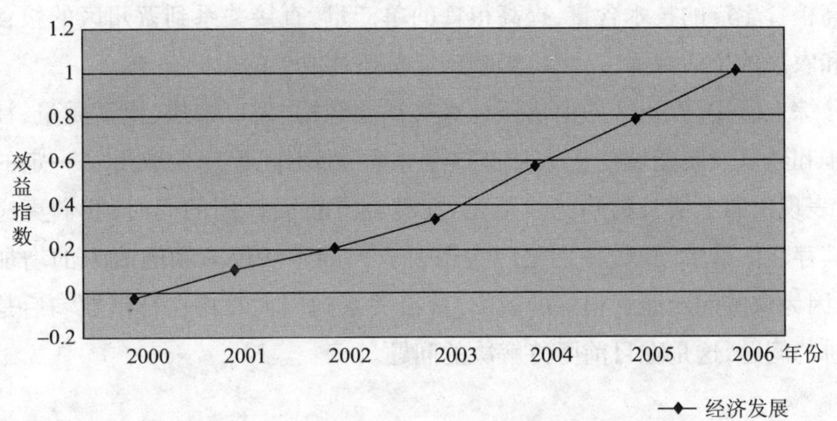


**图 6 -14 经济发展领域的效益指数**

其次,在看到退耕还林对万州区经济发展的成效的同时,我们也应该看到,退耕还林对经济发展领域的三个要素指标,人均 GDP、农民人均纯收入、小麦单产的作用成效是有着非常大的差异的,这一点从图 6 -15 中可以清楚地看出:对人均 GDP 的影响成效是最大的,而对农民人均纯收入和粮食单产的作用成效是最小的,特别是农民人均纯收入在 2000—2002 年其效益指数出现了负数,即使到了后期的 2003—2006 年其效益指数虽然有所增加,但增

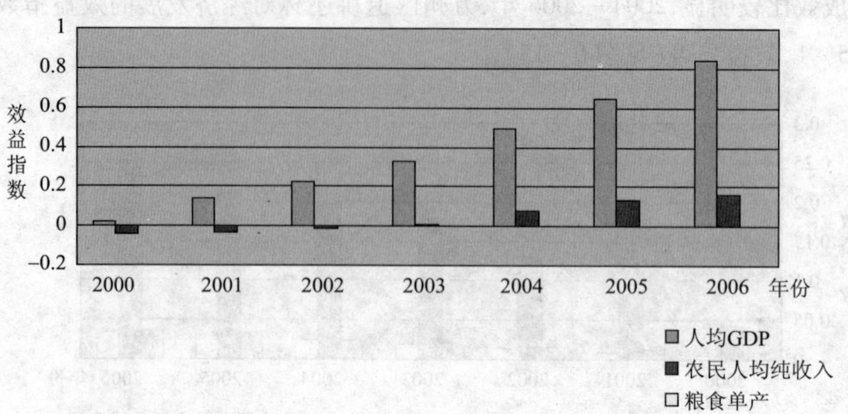


**图6-15 经济发展领域要素指标的效益指数**

长的幅度非常小，这将是万州区退耕还林成果能否巩固的隐患。同时，我们也应看到，退耕还林对万州区的粮食单产并未起到增收的作用，因此，如何提高粮食生产的技术含量，提高粮食的单产量，直接关系到万州区的粮食安全和农民的生活保障，这也将影响到退耕还林成果的巩固。

综上所述，万州区的退耕还林对其社会结构、人口素质、生活质量、社会进步和经济发展领域的成效从整体上来看，都不同程度地取得了一定的进步，表现出向上增长的趋势。但是，在看到其正面作用的同时，我们更应看到其存在的诸多问题，特别是广大退耕农民的生活保障和纯收入的增加问题，因为这些问题能否很好的解决，直接关系到广大农户在补偿期满后是否复耕的问题，这是在目前亟待解决的问题。

# 第七章 CHAPTER 7 退耕还林政策的缺陷和问题与制度创新

我国的退耕还林工程主要是在类似于三峡库区这样的广大西部地区实行和开展的。而这些区域的整体特征是:生态环境脆弱但生态地位尤为重要,社会经济发展相对滞后,是国家级贫困县主要的集中区域。在退耕补助到期后还没有后续收入的农民,多是处于这一贫困地区和不发达状态的农民。如果要实现退耕还林工程的预期生态目标并巩固其成果,就必须要以其社会经济目标的实现为其基本前提。因此,如何正确估计退耕还林工程的艰巨性、长期性、复杂性,科学地评价和揭示退耕还林政策实施中的缺陷和问题,形成一个能够兼顾多重目标的政策体系,借鉴国外林业生态工程的经验,构建我国退耕还林工程后续政策体系,加强我国退耕还林后续政策的环境机制建设,实现制度创新,促使退耕还林工程政策的长期化、法制化,在落实配套措施的基础上,推动土地流转,创新经营制度,提高农民收入,稳定农村经济,确保退耕还林工程的成果巩固和可持续发展,是退耕还林工程后续政策体系设计和制度创新所要解决的重大问题。

## 第一节 现行退耕还林政策体系的缺陷和问题

我国现行的退耕还林政策体系是在20世纪末我国生态环境出现重大生态危机和社会经济发展出现重大转变之际所实施的一项重要生态修复工程政策。该政策体系从试点和全面开展以来的10余年时间里,其工程和政策的生态效益、社会经济效益等综合效益成效显著。但是,在看到重大成效的同时,我们更应注意到其政策体系在制度设计和实施过程中所暴露出来的缺陷和问题。这些缺陷和问题如果在退耕还林的后续时期得不到科学合理的解决和完善,必将影响到退耕还林政策实施成果的巩固和工程的可持续发展。

## 一、现行退耕还林政策体系设计的缺陷

我国现行退耕还林政策体系在其设计和执行过程中的偏离,导致其政策体系存在着严重的缺陷。这种缺陷直接制约了退耕还林政策预期目标的实现和工程的可持续发展。

### (一)制度设计的粗放性

我国现行退耕还林政策体系的缺陷首先表现为制度设计的粗放性,这种粗放性的特征在退耕还林政策的退、还、管、补四个环节上都有不同程度的表现。

首先,在退耕和还林环节主要表现为盲动性和宏观指导的滞后性。在退耕还林过程中,各个地方退多少、如何退等问题显现出明显的盲动性,在退耕初期,规划的任务面积相对较小,但是在2002年和2003年,由于退耕补偿标准的执行和各地运用行政手段的干预,我国西部地区退耕面积大面积地增加,有的地区甚至把退耕还林当作一项新的形象工程,不顾当地自然环境和社会经济发展的实际,把许多不应退耕的土地退耕,而该退耕的却没有退耕。与此同时,退耕还林还表现出宏观指导上的滞后性。在退耕还林初期,国家下达给地方的造林任务常常晚于地方的造林时间,这在2003年表现得特别突出。2003年之前各地纷纷扩大退耕面积,但是当2003年造林任务下达时,许多地方的退耕还林经费和补偿资金出现大量缺口,便纷纷减少退耕面积。

其次,退耕还林政策的粗放性在管、补环节也有明显的表现。在管理环节方面,管理的标准和制度设计缺失,也没有相应的管理机制和激励机制,即使有一些管理的规定,但是都是一些粗线条的规定,能否在各地操作也是存在问题的。例如,西部许多牧区的禁牧与偷牧现象即是典型的例证。另外在补偿机制方面的许多制度设计也同样存在诸多缺陷。例如补助期限和补助标准、补偿期限和补偿标准是如何定量设计出来的没有详细的说明,基

本上在各个区域采取的是一刀切的做法，表现极大的粗放性。

（二）制度设计缺乏科学性和合理性

综观我国现行退耕还林政策体系和在实践中表现出来的问题，其缺陷之一就是其深层次制度设计缺乏科学性和合理性。

首先，我国现行的退耕还林政策的实施与执行主要是采取了行政干预的手段，缺乏经济代理手段，在政策的设计中，没有很好地协调和解决各种主体利益的矛盾和冲突，如中央政府的主要目标是生态利益目标，地方政府有自己的多重利益目标，而执行退耕还林政策任务的广大农民只顾自己的眼前生计利益，因此这种各个主体间的利益矛盾冲突如果没有很好的协调机制和解决措施，退耕还林政策实施的效果会最终偏离预定目标。与此同时，我国现行退耕还林政策在许多技术设计上也缺乏科学性和合理性，例如，我国各个地区的自然环境和社会经济发展水平的差距非常大，因此，各个地区退耕还林的具体树种如何选择，退耕的模式如何确定，退耕的标准如何设计都应根据各个地区的实际情况通过科学的论证和精心的设计。但事实上，各个地方政府和农户为了完成当年的退耕任务，对退耕还林的技术和质量重视不够，更多的是注重退耕的数量，退耕还林工程的质量得不到强有力的技术支撑和制度保障。

其次，我国现行退耕还林政策在制度设计上缺乏科学性在其核心政策——补偿机制方面表现得特别突出，缺乏强有力的理论依据和现实依据。例如在补助期限方面，根据现行的退耕还林政策，经济林的补助期限是5年，生态林的补助期限是8年，2007年国家在巩固退耕还林成果的相关文件中规定补偿期限延长一个周期，但补偿标准折半执行。

从理论上来看，退耕还林政策的补助期限设计是存在问题的，从经济学的角度来说，生态林属于公共资源，公共资源属于公共物品的范畴。公共物品的提供者无法通过市场获取任何收益，所以公共产品不适宜也不应该由私人生产，而应该由国家提供。退耕还林政策实质是一项国家提供公共物品的政策，问题的特殊性在于退耕还林政策的实施以土地家庭联产承包责任制为基础，这就决定了公共物品的供给主体不是国家而是退耕农户。退耕农户却很难对整个社会和居民收取任何费用，也无法阻止其消费，这就意味着退耕农户作为寻找私人利益的私人生产者，在建设生态林后将不能通过市场机制就生态林所产生的正外部性得到任何收益。从激励的角度讲,如果政府想借助个体力量达到既定的生态环保目标,则必须建立健全能有效激励退耕农户,从而使其在追求私人利益的同时恰好实现政府退耕还林目标的一种机制。这就要求公共物品的提供者——国家必须通过非市场机制给公共物品的生产者——退耕农户以一定的价值补偿。否则,退耕农户将由于得不到足够的激励,而使得其经营行为偏离政府的生态环境目标。同时,从法律角度来讲,国家与退耕农户之间的关系可以被视作"委托—代理"关系,国家作为生态林的提供者委托退耕农植树造林,因此,国家作为委托人对退耕农户进行补偿是一种法律上的义务,而后者作为代理人则基于代理国家完成种树护林的任务而享有取得劳动报酬的权利。因此,退耕还林补助不应有任何补助期限的限制,在 5 ~ 8 年之后取消补助对退耕农户来讲于理于法都是不合理不公平的,是严重损害退耕农户利益的表现。

从实践角度来看,现行退耕还林政策的补助期限也是有问题的。根据现行的退耕还林政策,经济林的补助期限是 5 年,生态林的补助期限是 8 年。可能政策的设计者认为经济林在 5 年后就会有收益,生态林在 8 年后就会成为成熟林地,但由于我国西部地区国土辽阔,自然环境差异很大,像三峡库区的很多高山地区和喀斯特地区,林木生长非常缓慢,很多经济林的成熟需要 8 年以上,生态林需要 15 年以上。因此,在补助期限 5 ~ 8 年停止国家补助后,退耕农户将会失去稳定的收益来源,其基本的生活保障也将失去,这对于广大的退耕农户来说是不公平的,对退耕还林政策的成果也是最大的潜在威胁因素。

最后,退耕还林政策的补偿标准也是不科学和不合理的。根据退耕还林的相关法律文件,退耕还林的经济补偿区域分为长江流域及南方地区和黄河流域及北方地区两大区域,长江流域及南方地区统一执行每年每亩 150 千克的粮食补助标准,黄河流域及北方地区统一执行每年每亩 100 千克的粮食补助标准。这种"一刀切"的做法,完全缺乏公平性和科学性,因为它仅仅考虑了退耕地的机会成本而没有考虑其生态价值的贡献。这将会导致退耕过程中农户的抵触情绪和寻租行为的发生。

### （三）政策体系设计缺乏系统性

退耕还林工程是一项有着多重目标的重大生态治理工程，其涉及农户的人数之多、投资之大、影响之深远，都是史无前例的，如此庞大复杂的工程，需要有系统的政策体系来支撑，否则，该工程的预期目标将会受到极大的影响，其持续性也将受到质疑。综观我国退耕还林政策体系，其制度设计的系统性和前瞻性严重不足，对退耕还林工程的复杂性和困难估计不足，与退耕还林工程相关的财政政策、后续产业政策、法律政策、产权政策、林木的采购政策、退耕地区农业发展的相关配套政策等方面都存在设计不足或缺失，使得退耕还林政策体系在巩固其成果方面面临着极大的考验和挑战。因此，在退耕还林工程成果巩固的后续时期，如何设计一套系统性和前瞻性很强的政策体系，使得该体系能够很好地协调退耕还林各主体利益的矛盾，切实保障广大退耕农户的核心利益，推动退耕区域社会经济的可持续发展，从而为巩固工程前期成果提供强有力的制度保障和技术支持，是退耕还林政策可持续发展的重要前提和条件。

## 二、现行退耕还林政策存在的主要问题

目前的退耕还林工程采用的是行政代理原则下的政府主导模式，其政策计划的随意性、补贴政策的粗放性和产权的模糊性，加之作为退耕还林工程的实践主体农民这一弱势群体的利益无法得到保障，以及后续产业政策的不明朗，配套资金的不到位，使得原本有效的配套措施无法落实。随着第一轮退耕期满和新一轮延长期的到来，退耕还林工程需要大量的资金和人力投入，而政府自身资源的有限性导致其提供公共服务的品质和有效性不断下降，制约着预期政策目标的实现。同时，由于现行退耕还林政策缺乏有效的保障机制和后续政策实施的外部环境建设，其成果能否巩固还面临着许多不确定因素。整体而言，目前的退耕还林政策还存在着以下主要问题。

### （一）现行退耕还林政策没有协调好主体间目标利益冲突，导致退耕还林政策绩效多重受损

通过前文对三峡库区退耕政策的农户意愿评价和该政策社会经济与生态效益的评估，可以看出我国现行退耕还林政策体系无论在政策制定层面和执行层面都存在一定的缺陷和问题。其首要表现就是现行退耕还林政策没有协调和处理好以中央政府为代表的宏观利益群体、以地方政府、林业主

管部门为代表的中观利益群体和以退耕地区群众为主体的微观利益群体的三类相关主体的目标利益的矛盾和冲突。而某项政策主要相关群体其目标和利益关系的一致性,以及目标利益冲突的可协调性,是衡量一项政策科学性和可行性的重要理论依据和评价标准,因此,我国现行的退耕还林政策没能协调和处理好不同主体的目标利益的矛盾和冲突,使得以行政代理为主的退耕还林政策的委托—代理绩效多重受损,大大影响了退耕还林政策预期目标的实现和成果的可持续发展。

1. 退耕还林政策相关主体目标利益的差异

从整体上来看,我国现行退耕还林政策的三个相关主体,中央政府、地方政府和退耕农户在目标利益上是存在巨大差异的。

首先,作为全国人民利益代表的中央政府,在该项工程上的首要目标是近期和长远的生态效益的发挥,国家和地区生态环境的改善,即国家的生态安全。其目标利益是国民生存环境的改善以及退耕还林带来的其他宏观社会经济效益。因此,生态目标是中央政府追求的最大目标,当然,从理论上和长远利益来说,三个相关主体是没有根本差异的,只是在近期利益和现实操作中来说,它们是存在目标利益差异的。

其次,退耕还林地区的各级地方政府来说,由于生存和发展受到水土流失等威胁,从理论上来讲相对于其他地区的政府,更加注重环境与经济的协调发展,并不缺乏投身退耕还林的热情。但由于以往政府领导政绩考核注重经济发展指标,因此他们虽然追求生态建设,但更重视经济发展,既追求退耕还林的正外部生态效益,又追求地方利益和部门利益,既服从中央政府的政策安排,又要为地方、部门利益甚至个人利益着想。地方和中央政府博弈的结果往往是"上有政策,下有对策",地方政府和林业主管部门"应付"完成中央政府的任务了事,这种"应付"常造成退耕还林政策在实际施行中出现较大的偏差,生态目标和其他目标可能会与中央政府的目标利益产生矛盾和冲突。

最后,对于以退耕还林农民为主体的微观利益群体,从理论上来讲,在退耕还林还草工程中,其长远目标利益和社会群体利益是基本一致的。退耕还林还草后生态的改善,资源条件的优化将为当地社会经济可持续发展创造更好的条件,通过退耕还林还草过程中的产业结构调整和国家政策的倾斜也将为当地长期、稳定和持续经济发展注入更多的活力，对增加农民收入和减贫缓贫都会产生积极影响。但是，现实的问题是在广大的退耕还林工程区，在自然资源环境恶化的条件下，退耕农民面临着生态与环境的双重压力，许多农民还没有从生存的约束中解脱出来，风险承担力极低。因此，农民作为理性的经济人，普遍对环境改善的支付意愿不强，为了保障生活之需和改善生活质量，他们短期内必然要追求投入产出的最大化，追求经济效益的最大化，同样会与中央政府所追求的生态目标在短期内存在冲突和对立。这样一来，退耕还林政策如何处理和协调三个主体的目标利益的矛盾和冲突就成为退耕还林工程能否健康持续发展的关键。

2. 退耕还林政策相关利益主体冲突的主要表现

我国现行的退耕还林政策，基本上实行的是自上而下的行政代理的多重委托治理模式，市场机制引入较少，这就使得退耕还林工程在信息的对称性、补助政策、投资主体、成果的巩固与管理、成果的收益等方面存在矛盾和冲突，使各个利益主体在退耕还林政策的目标与价值观念等各方面的认识和行动产生了明显的偏差，直接影响了政策预期目标的实现和工程的可持续发展。

退耕还林工程没有明确的长期规划，具有较大的随意性。同时，基本上是以中央直接给地方下达任务的形式来完成，而下达任务的时间一般都晚于地方政府的上报时间，这就导致许多地方政府盲目地提前安排退耕工程量，出现了因信息不对称而形成的地方政府提前制定的工作量无法完成和退耕工程量大起大落的现象。最典型的是在2002—2003年各地一哄而上大规模地扩大退耕工程量，到2004年，国家发现无法兑现如此庞大的退耕补偿，对退耕还林计划进行了所谓的“适时性、结构性”调整，对退耕还林的总任务进行了大幅压缩，由2003年的10700万亩锐减为2004年的6000万亩，其中退耕地造林1000万亩，宜林荒山荒地造林5000万亩。退耕地造林的任务量，只有2003年的1/5、2002年的1/4。当年计划公布时间延迟近5个月，计划规模又大幅减少，这使得许多地方提前安排的工程量有很多超标面积难以兑现。试点期间超量退耕的矛盾尚未化解，新的矛盾业已形成，造成了不必要的社会矛盾和经济损失，更重要的是影响到了政策的连续性和稳定性。

总而言之,中央政府作为退耕还林工程政策的制定者和发起者,在支付了巨额的投入资金后,希望改善生态环境,产生良好的生态效益和社会效益,但由于缺乏系统的配套措施和相关的立法和监督保障机制,实现生态目标只是中央政府的一厢情愿的想法。地方政府和许多退耕农户在观念上和行动上的目标还没有上升到生态效益目标的境界,退耕还林还没有变成地方政府和农户的自觉行动,更多的是一种利益投机行为。退耕农户是工程实施的主体,但从退耕还林工程实际情况看,因为缺乏对破坏环境所产生的严重后果的认识及保护和改善环境所带来的良好生态回报,他们还没有树立环境忧患意识,未能形成正确的生态价值观,不理解人口、资源、环境和经济社会发展的辩证关系。由于缺乏正确价值观的指导,退耕还林工程还没有成为农民的自觉行动,在还什么林的问题上,没有认真考虑并积极争取行使其权利。部分退耕农户在项目实施初期积极性高,后期则有动摇趋势,退耕积极,还林则缺乏主动,可以说退耕还林工程的实施机制缺乏牢固的微观基础。与此同时,一些地方政府领导对退耕还林工程认识不到位,要政策、争任务时积极,而对工程的组织领导和实施管理则没有引起足够的重视,只顾眼前,不管长远,缺乏正确的政绩观和科学的发展观,对如何解决好退耕农户的稳定增收思考较少,办法不多,措施不力,也没有严明的赏罚体制。有些地方政府因财力有限,缺乏配套资金,因而对退耕还林工程的投入不足,相关服务跟不上,不能真正落实如水利设施修建、种植结构调整、技术服务和市场服务等各项配套措施。与此同时,农民对退耕还林工程的抚育管理、经济林培土、追肥、修枝等一系列技术措施没有掌握,从而在退耕还林工程建设中形成了中央政府要生态、地方政府要经济发展、农户要生计的冲突现象。

(二)补偿(补助)政策存在诸多问题

退耕还林补助政策存在的问题主要表现在补助的标准、补助期限等有关方面的设计和规定缺乏科学性和实践性,这使得政策在实际执行过程中暴露出许多问题和弊端。

1. 补助标准存在的问题

按照退耕还林政策的相关规定,退耕还林补助标准基本上实行的是“一刀切”的模式,忽略了各个地区的自然环境和社会经济环境的巨大差异所导致的退耕成本差异。例如,在补助标准方面,在空间上只是分为黄河流域和长江流域两个补偿标准,在补偿对象上只分为生态林和经济林。这种粗放式补偿标准的实施,使得退耕成本低于补偿标准的地区基于投机目的的盲目扩大退耕规模,而退耕成本大于补偿标准的地区和农户则不愿进行退耕,这就造成有的地方补贴高于原有坡耕地的耕作收益,造成财政投资的浪费,有的地方补贴低于原土地耕作收益,挫伤了农民退耕还林工程的积极性,而且从一开始就埋下了应付退耕的隐患。从退耕还林工程重点监测县的监测结果来看,不同地区由于自然条件的限制,造林成活率、保存率差异较大。例如,在北方干旱、半干旱地区,国家补助的种苗费用只能抵偿第一次栽种时的开支,补植时的费用很难保证。同时,近年退耕面积迅速扩大,种苗需求量大于供给量,导致价格居高不下,种苗费的支出远大于国家的补助。由于种苗和造林补助费偏低,而且农民在种苗选择、苗价决定上没有发言权,林管部门在种苗的品种、质量和数量上常常准备不足,往往不能满足农民对种苗的需求,造林树种普遍单一,无法保证还林质量。值得注意的是,部分退耕农户退耕初期外出打工,受近年惠农政策的引导和粮食价格上涨,部分劳力返乡务农后,土地不够耕种,从经济利益的角度看退耕不划算,有复耕的欲望。而在退耕的过程中,许多地方政府和农户参与退耕的目的不是要实现生态目标,而是基于获得补偿的利益驱动,这就形成了主动的退耕和被动的还林,因此,许多地方政府和退耕农户在获得退耕补偿后,并不愿真正去监管和管护树林,这就使得退耕还林的质量大打折扣。

2. 补助期限存在的问题

退耕还林政策的补偿期限也是存在问题的。按照现行退耕还林政策的规定,生态林的补偿期限为 8 年,经济林的补偿期限为 5 年,在成果巩固时期,国家有规定延长一轮补偿时间,但补偿标准减半。事实上,退耕还林的这种补偿期限的规定,既缺乏理论依据,也缺乏实践支持。据笔者在巫山县、奉节县和万州区等库区乡镇调研时发现,许多农户对补助的期限和补助的减半标准表现出明显的忧虑和担心,像巫山县大昌镇的许多农户就明确表示,新一轮延长期补助的标准太低,补助期限太短,根本无法支撑他们最基本的生计和基本开支,而随着粮食价格的上涨,他们目前的打工收入也很难满足生活的开支,即使复耕,农民也是忧心忡忡,因为他们必须要投入大量的劳动力去清理退耕地的荆棘和林地，但许多农户表示，如果实在没有办法，他们也只有复耕。

与此同时，在政策执行过程中，个别地区合同签订不规范，政策兑现不及时。有些地方的合同明显地违反国家的政策规定，克扣农民应得的补助；有的地方在国家计划没有下达时就盲目与农民签订合同或承诺将其纳入退耕还林工程计划，以至于农民实际退了耕而享受不了政策补助，造成一些社会矛盾。在政策兑现方面，有的地方弄虚作假，冒领补助粮款，有的地方截留、抵扣农业税，甚至提取设计费和服务费，补助粮以次充好，低价回购补助粮等。因此，如何科学制定退耕还林补助政策的标准和期限并保证补助真正落到退耕农户的手中，解决退耕农户最基本的生计问题，是值得认真思考和需要解决的一个重大问题。

### （三）退耕还林工程产权政策存在问题，林地管理不到位

退耕还林工程虽然在各个退耕地区都发放了林地权证，但由于与现行的土地制度、家庭结构变化、大户承包和林地采伐制度都不同程度地存在矛盾和冲突，导致林地管理主体权属混乱，林地管理不到位。

首先，在政策规定上，林地产权权属不清，相关政策存在矛盾和冲突。例如，国家规定退耕土地的承包经营期限可延长到70年，到期后可以继续依法承包，但却没有与林地流转有关的配套法规，退耕还林工程产权转让市场建设落后，林地和林木的继承、转让、租赁、入股、拍卖、抵押等跟不上实际发展的需要，市场化程度还很低，出现了林地承包经营权不能合理流转的问题。同时，农民对林木的经营权和采伐权受到严格限制。例如，退耕政策规定，生态林比例不低于80%，经济林比例不高于20%，为了地方经济和农民利益考虑，又规定了生态经济林兼有树种，但范围只限制在少数几个树种上，并且生态林是禁止采伐的，用材林的采伐也必须得到主管部门的严格审批。加之林业生产周期长，国家政策不稳定，林业产权不明晰，农民对林业财产安全感差，在经营中看不到获利希望，因而对退耕还林工程的投资和管护跟不上。这些规定从退耕还林工程本身来看没什么问题，但从生态、经济和社会的综合效益来看，却不具有可持续性。

其次，退耕还林政策在实际的执行过程中由于家庭的变更和大户承包合同不规范等原因，也导致其林地产权存在权属纠纷。例如，三峡库区的一

些农村当年土地承包时往往采取脚踏手指的原始划定方法,发证时不进行核对,边界界限不清、现有面积大于或小于土地承包证登记面积的情况比较突出,直接影响了退耕还林中土地用途变更登记和林权证发放等工作的开展,对调动退耕农户积极性、巩固退耕还林工程成果带来了一定的难度。同时,由于部分农村家庭在家庭结构变化后对土地承包的实际变动也带来矛盾:在林权发放时可能写的是家庭中某一成员的名字,而分离出来的家庭可能就没有享受补贴和面对转让林地权利而产生林地权属纠纷。另外,部分承包退耕还林工程的大户也常常利用林地界限不清和农户对相关土地政策以及退耕还林政策的不熟悉来签署一些不规范合同,侵害农民利益。2010年笔者在万州区太龙镇调研时便发现了此类问题,当地的个别承包大户用与相关乡镇领导勾结和寻租的办法获得了承包权利,并诱骗农户在不规范的合同上签字,仅给退耕农户很少的补偿费用,其结果导致大量退耕农户积极上访,引发了严重的权属纠纷。

不仅如此,林地产权的权属纠纷和相关林权制度改革的滞后,还导致退耕还林工程后管护工作弱化。通过对三峡库区的一些乡镇实地调查发现,各地对退耕地林木的管护工作普遍出现弱化的趋向。究其原因,既有管理直接层面的,也有林地产权深层次层面的。在管理直接层面上,退耕还林工程进入结构性、适应性任务调整期以来,一些地方对工程的重视程度和所付出的精力都有所削弱,在工程初期被烘托出来的“政府任务”和“政治任务”色彩快速消失,加上工程管理部门在过去的几年间为了完成工程宣传组织、任务安排、监管验收等工作,付出甚多,主动性、积极性也迅速降低,尤其是对往年退耕地的监管、巡查、验收力度减弱;而对于农户来说,退耕初期退耕补贴对他们有着很强的激励作用,加上林管部门的全方位验收,即使是补种苗木需要靠自己花钱购买,农户一般也会支出该项费用以保证能够达到获得补贴的成活率。但由于干旱缺水、牲畜啃踏、山火难防,确保退耕地林木的成活率和保存率绝非易事,许多坡耕地在退耕时又是由政府代定树种、林业部门统一供苗、施工队集体植树,造成了目前主体混杂、管护不力的局面。从林地产权的层面来说,由于林地产权与现行的土地承包政策产生矛盾和冲突,从理论上来说退耕农户没有管护退耕林地的义务和职责,同时,由于退耕农户对林地权属和收益权的不明确，以及被禁止采伐林木，已大大挫伤农户管护林地的积极性。另外，大户承包过程中对广大的退耕农户利益的损害，不仅会损害农户对林地管护的积极性和热情，如果处理不当，还会引发严重的社会问题和农民对退耕还林政策的不满，甚至产生毁林等报复行为。因此，如何科学规范林地产权制度，明确其权属利益，加快林地产权制度的相关政策建设就成为巩固退耕还林成果亟待解决的问题之一。

（四）后续产业政策存在诸多问题

我国的退耕还林工程与发达国家相比，有其自身的特殊性和复杂性：受自然环境和社会经济发展水平等多种因素的制约，退耕还林区域主要集中在生态环境脆弱和社会经济发展水平比较落后的西部地区。因此，要保证退耕还林政策生态目标的实现，就必须保障广大的退耕区域后续产业的发展和退耕农户的基本收益的增加，这是巩固退耕还林成果的基本前提和重要保障。但是，由于退耕还林政策本身设计的缺陷和政策执行过程中的认知和执行的不到位，我国退耕还林政策在后续产业政策制定方面还存在诸多问题，直接影响着退耕还林政策的可持续发展。

首先，政策设计本身存在缺陷，制约了退耕还林政策后续产业的发展。例如，按照退耕还林的政策规定，经济林发展比例不得突破20%，经济林的补偿标准远远低于生态林，这就使主要促进后续产业发展的经济林产业受到了束缚。同时，退耕还林工程补助仅包括粮食补助费、种苗费、生活费，没有专门的后续产业发展经费，使后续产业的发展受到资金的严重制约。即使一些地区有一些林下产业发展，但林下资源开发目前完全停留在民间层面上，尚未得到政策上的支持或者项目上的扶持，很难形成支持地方经济发展和农户大幅度增收的重要保障。

其次，许多地方政府对发展退耕还林后续产业的认识不到位。认识不到发展退耕还林后续产业在巩固退耕还林成果中的重要地位和作用，轻视和忽视后续产业发展，存在对国家政策补助严重依赖思想，重争取计划任务，轻工程建设质量；重眼前和局部利益，轻长远和全局打算。后续产业规划及产业政策方面的宏观引导力度不够，没有把退耕还林工程后续产业作为农民致富、财政增收的重点项目来抓，对补助到期后的农民吃饭、烧柴及增收等问题缺乏考虑，没有从根本上解决村社干部和群众的认识问题，没有制定切实可行的措施来引导广大退耕农户积极发展后续产业、约束退耕农户重造轻管的行为。其结果是某些区域退耕还林工程已经开展10多年时间了，但几乎没有任何后续产业，退耕农户只能被动地等待国家的退耕补助。但由于国家的退耕补助标准在新一轮延长期减半，因此许多退耕地区农户的收益受到极大的影响，许多退耕农户的不满情绪增加，退耕还林成果的巩固面临极大的挑战。

最后，一些地方政府对发展退耕还林后续产业的措施不当，执行不力，成效欠佳。例如，一些地方政府在无论是指导思想上还是具体规划设计上都缺乏市场的引导。指导思想上机械地执行政策，只着眼于工程任务的完成和片面追求工程的生态效益以获得较好的政绩，看不到市场的存在，对经济效益还未提到应有的认识和执行高度。在产业发展的突破口上，因缺乏龙头企业带动，找不准市场，退耕面积零星分散，难以发挥规模效益。在树种选择上，只考虑节省工程成本，而对退耕还林工程后续产业的发展考虑较少。部分产业缺乏"龙头"牵引，生产加工和销售产业链尚未形成，抵御市场风险能力弱。水果业、干果业、森林蔬菜等产业因没有龙头企业的带动，长期以来都是以销售原产品为主，林地产品附加值不高，市场行情波动，农民收入不稳定，极大地影响了广大农户的生产积极性，阻碍了产业的规模发展。一些地区即使有一定的地方特色产业发展，但由于地方政府和农户的市场意识不强和品牌意识的缺乏，即使形成了本地区特色产品却未及时申报登记，注册品牌商标，很多名特产品有实无名，没能在市场中造成良好的品牌效应，没能将自己的特色产品及时推向广阔市场，有的甚至被后来别处的同类产品捷足先登注册品牌后，自己不能再以名特产品进入市场，造成巨大的经济损失。同时，许多偏远的乡镇由于自身的人力资源和财政经济水平的限制和影响，对当地农户发展后续产业的各种技术指导和贷款等服务支持不够，使得这些贫困的退耕区域发展后续产业步履维艰，在某种程度上陷入一种贫困恶性循环状态之中，极大地威胁着退耕还林政策成果的巩固。

（五）相关配套政策落实不力

退耕还林工程是一项综合性的生态治理工程，它需要相关配套政策的整合协调和落实到位，才能巩固前期成果。为此，2005年国务院办公厅下发了《关于切实搞好“五个结合”进一步巩固退耕还林成果的通知》，提出了退耕还林的“五个结合”的要求，即把退耕还林与基本农田建设、农村能源建设、生态移民、后续产业发展、封山禁牧舍饲等配套保障措施结合起来，巩固退耕还林成果，但从政策的实际落实情况来看，退耕还林的相关配套政策的执行存在诸多问题，主要集中表现在以下三个方面。

首先，相关配套政策落实不到位。国家为了保证退耕地区农户的基本口粮，要求大力加强农田水利基本建设，建设高标准基本口粮田以确保退耕农户补助到期后口粮能够自给，明确要求西南地区退耕农户人均耕地不少于0.5亩。但实际情况是，由于农田建设由农业主管部门执行，在许多偏远的退耕区域根本就没有高标准的基本口粮田建设，甚至没有最基本的农田水利建设，同时，许多区域的退耕农户的基本口粮田根本没有达到0.5亩的最低标准。因此，一旦遇到自然灾害，农户的基本口粮保障都成问题。笔者在三峡库区的巫山县、奉节县、万州区等主要退耕山区实地调研时发现，上述区县的许多乡镇由于山高路远、交通不便，基本上没有相关的农田水利配套建设，部分地势陡峭的乡镇，由于几乎全部退耕，也没有达到人均口粮田0.5亩的最低标准，部分农户不得不靠在外打工勉强维持生计。在农村能源建设方面，国家为了巩固退耕还林成果，要求各地从实际出发，以农村沼气建设为重点，多能互补，加强节柴灶、薪炭林建设，搞好退耕区域的能源建设。但在实际落实中，由于各地地方财政水平的差异和认识的不到位，退耕区域的能源建设没能落到实处。2010年笔者在巫山县、奉节县和万州区等三峡库区的退耕乡镇调查时发现，由于能源建设要求各地地方财政和农户承担相关的部分经费，所以，地方财政效益和农户经济水平较好的万州部分乡镇搞了一些沼气池建设，而地方财政和农户经济水平都比较贫困的巫山县、奉节县等地则很少，许多农户仍然以柴火和煤炭为主要生活能源。在生态移民方面，存在的问题更多，由于生态移民面临着资金、移民安置和生活维持等一系列社会和经济问题，而被移出地区基本上是一些生态环境脆弱和社会经济发展水平十分低下的退耕重点区域，需要政府各个部门的通力合作和协调。例如在万州区，需要生态移民的人数高达近10万人，那么，这些人往何处移，如何移，如何安置，移民资金如何解决和配置，生态移民如何与移入地区相适应和协调都是非常复杂的重大问题。正因为如此，尽管各地林业部门对三峡库区的生态移民问题也做了认真的调查和准备,但由于上述问题没有得到彻底解决,到目前为止,生态移民政策基本上没有展开,巩固退耕还林成果的任务仍面临极大的挑战。

其次,各项政策整合不力、部门执行协调不够。退耕还林配套政策的实施需要各地结合实际情况,整合各项政策,形成政策的合力。但在实际落实中,各地受社会、经济发展水平和自然环境的制约,各项政策缺乏整合,各部门协调不够。例如,基本农田水利建设和农村能源建设是由各地农业主管部门制定和执行,而退耕还林是由林业主管部门来执行。由于各部门的政策在设计上存在冲突和错位,农业主管部门从自身的利益和政绩出发,相关的农田水利建设和能源建设一般都选择在自然条件和社会经济发展水平较好的乡镇,而许多退耕还林的重点区域由于自然环境和社会经济水平等多种因素的影响,相关配套政策没有选择这些区域,主管退耕还林政策的林业部门又无法干涉农业部门的决策,所以使得本应重点倾斜的退耕区域反而没有得到重点投资建设。例如,三峡库区的万州区,其农田水利基本建设和能源建设主要集中在长岭、新田等靠近城市的乡镇,而恒河、地宝、走马等主要退耕区域的乡镇获得的上述建设较少,这将极大地影响退耕成果的巩固和农民生计问题的解决。

此外,像退耕还林的生态移民、后续产业的发展等相关政策的实施更非各地方林业部门一家能够解决,它需要各个地方政府站在战略高度,从实现国家生态战略和确保退耕农户增收的角度出发,把“五个结合政策”当作一个系统和整体,在兼顾短期利益和长期利益的基础上通盘设计一套系统的政策,大力加强各个政府部门的通力协作,提高配套政策的整合力,使各项政策真正向退耕的重点区域倾斜,提高其科技水平和人力资源的培训和开发能力,把各项配套政策落到实处,促进退耕还林政策成果的巩固和可持续发展的实现。

综上所述,由于国家、地方政府和以农民群众为主体的微观利益群体对退耕还林的生态价值和对生态效用的认识和需求不一致,各自的目标和利益取向也不尽相同,不同相关利益主体间存在利益冲突;同时,由于退耕还林政策本身制度设计的缺陷所存在的产权冲突以及补偿政策、后续产业政策和相关配套政策的制定和落实等存在的诸多问题,直接影响到退耕还林成果的巩固。因此,如何解决制度设计本身的缺陷,切实解决退耕还林政策主体的利益冲突和退耕农户的增收与生计的保障,切实加强退耕还林投资机制和管理体制的创新,就成为退耕还林后续政策需要解决的关键问题。

## 第二节 退耕还林后续政策体系构建与制度创新

我国的退耕还林工程主要在生态环境脆弱、社会经济发展相对滞后的广大中西部地区开展。从该政策实施的10多年实际情况来看还存在诸多问题,严重地影响和制约退耕还林政策的可持续发展。因此,在进入退耕还林的新一轮延长期内,如何构建一套能够巩固退耕还林成果和促进退耕还林工程的健康持续开展的后续政策体系就成为当前亟待解决的一个重大问题。而要真正实现这一目标,就必须认真地总结退耕还林政策在前期的制度设计缺陷和政策执行层面所存在的诸多问题,正确认识和估计退耕还林工程的重要性、艰巨性、复杂性和长期性。在此基础上,构建一套能够兼顾多重目标利益的退耕还林后续政策体系,并使之长期化和法制化,积极探索适合退耕还林后续政策体系实施的保障机制和路径建设,对于实现我国退耕还林工程政策的可持续发展尤为重要。

### 一、退耕还林后续政策体系的构建

我国退耕还林后续政策体系的设计,要以巩固退耕还林工程前期成果和后续退耕还林工程的持续建设为主要目标。为此,退耕还林后续政策体系的设计,就要在正确认识退耕还林工程的公共产品属性和具有的外部性特征等基本属性的基础上,克服退耕还林政策在前期因行政代理和规制手段带来的退耕主体多重目标利益冲突、产权残缺、退耕农户保障利益缺失和后续产业发展不足等问题,从实际情况出发,设计一套能够实现多重目标激励相容的后续政策体系和保障其实施的相关机制,从而实现其退耕还林后续政策体系的前瞻性、科学性和可行性。

#### (一)退耕还林后续政策体系构建的路径

我国的退耕还林政策是一项典型的生态修复工程的制度设计安排,其产品具有公共产品的共享性和外部性等基本特征。因此,从理论上讲,这项公共产品应由国家完全提供,但受生态治理的复杂性和我国社会经济发展的实际水平等因素的制约,我国的退耕还林工程采取了政府主导下退耕农户参与的制度设计模式。通过10多年的实践,该政策设计暴露出诸多问题和缺陷,直接制约了退耕还林工程的政策绩效和工程的可持续发展,因此,在退耕还林后续政策体系的构建上,应选择正确的政策路径和指导思想,使之设计的政策体系具有更强的科学性和实效性。

1. 加强政府主导下的行政代理与经济代理结合的机制,逐步实现由单一的行政代理向经济代理为主转变

制度能提高资源的配置效率主要在于制度可以调整人们交易的激励结构,重新界定和限制人们的选择集合,从而增进经济效益和社会福利,同时制度的变迁路径和模式也影响制度绩效。在新制度经济学中,因政策启动与推进的力量不同,将制度形成与发展主要分为强制性制度变迁与诱致性制度变迁两种类型。一般而言,强制性制度变迁由政府启动并靠国家强制执行,而诱致性制度变迁则是基于政府号召、社会公众普遍接受而做出的自主选择,并通过立法、执法调节规范其经济活动。但在实际社会经济活动中,除了这两种基本类型外,更多是这两种类型的结合,尤其是在公共政策领域。我国目前所开展的退耕还林工程基本上属于强制中诱致性制度变迁模式,即政府强制性规定了退耕还林工程的区域、时间表、规模和条件,在此基础上政府用退耕还林工程的机会成本补贴来诱致农户实现中央政府的生态目标。强制中的诱致性制度变迁方式的主要特征在于政府把自上而下的领导组织协调与基层自下而上的实践探索相结合,利用信息的非对称性赋予基层一定的权力和激励来推动改革,制度演进的目标和方向由中央政府统领。[①]

我国退耕还林工程所采取的这种强制中诱致性制度变迁模式从制度变迁的路径上来说是正确的,也比较符合我国目前国民经济发展水平的实际情况。但是由于在这种制度变迁的过程中,主要采用了以行政代理的单一手段和机制,导致我国退耕还林工程政策的绩效受损。从本质上讲,我国的退耕还林工程采取了一种多重“委托—代理”关系来实施,即中央政府制定政策方案和主导实施、地方政府具体执行与监督、广大农户直接参与。也就是说,其主要工作是地方政府按照中央政府的补贴标准和期限来监督退耕

① 李璨. 退耕还林工程后续政策研究[D]. 北京:北京林业大学,2008:100.

农户完成。从理论上来看，中央政府与地方政府之间是一种委托代理关系，而与广大农户之间则是政府主导；从实践层面看，则主要是行政代理关系。虽然行政代理能够节省中央政府的许多执行成本和监督成本，但带来了更多的直接支出成本和工程质量的低效率等结果，而且，这种纵向的行政授权链如果太长，必然会使制度的监督成本高昂，因为各个地方政府的机会主义行为是客观存在的，授权链各个环节的激励效率更多地取决于生态治理的收益与成本的比较。我国退耕还林工程的授权链涉及上至中央政府下至行政村 6 个行政级别，如此长的授权链，必然会增加高昂的监督成本和各个环节的机会主义行为。从本质上来说，退耕还林工程是中央依靠地方政府的监督执行和农户个体力量来完成生态治理目标，因此，地方政府在衡量自己的治理成本与收益后，往往采取“上有政策、下有对策”来完成，工程质量大打折扣；作为退耕主要实施者的农户，一旦其个人偏好遭遇市场风险时就会偏离政府的生态目标，同时，在某些时候，地方政府为了自身垄断租金最大化目标的实现，也可能利用信息的不对称与微观主体（退耕农户）合谋，其结果就是中央政府利益受损，生态治理的目标偏离。

综上所述，我国退耕还林中的单一行政代理关系存在问题，地方政府与退耕农户之间是既有规制又有经济利益趋同成分的多重关系，而在这一切关系中央政府的主导作用是显而易见的。要实现退耕还林工程的生态与经济绩效帕累托改进，就须由单一的行政代理转变为以经济代理为主的经济代理与行政代理相结合机制，进一步优化政府规制，通过财政补贴、税收、价格和准入、退出壁垒加以干预引导，使农户的多种经济行为选择更加趋近政府的生态目标。同时，通过采取各种措施增加退耕农户相对收益来促使激励政策体系的建立与完善，优化所有权约束，实现各级政府与退耕农户利益共赢，促进经济与生态的可持续发展。

2. 引入市场机制和价格机制，提高退耕还林政策的绩效与可持续发展

退耕还林政策是一项典型的治理生态的公共政策，其采取的模式是政府主导下的多重委托代理治理模式。在实际的政策执行中，更多的是以行政干预的办法进行的。但由于各行为主体利益与目标的差异，导致现行的退耕还林政策多重委托绩效受损，许多方面偏离了中央政府的预期生态目标，制约了政策成果的巩固和政策的可持续发展。换言之，目前的退耕还林

政策在制度和机制方面存在重大缺陷,尤其是主要采用行政干预的办法,影响了退耕还林工程政策的实际效率,导致市场失灵。因此,要实现我国退耕还林工程成果的巩固和可持续发展,就必须在坚持政府主导的现有模式下,逐步引入市场机制和价格机制,提高退耕还林工程的效率。例如,在经营机制上,要打破目前退耕还林政策的单一私人承包模式,可以在加强政府规制和立法完善的基础上引入市场竞争机制,使企业、社会和个人都可参与到退耕还林中,提高退耕还林工程的效率和质量。在退耕还林工程的种苗供应上,应打破目前完全由各地林业部门垄断供应的弊端,这不仅可以优化种苗供应的数量和质量,而且还可以抑制林业主管部门的垄断寻租等腐败行为,提高退耕还林树种的质量。同样,在林地的管护中,也可引入市场竞争机制,通过招标和拍标等办法引进私营企业或非政府组织进行管理,提高管理的质量。除了引入市场竞争机制外,国家还应充分发挥价格机制的调节作用,合理地引导和掌控退耕还林工程的发展。例如,国家在制定对部分退耕还林产品的收购政策时,要综合考虑各方面的因素,使收购价高于投入成本,维护退耕还林经营者的平均利润,如果国家的相关收购价低于平均利润,经营者就有可能退出退耕还林工程,甚至会出现林农毁林的现象。所以在制定退耕还林工程后续政策时,要积极运用价格机制的调节作用,从公平性、安全性和长期性出发出台稳健的政策。

3. 优化政府规制和进行相关的林地产权改革,促进退耕还林工程的外部性问题内部化

退耕还林工程所提供的生态产品具有明显的正外部性特征,存在着明显的"搭便车"的现象,因此,要实现退耕还林工程的可持续发展,在其后续政策体系构建时,就必须优化规制和完善相关的林地产权改革,促进退耕还林工程的外部性问题内部化,从而调动各方面的力量和积极性,共同参与退耕还林建设,为实现工程的可持续发展提供重要的机制和制度保障。

新制度经济学认为,外部性问题的解决可以通过产权制度安排使外部性内部化。一般而言,外部性内部化的方法主要有两种:一是以庇古为代表的学者,主张政府运用国家力量通过诸如税、费、补贴等方式将外部性内部化;二是以科斯为代表的学者,主张通过产权的重新界定和分配市场化途径使外部性内部化。退耕还林工程产品的正外部性由于其自身的诸多特性,

笔者认为,要实现其外部性的内部化,应把上述两种办法结合起来,制定兼顾生态效益和经济效益的相关政策,实现退耕还林政策的长期化和科学化。

首先,可以考虑运用庇古的方法,在合理界定政府与市场的边界后,运用政府和国家的力量,在相关的税、费、补贴等政策方面进行积极的探索和尝试。例如,可以向东中部受益地区征收一定的生态补偿费,以财政转移的方式划拨给西部退耕还林地区,也可采用发行体育彩票和福利彩票的方式来筹集资金,拓宽退耕还林资金投入渠道。此外,还可考虑以对口支援的形式,东部受益地区提供西部退耕还林地区相关的树苗、草种、机械和技术;可以将任务下达给东部地区直接参与和承包西部地区的退耕工程建设,真正实现"谁建设、谁受益"的目标和原则。其次,除了运用税、费、补贴等方法外,为了激励广大退耕农户的积极性和维护其合法利益,还要进行相关的产权制度改革,最主要是围绕相关林地的收益权、处置权和相关的土地制度进行产权制度改革,降低退耕农户经营林地的风险,提高他们的林地收益,增强他们持续增收的能力,从而真正实现"谁建设、谁受益"的目标,促进退耕还林工程的可持续发展。

总之,退耕还林后续政策体系的构建,一定要在充分认识退耕还林工程的艰巨性、复杂性、长期性等特征的基础上,合理运用政府主导和市场机制的力量和作用,以增强广大退耕农户的生计能力和持续增收为核心,设计出一套能够兼顾生态目标和社会经济目标的政策体系,其关键就在于能否建立一套能协调各方的目标利益的激励相容的政策机制。

(二)退耕还林后续政策体系设计

退耕还林后续政策体系的设计,主要是围绕巩固退耕还林的前期成果和实现退耕还林政策持续发展的两大目标来进行考虑。根据目前退耕还林政策的设计缺陷和退耕还林工程实践存在的问题,退耕还林后续政策体系应从优化政府的行政规制、经济规制和解决其外部性等核心问题入手,切实建立一套能协调退耕还林各主体目标利益的激励相容的政策体系。要实现这一目标,就必须转换政府职能,明确各主体政策的职能,协调各主体目标利益的冲突,建立和完善退耕还林后续时期的相关投资政策、补贴政策、产业扶持政策、保险政策以及一系列相关配套政策,实现体制和机制创新,从而实现退耕还林工程可持续发展。

1. 优化和完善退耕还林工程主体政策

我国的退耕还林工程是在中央政府主导下由地方政府执行和监督检查、退耕农户具体实施的重大生态修复工程，在产权制度安排上采取的是国家和地方政府的公共产权与农户的私有产权相结合的办法，属于典型的"混合产权制度"设计和安排。以"混合产权制度"的经济学原理指导退耕还林工程建设的正外部性行为，首先需要解决激励问题，理顺中央政府和各级地方政府的政策目标，强化和完善政府的主导地位和作用，加大对退耕农户的约束和监督的力度，以避免出现"政府失灵"的现象。

首先，应继续强化和完善以中央政府为主导的国家主体政策。退耕还林工程的公共产品属性和工程建设的艰巨性、复杂性、长期性的特点决定必须在中央政府的主导下才可能完成。在国家主体政策的指导下，国家应结合我国生态建设的实际情况，组织国家有关部门进行退耕还林工程的论证、规划和组织实施，明确各相关部门的职责和权能，协调统一，改变过去由国家林业部门一家实施的不利局面，运用国家行政力量，对地方政府的职责和任务做出明确的约束和监督。

其次，各级地方政府应在充分认识和把握国家退耕还林政策的制度和精神上，结合各个地方的实际，在与国家相关政策不相抵触和矛盾的基础，制定地方的相关配套政策，并上报中央政府备案。

最后，在国家主体政策与地方相关配套政策制定和完善的基础上，制定出直接针对广大退耕农户的具体政策和措施。这些具体政策要具有可操作性、时效性、具体性等特点，诸如对资金管理办法、补贴兑现办法、作业设计规程、林木管护规定、林木采伐规定、档案管理办法、检查验收办法、质量评估办法等具体事务应做出明确的规定和细则，确保退耕还林政策落到实处。

2. 建立多元化的投资经营政策

退耕还林工程的公共性、长期性和投入资金的巨额性等特征决定了其应实行以国家投入为主、企业和社会投入为辅的多元投资和经营的政策，利用全社会的力量促进退耕还林工程建设的可持续发展。

首先，在退耕还林建设中，应建立和完善以中央政府和各级地方政府为主体的长期财政投入政策。从理论上讲，退耕还林工程的公共产品属性要求由中央政府进行财政投资，从实际情况来看，退耕还林工程建设所要花费的巨额投资，不是任何地方政府和企业以及个人能够承担和完成的，因此，退耕还林工程的投资应由中央政府承担主要部分，地方政府根据实际情况予以相应的分担和投入。为此，中央政府应以财政转移的方式或者在农业领域以增列某项财政支出的形式给予退耕地区的建设长期投入。对于地方政府的配套投入，可分为是否直接承担退耕还林任务来分别对待，对于直接参与和承担退耕还林的地区，依据其具体的支出成本，可以要求相应的财政配套投入；对于那些没有直接参与和承担退耕任务的而有收益的东中部地区，可采用征收生态补偿税或对口支援的方式追加到西部退耕还林地区的财政转移支付中去，从而保证退耕还林工程建设的资金投入。

其次，国家还应通过在相关的税收、信贷、产业政策等方面进行改革，鼓励和引导更多个人、企业积极参与到退耕还林的投资建设中来。此外，国家还可以模仿体育彩票和福利彩票基金的模式发行退耕还林工程建设的生态基金，从全社会筹措资金追加到退耕还林工程建设中去，形成国家、企业和全社会共同参与投资的有力格局和资金投入保障机制。

3. 建立和完善分区域进行补偿的标准和政策

我国目前退耕还林工程建设的范围涉及 25 省（直辖市）的 2279 个县（市、区、旗），根据李世东以自然因子、经济因子和社会因子为标准的划分法，分为 4 个一级区、12 个二级区、39 个三级区、116 个四级区以及若干个五级和六级区。具体为黄河中下游及华北东北大区、长江中下游及南方大区、长江上游及西南大区、黄河上中游及西北大区等 4 个一级区；西南高山峡谷区、川渝鄂湘山地丘陵区、长江下游低山丘陵区、云贵高原区、琼桂丘陵山地区、黄河源头高原区、新疆干旱荒漠区、黄土高原区、青藏高原区、京津周围沙地平原区、东北山地沙地区、甘蒙高原沙漠区 12 个类型区以及更多的三级、四级、五级和六级区域类型。[①] 可见，我国的退耕还林区域，无论从自然环境，还是从社会经济发展的聚类分析来看，其差异性是非常大的，因此，目前仅以长江流域和黄河流域为分界线的区域补偿划分方法存在着明显的问题。因此，退耕还林后续补偿政策应按照更为细致的区域划分界限实行分区域的补偿标准和方法，使其补偿标准符合各具体区域的实

① 李世东. 中国退耕还林研究［M］. 北京：科学出版社，2004：86～109.

际情况。

首先,建立分区域的补偿标准可采用如下步骤来实施,国家通过对4个一级区和12个二级区的10多年来退耕还林补偿标准存在整体问题做详细的调研,在结合各个区域社会经济水平的基础上,分别设计出4个一级区和12个二级区的补偿标准范围和原则;各省市在国家制定的原则和标准上对本区域的三级和四级区域的补偿标准提出一个标准范围,三、四级区域内的各县市对本区域的五、六级区域的补偿标准设计出比较精确的补偿标准范围,国家和各省市组织相关部门和专家对各区域的补偿标准进行审核和评估,在此基础上,形成比较严密的分区域补偿标准和细则,最后对社会公示。

其次,建立动态化的补偿期限政策。我国目前的退耕还林补偿期限规定:经济林补偿期限为5年、生态林为8年、还草为2年,从前文所述可以看出,这种补偿期限设计无论从理论上还是从实践上来看都存在许多不合理之处,即使后来规定延长一轮补偿期限,但从实际运行情况来看,成效不佳,需要进一步完善。对于退耕还林的补偿期限,笔者认为应实行动态化的补偿政策设计。例如,对于那些生态环境脆弱、生态地位又非常重要的"老、少、边、穷"地区,国家应把其纳入国家公益林的范围,实行永久的补偿;对于生态环境明显好转而且其退耕林木已经得到收益的部分社会经济发展较快的地区,国家可以逐步停止对其补偿,主要用相关的财政税收和产业政策等办法促进其地方经济发展和农民的增收;对于那些退耕林木还未成材和没有明显经济收益的地区,国家应继续给予相关补偿,直到其退耕林地有明显的收益和农户的基本生计得到保障时可以考虑逐步停止。

总之,补偿政策是退耕还林政策中最重要的激励措施,它所面对的是广大的退耕农户,补偿政策能否使农户获得比种粮更高的净收益以及符合他们对收益的时间预期,在某种程度上直接决定农户对退耕还林政策的态度。因此,如何调动广大农户的积极性,确保他们的生计和收益,是退耕还林后续补偿政策设计的重要指导思想和出发点,建立科学合理的补偿标准和期限是退耕还林后续政策体系非常重要的组成部分,必须认真地对待和思考。

4. 建立和完善可流转的退耕林(地)产权制度政策

林权是指依法确认的森林、树木和林地的所有权和使用权。① 一般而言,按照我国现行法律的规定,林权主要包括以下三个部分:一是森林的所有权和使用权,按照森林法的规定,我国森林的所有权只有国家和集体两种形式,个人只具有使用权;二是林地所有权和使用权,按照我国目前的土地制度规定,林地所有权同样只有国家和集体两种形式,公民和法人只能通过租赁、承保、竞标等方式取得林地使用权;三是林木所有权,其形式有国家、集体、个人三种形式。从表面上看,我国的林权具备了产权的各个权能,但是由于国家对林权的种种特殊限制,导致了林权的残缺,对退耕还林工程产生了许多不利影响。

我国退耕还林工程的产权残缺主要表现在三个方面,即林地产权的残缺、林木所有权和林木交易权的残缺。从全国退耕还林的具体情况来看,我国目前退耕还林工程形成的林地产权由于缺少林地交易市场而使林地再次流转受到限制,目前各级政府只是比较注重林地的第一次流转,对林地的再次流转重视不够,这就使得林地的第一次流转形同虚设。另外,在林木的所有权和林木的交易权上,由于国家的禁伐和种种特殊规定,使得经营者很难从中得到经济效益和进行自由交易,这极大地影响了退耕还林工程资源配置效率和建设的健康发展。因此,建立退耕林(地)的流转制度,成为解决目前退耕还林政策产权冲突和产权残缺的重要途径。

从国外相关的实践和经验来看,现实中不存在一种尽善尽美的产权制度安排,因此,我国的林地产权制度也不可能采取纯公共产权或纯私人产权形式,而是两种产权有机结合的"混合产权制度"。采取混合产权制度安排的经济学理由是公益林生产和发展属于正外部性经济行为的激励问题。而这种激励必须同时实现退耕还林的公共部分应得到激励并减少"政府失灵"和退耕还林的私有部分应得到足够的外部性经济补偿,以激发退耕的积极性并减少"市场失灵"。基于上述分析,我国的退耕还林林权制度改革应在符合目前社会经济和自然环境的情况下,建立加快退耕林(地)产权流转的制度改革,促进退耕还林工程建设可持续发展。在退耕还林的后续时期,国

① 姚顺波. 产权残缺的非公有制立业[J]. 农业经济问题,2003(6):48.

家应积极出台相关政策，促进退耕林地的二次流转，与此同时，修改原来相关的不利限制，允许林木等资产进行自由交易，促进林木资产交易市场的形成和壮大。国家应进一步规范退耕林（地）的相关制度和规则，促进其交易能健康稳定发展，以此提高资源配置效率以及经营者的预期收益和积极性，从而促进退耕还林工程的健康稳定发展。

5. 建立和完善退耕还林工程后续产业扶持政策

我国的退耕还林工程主要是在生态环境脆弱、社会经济发展相对滞后的西部地区开展。因此，退耕还林工程后续产业不仅是西部地区地方经济发展和农民增收的重要途径，而且也是退耕还林工程建设能否健康持续发展的重要条件和保障。为此，如何运用政策和市场的力量，在退耕还林工程区域培育一批有特色、有市场竞争力、产业关联度大、带动力强的龙头企业，是促进退耕还林后续展业发展的重要举措。

首先，国家应该在退耕还林区域实行生态型产业发展政策。在科学规划和合理布局的基础上，通过改造、扶持和改建等方式，以市场为导向，统筹规划，找准区域比较优势，完成产业的区域化布局，因地制宜建立名特优新干鲜果品、药材、林木产品及其他林副特产基地，发展依托资源的加工业、畜牧业和旅游产业，促进传统产业的置换、升级，引导农村劳动力有序流向技术、劳动密集型产业和城镇，减轻农民对耕地的依赖程度，逐步形成各具特色的优势产业带，确保在生态优先的前提下使资源优势尽快转化为经济优势。例如，三峡库区可以结合其地理位置和气候环境等大力发展旅游业和柑橘、花椒、黄连等有传统优势的水果与药材，通过建立加工基地，延长产业链，提高产品的附加值。在发展后续产业中，国家要运用相关政策和力量，加强当地龙头企业的扶持和改造，在国家和地方政府层面，要逐步把许多带动力强、产业关联度大的龙头企业纳入国家重点企业的扶持范围，降低其市场进入门槛，处理好龙头企业与农户有效联结的组织形式和利益分配机制，形成市场引导企业，企业带动基地，基地联结农户的产业化运行机制。

其次，应建立退耕还林区域后续产业发展的产业资金扶持政策。国家可以把对退耕还林区域的资金扶持与“三农”建设、新农村建设等项目结合起来，建立财政支农资金增长的长效机制，以财政补贴、贷款贴息等办法鼓励农村产业的发展。特别要扩大农村产业发展的小额贷款，降低贷款抵押条件,简化贷款手续。加快农村基础设施建设和基本社会保障体系的建设,确保广大农户的基本生计和利益保障,加快农村服务体系建设,引导和鼓励农村专业合作社和行业协会的建设,加强对农村的科技扶持和人员技术培训,不断增强农村产业自我发展的内在能力。

最后,各级地方政府要进一步探索适合本地区实际情况的林木产业发展的具体政策,国家应逐步修改原来林木禁伐的种种不利规定,灵活处理生态林与经济传统比例的限制;积极探索适合林木产业发展的林地二次流转的土地政策和林木交易政策,盘活林业产业,把退耕还林工程的生态、经济与社会效益真正有机地结合起来,实现退耕还林政策的长远目标和近期目标的有机统一,从而真正实现退耕还林工程的可持续发展。

6. 建立多层次的退耕还林工程政策性保险制度政策

退耕还林保险制度的缺失,是目前我国退耕还林政策的一个重要缺失。我国由于地域辽阔,各地自然环境差异极大,因此每年退耕还林区域都会不同程度地遭受自然灾害和人为原因灾害的威胁,使林地经营者面临很大的风险。例如近年来我国北方地区频频出现的雪灾、泥石流,南方地区出现的冰雹和病虫灾害,都给林业经营者带来了极大的灾害风险。因此,如何建立行之有效的保险制度,也是促进退耕还林工程健康发展的重要一环。

在结合国外林业保险和林业行业的特点和我国实际情况的基础上,笔者认为,我国退耕还林工程林地保险只能走政策性的保险路径。其原因是:林业的周期长,露天作业,林木、竹子等经营面积大,森林植被品种丰富且价值难以准确计量,在完全的市场条件下,林农保不起,保险公司赔不起。因此,在建立森林保险制度的过程中,完全由保险公司进行商业化运作是不现实的。同时基于森林行业的公益性,也应该实施政府政策性补助的保险制度。故退耕还林工程的林业保险应在政府的参与和支持下,通过保险机制,为退耕还林工程经营者在从事林业生产过程中遭受自然灾害和意外事故所造成的经济损失提供保障。关键是要建立在政府的政策框架下,统筹国家、保险公司与林农各方利益的政策性林业保险制度,使之体现出政府主导、保险企业运作、林农广泛参与及具有制度公益性或扩张微利性的政策性优势。现在,国家已明确提出加快建立政策性保险制度,政府的责任是以政策推动林业保险,使之促进林业结构调整及优质林产品生产、富民增收。这会在放大政府支林财力的效能、促进保险惠农利己及林业保险的可持续性发展上事半功倍,更经济,更富有成效。

我国退耕还林工程林业的保险拟按照政府引导、政策支持、市场运作、林农自愿的方式,由财政进行保费和管理费用补贴,提取巨灾风险准备金;商业保险公司按照"单独立账、单独核算、盈余结转"的原则管理保费收入;参保林农获得林业生产经营成本损失补偿。只有通过建立政策性森林保险机制,才能有效降低退耕还林工程经营者的生产风险,减轻林农遭遇严重自然灾害的损失。根据中央提出的积极推进政策性森林保险的要求,探索施行退耕还林工程政策性保险制度,按照广覆盖、低保障的原则逐步推进政策性森林保险,尽快形成各级财政补贴和退耕农户协同推进的基本框架,形成因地制宜、顺应市场经济发展、符合林业经营整体需求的政策性保险制度。我国幅员辽阔,各地区经济发展水平不平衡,其退耕还林工程的风险状况也不同。建立全国性退耕还林工程保险制度和险种体系,便于对全国范围内的退耕还林工程保险进行统筹和工作指导,符合构建和谐社会的设想,有利于全国范围内的林业生产均衡发展,在空间上和时间上有效分散风险,为全面推动林业保险起到良好的示范作用。据此,应在积极调研和综合评估的基础上,建立符合国情的多层次的政策性林业保险体系,即应分层次建立全国性和区域性的政策性林业保险制度,分别开发相应的林业保险险种,发展具有区域特色的政策性林业保险。只有实现对退耕农户按其保险成本赔偿,才能让广大林农吃上定心丸,提高他们抵御森林火灾及其他自然灾害和灾后生产自救的能力,切实巩固退耕还林工程成果。①

### 二、退耕还林后续政策体系实施的保障机制

退耕还林工程后续政策实施的保障机制是退耕还林工程后续政策体系的重要组成部分,是落实退耕还林工程一系列政策的重要举措。目前国家通过加大基本农田建设力度、解决农村的生活能源问题、在生态脆弱和生活条件艰苦的地区实施生态移民等保障措施,巩固退耕还林工程成果。这些保障措施的落实,必须建立一整套切实可行的政策保障机制,由此带动退耕还林工程区域经济的协调发展和后续政策的全面实施。

---

① 李璨. 退耕还林工程后续政策研究[D]. 北京:北京林业大学,2008:93~94.

（一）强化退耕还林工程后续政策的多主体参与机制

参与式方法作为一种重要的工作方法和手段，在各种规划和项目实施中逐渐得到应用，这种方法“对于改进项目方案设计、取得项目有关利益群体的理解和支持以及合作等方面起到了积极的促进作用；有利于提高项目参与各方的社会责任感，减少社会矛盾和纠纷，防止负面社会影响和后果的产生；同时在降低项目建设和运营的社会风险、实现项目投资的经济社会发展目标等方面也有积极作用。”因此，“参与式方式的基本原理和运作模式决定了将其运用于退耕还林工程中可以有效协调各方面的经济利益关系，尤其是政府与退耕农户之间的关系，可以有效避免退耕还林中的‘非合作博弈’局面，从而建立起对退耕农户有效的激励与监督机制”。①

长期以来，我国的林业工程和项目造林，都是采取“自上而下、层层落实的方式”，由国家、省、市、县的各级林业部门下达计划任务和规划设计，然后再由乡村林场或者承包农户具体负责，农户只有被动参与投入，而与项目的直接和间接利益缺乏直接联系，有时甚至由于项目的实施遭受了损失。面对这种情况，农户则在被动参与中采取怠工或应付的方式，地方政府则采取“上有政策、下有对策”以及“还经济林、还数字林、还路边林”等办法应对，结果导致工程的失败。②

基于目前退耕还林工程参与模式的弊端，在退耕还林的后续时期，为了保障相关政策能够落到实处，必须强化多主体参与的机制。因此，在退耕还林工程后续政策制定过程中，首先要树立多主体参与的思想与意识，即政府林业主管部门、公民个人、社区、第三部门、国际组织等都应成为退耕还林工程政策制定的主体，他们的声音、意愿和偏好应该能够平等地进入退耕还林工程政策形成过程以及政策的执行、监督和评估过程。多主体退耕还林工程政策治理范式的核心要义，一是要有退耕还林工程经营主体参与政策过程的渠道，二是退耕还林工程政策的制定要体现退耕还林工程经营主体的意愿和要求。其次，要真正实现多主体参与的目标，就需要保障参与退耕还

① 李晓峰．中国新时期退耕还林（草）工程的经济分析［M］．北京：中国农业出版社，2009：193.

② 徐家琦，等．在山区退耕还林工程中应用参与式方法及其问题分析［J］．林业与社会，2004（1）：56.

林工程政策形成及实施过程的种种制度安排,如退耕经营主体在政策过程中的法律地位、其参与政策过程的途径、参与的方式等,同时要完善更为基础性的制度安排,为多主体退耕还林工程政策的实施奠定基础。这些基础性的制度安排包括退耕还林工程法律体系、产权体系、保障体系等,最终形成多主体参与的长效机制。

(二)完善退耕还林工程后续资金形成与分配机制

退耕还林工程是一项建设周期长、风险大、投资耗费巨大的生态建设的综合工程,在前期的退耕还林中,采用的是中央政府承担大部分,地方政府给予相应配套的资金投入模式。目前,由于退耕还林基本上还处于无偿的财政投入阶段,单一的财政投入还远远满足不了退耕还林工程经费的需求,退耕还林工程在种苗费、管护费用等领域的补偿标准太低且缺口较大,同时,在退耕还林成果巩固时期的相关配套建设也需要大量经费的投入。因此,如何形成退耕还林后续时期工程建设专项资金的形成机制和分配机制,直接成为退耕还林能否巩固和继续发展的决定性因素。

首先,逐步建立多种渠道的财政资金形成机制。由于退耕还林在初期无法吸引追求利润的资本的投入,这就决定了财政投入成为工程建设的主要资金来源,因此,规范和完善支持退耕还林工程的专项资金的形成机制就显得特别重要。在目前的情况下,可以考虑从以下两个方面来操作。

第一,设立退耕还林工程基金。资金来源由中央和地方共同承担,并吸收社会捐赠。中央财政专项拨款占主要部分,可以将现有的“支持不发达地区发展基金”“少数民族贫困地区温饱基金”和各种财政扶贫资金集中在一起,再从国家预算投资中提取部分非还贷款项,使中央财政拨款的总规模达到全部基金的50%以上,主要用于退耕还林工程投资补贴、就业补贴和扶贫开发补贴。①

第二,进一步拓宽中央财政资金形成的渠道和能力。在目前的情况下,国家可以考虑以产业政策为导向,调整区域税收优惠政策,增强西部地区退耕还林工程的财政投入能力;可向东部受益地区征收退耕还林生态补偿税,以财政转移支付的方式支持西部的退耕还林工程建设;同时还可以积极探

① 李璨.退耕还林工程后续政策研究[D].北京:北京林业大学,2008:122.

索和尝试征收生态建设费的形式,对破坏环境和资源的产品和行为征税,增强税收能力;可以模仿体育彩票和福利彩票的形式发行退耕还林工程建设彩票,从全社会筹集资金。

其次,除了以国家财政为主的资金投入模式外,还应引入市场机制,形式多元化的投资格局。通过金融支持、税收减免等形式鼓励企业和民间的投资,探索加大退耕林(地)有偿流转力度,合理配置资源,支持有条件的企业发行股票和债券,扩大退耕地区直接融资规模,最终形成业主开发、个体承包、联合经营等多元化的投资格局。

最后,应认真探索退耕还林工程资金的分配和使用机制。要制定好巩固退耕还林工程成果专项资金使用规划,要着眼于退耕地区长远发展,向特殊困难地区、巩固成果问题较大的退耕农户倾斜,不搞平均分配。同时,对于退耕还林资金的分配使用,除了工程本身建设的需求外,更应从农村社会的发展,切实与农村建设规划结合起来,做好农村的基础设施、基本口粮田、能源建设和生态移民等各项配套措施资金的安排,要综合考虑各个地区退耕农户的需要与可能,因地制宜,分类指导,在具备条件的地方搞好规划和实施,为退耕农户在将来停止补助后提供稳定的生产生活保障。

(三)加强退耕还林工程的立法建设

退耕还林工程的健康协调发展,需要进一步强化工程建设进程的相关立法建设,使退耕还林工程的每一个重要环节的实施都有法可依,从而实现退耕还林工程建设的法制化和规范化。从目前退耕还林工程的实践运行情况来看,应重点做好以下两个方面的相关立法建设。

首先,应逐步加强退耕还林工程资金筹措的相关法规建设,要进一步探讨将国家生态建设纳入公共财政预算,设立专项资金,为国家重点林业工程、林业科研、技术推广、资源管理、生态移民等建立资金投入长效机制。按照事权、财权划分的原则,明确各级政府在生态环境建设中的责任和义务,分别实行全额支付和补助支付、直接支付和转移支付等不同的公共财政支付方式。建议设立"国家林业生态保护工程建设基金",纳入国家预算,并给予立法保障,以便稳定有序地用于林业和生态保护建设。退耕还林工程还要积极吸引社会力量投资,运用市场手段履行全民义务植树的责任,积极开拓筹集社会资金的渠道,加大退耕还林工程生态效益补偿的力度。加大信贷投入，延长贷款年限，开通商业资金进入林业的渠道，使退耕还林工程成为具有比较优势的投资领域，务林者有利可图。①

其次，要加强退耕还林中有关林权制度改革的相关法规和制度的完善，确保退耕农户的收益有坚实的法律和政策保障。目前，相关林业法律法规对森林、林木行政管理方面的规定较为详尽，而对森林、林木经营者或者所有者的权利保障方面的规定比较少而且不具体。这就对退耕农户的合法权益保护带来了负面影响。政府应加强对退耕林地的用途管制，严格控制林业用地转作非林业用地，有林地逆转为无林地，这是巩固退耕还林工程成果的必要条件。要制定森林、林木和林地所有权或者使用权流转方面的法规，以保障退耕农户的合法权益和现实权益，调动广大农户经营退耕林地和从事管护工作的积极性，确保退耕还林工程的健康持续发展。与此同时，国家还应吸取退耕还林前期的经验教训，尽快出台相关法规和政策，加大对退耕还林中违法和腐败行为的惩戒力度，对破坏退耕还林工程建设的行为以严厉的法规约束和监督。

（四）建立和完善退耕还林工程相关主体的内在约束机制与外部监督机制

目前，退耕还林工程建设中的内在约束机制和外部监督机制不完善，使得相关管理不同程度地存在诸多不利因素。因此，在退耕还林的后续时期，应积极探索对退耕还林主体进行管理的内在约束机制和外部监督机制，并把二者有机地结合起来，为退耕还林后续政策的实施提供强有力的制度保障。

首先，应积极探索和完善退耕还林内在约束机制的建设。只有通过对退耕还林相关主体的内在约束机制的建设，才能使其由被动转为主动，由他律转为自律，真正把退耕还林建设转化为一种自觉的观念和行为。在目前的情况下，国家可以考虑建立一种退耕还林政策的风险与信用约束的内在机制，具体方式可采用“建立覆盖全社会涉及退耕还林工程主体的信用登记制度和独立信用评级机构，强化法律监督与制裁效力，健全市场与社会对退耕还林工程主体的外在信用约束机制。信誉评价制度建设刻不容缓，对承担退耕还林工程项目的各级政府及退耕农户的履约情况进行评价、打分，构

① 李璨．退耕还林工程后续政策研究［D］．北京：北京林业大学，2008：135.

建分类的信誉评价指标体系和信誉评价数据的管理系统;将履约差、信誉低的列入黑名单,公开发布,并视情节给予警告或取消一定时期、一定范围承担退耕还林工程任务的资格,以建立起内在的风险和信誉约束机制。组织和建立这种机制需要较长时间和较高成本。各级林业主管部门行使所有权选择承包者的依据应是对其业绩和信誉的考察。对承包者而言,一旦丧失信誉,便意味着丧失继续经营林业生态建设项目的机会,最终导致自己的损失。建立职业道德和敬业精神的内在约束和激励机制,有效地保证林业生态建设项目的进度、质量与费用控制”。①

除了这种有形的约束以外,还应发挥文化与舆论的约束作用。国家和全社会应加强生态文明的意识和宣传教育,树立和营造一种保护生态、爱护生态的生态文明观,在全社会形成一种保护生态、加强生态建设的舆论导向,力争使之内化于人们的心中,并最终形成一种生态道德观和价值观。

其次,应强化和完善退耕还林工程的外部监督机制。为了保证外部监督的准确可靠,就必须建立独立的监督评价机构,在目前的实际情况下,国家可以依据《审计法》,考虑建立直接受命于总理的总稽查特派员制度。在国家林业局,设立由总理直接任命的总稽查特派员办公室,其人员可由国家林业局、财政部和相关专家组成,负责对林业主管部门工作包括政府出资项目在退耕还林工程项目的规划、财政预算、资金使用、项目执行等各个方面进行定期或不定期检查。总稽查特派员办公室应规范日常巡检制度,每半年一次的报告制度,对项目工程实施检查的每月报告制度等相关制度建设。在检查中,各监督部门要尽量采用定量指标来衡量被检查者的行为,做到处罚层次分明并记录在案,纳入数据库管理以作为处罚的依据,也为日后的监管提供信息支持。通过建立规范和独立的监督机构与制度,切实改变原来事后监督检查和评价的离散性和时点性造成的弊端,建立一种事前、事中、事后全过程的动态性、连续性和长期性的监督检查的评价机制,真正把对退耕还林工程的监管落到实处,实现工程监管的程序化、制度化、定量化。

① 李璨. 退耕还林工程后续政策研究[D]. 北京:北京林业大学,2008:138~139.

此外,国家在强化相关机构外部行政监管的同时,还应充分运用现代科技手段,使相关的监督和评价工作更加科学化和全面化。例如,国家可以充分利用"3S"(RS、GIS、GPS)等现代技术手段直接获得退耕还林工程相关的建设数据和信息,结合相关部门实际的调查报告,建立退耕还林工程的相关数据库,为退耕还林工程的决策、规划和监督评价提供更加全面和科学的依据和手段。另外,国家也可以充分利用现代网络技术手段进行社会监督。可以在不泄露国家机密的基础上,把退耕还林工程的建设情况和相关的政策、制度以及检查评价结果定期公布于众,通过网络平台接受全社会的监督和约束,真正实现对退耕还林的全方位和全过程的约束和监督,促进退耕还林工程建设的可持续发展。

# 结论与讨论

（一）研究结论

在全书研究的基础上，得出了以下结论。

首先，在案例区——重庆万州区选择的9个生态指标实物和货币价值计算的基础上，得出万州区退耕还林年生态效益总价值为1045.48万元，同时得出9种生态指标效益的具体贡献，其中固碳释氧效益占总价值的44.22%，水土保持效益和水源涵养效益两者占总效益量的49.35%，说明实施退耕还林对增加三峡库区的森林覆盖率、减少水土流失等环境问题具有积极的抑制作用，符合实施该项政策的主要目的。这也从深层次表明生态状况的变化与具体的生态制度和政策的设计紧密相关。

其次，在社会经济效益方面，2000—2006年万州区退耕还林政策在社会经济方面的综合效益指数分别为0.0458、0.1365、0.2059、0.2646、0.3695、0.4758、0.5678，呈现出逐年增加的趋势。在选择的5个社会经济效益分领域，退耕还林政策的作用和影响差别明显，其中对社会结构和经济发展的作用最大，其次为人口素质和生活质量，对社会进步的作用最小。万州区退耕还林政策的社会经济效益说明：退耕还林政策在提高其社会经济效益方面还存在诸多缺陷；单一的政府主导模式和依靠林业部门一家来实施很难实现预期目标；退耕还林政策必须与“三农”问题的解决紧密结合起来，大力实行制度创新，才能实现预期目标。

最后，从农户意愿评价的角度来看，三峡库区的大部分退耕农户因各种因素的影响对退耕还林政策成效的评价存在差异，退耕还林政策与农户的利益既有一致地方也有矛盾和冲突之处。农户意愿评价的结果说明：退耕还林政策在调动退耕农户的积极性和维护其利益方面还有许多需要完善和改进的地方，巩固退耕还林成果的社会主体基础不稳定。

整体而言，我国的退耕还林政策取得了比较明显的阶段性效益，但由于制度设计上的缺陷和执行层面的某些偏离，政策成果的巩固还面临许多不确定因素。因此，如何克服现行退耕还林政策体系的制度缺陷和实现制度创新、建立一套具有系统性、科学性和前瞻性的政府主导下的激励相容的退耕还林后续政策体系，就成为巩固退耕还林政策成果的关键。

（二）研究讨论

目前，退耕还林工程已进入成果巩固的后续时期，为了实现成果的巩固和工程的可持续发展，还需对以下问题做进一步的探究。

第一，应进一步完善保障退耕农户的核心利益和基本生计的相关政策和机制建设。退耕还林政策应改变就林业搞林业的单一模式，应与解决“三农”问题等诸多重要建设紧密结合起来，在坚持系统性、科学性、前瞻性、全局性的原则下，建立一套完善的后续政策体系。

第二，退耕还林政策需要相关的理论指导。应充分运用生态经济学、区域经济学、产业经济学、制度经济学、生态修复学和公共政策学等相关学科的理论进行分析指导，认真总结现行退耕还林政策的问题和成果，积极吸取和借鉴国外成功的经验与教训，在“混合产权制度”安排的制度设计下，积极探索符合我国国情的能够实现多重激励相容的退耕还林后续政策体系，以促进退耕还林工程的可持续发展。

第三，在退耕还林后续时期，应实行分区域的补偿政策和产业政策；在补偿期限上，应实行动态化和差异化的管理方法；在具体的退耕模式上，应遵循分门别类的林地经营指导思想。

第四，在退耕还林后续政策体系的设计上，应坚持“政府由原来的以行政代理为主逐步转变到行政代理与经济代理相结合，逐步以经济代理为主；在坚持政府主导的前提下，积极引入市场机制和价格机制提高退耕还林政策的绩效；优化政府规制和进行林权相关产权制度改革，把退耕还林工程的外部性逐步内部化”的路径和指导思想。

第五，退耕还林后续政策体系应改变原来相关政策的模糊性和滞后性，从系统性、科学性、长期性和全局性的角度对退耕还林工程建设的主体政策、投资经营政策、产权政策、补偿政策、保险政策、后续产业扶持政策等政策进行全面的规划和设计。

第六，退耕还林后续政策体系的实施，还需要比较完善的保障机制和外部环境。在退耕还林后续时期，应逐步引进全社会多主体的参与机制、加强政策实施的相关立法机制建设，强化和完善相关主体的信用和风险等内在约束机制和外部监督机制的建设，积极完善相关评价和检查机制，使退耕还林政策真正落到实处。

我国的退耕还林工程建设任务艰巨，实施过程错综复杂，单凭国家林业部门一家难以完成，因此，在强调国家主导的前提下，应发动全社会的力量参与工程建设，促进退耕还林工程的可持续发展。要实现这样的局面，建立系统科学的退耕还林政策体系及其保障机制就成为关键所在。

# 参考文献

[1]国家林业局．中国林业统计年鉴(2002)[M]．北京:中国林业出版社,2003.

[2]国家林业局．中国林业统计年鉴(2003)[M]．北京:中国林业出版社,2004.

[3]国家林业局．中国林业统计年鉴(2004)[M]．北京:中国林业出版社,2005.

[4]国家林业局．中国林业统计年鉴(2005)[M]．北京:中国林业出版社,2006.

[5]国家林业局．中国林业统计年鉴(2006)[M]．北京:中国林业出版社,2007.

[6]国家林业局．中国林业统计年鉴(2007)[M]．北京:中国林业出版社,2008.

[7]国家林业局．中国林业统计年鉴(2008)[M]．北京:中国林业出版社,2009.

[8]重庆市统计局．重庆统计年鉴(2002)[M]．北京:中国统计出版社,2003.

[9]重庆市统计局．重庆统计年鉴(2003)[M]．北京:中国统计出版社,2004.

[10]重庆市统计局．重庆统计年鉴(2004)[M]．北京:中国统计出版社,2005.

[11]重庆市统计局．重庆统计年鉴(2005)[M]．北京:中国统计出版社,2006.

[12]重庆市统计局．重庆统计年鉴(2006)[M]．北京:中国统计出版社,2007.

[13]重庆市统计局．重庆统计年鉴(2007)[M]．北京:中国统计出版社,2008.

[14]重庆市统计局．重庆统计年鉴(2008)[M]．北京:中国统计出版社

社,2009.

[15]重庆市统计局．重庆直辖10周年数据与分析[M]．重庆:重庆出版社,2007.

[16]重庆市万州区统计局．万州统计年鉴(2003)[M]．重庆:重庆明捷印务有限公司印刷,2003.

[17]重庆市万州区统计局．万州统计年鉴(2004)[M]．重庆:重庆明捷印务有限公司印刷,2004.

[18]重庆市万州区统计局．万州统计年鉴(2005)[M]．重庆:重庆明捷印务有限公司印刷,2005.

[19]重庆市万州区统计局．万州统计年鉴(2006)[M]．重庆:重庆明捷印务有限公司印刷,2006.

[20]重庆市万州区统计局．万州统计年鉴(2007)[M]．重庆:重庆明捷印务有限公司印刷,2007.

[21]重庆市万州区统计局．万州统计年鉴(2008)[M]．重庆:重庆明捷印务有限公司印刷,2008.

[22]重庆市万州区统计局．万州统计年鉴(2009)[M]．重庆:重庆明捷印务有限公司印刷,2009.

[23]国家林业局经济发展研究中心,国家林业局发展计划与资金管理司．国家林业重点工程社会经济效益监测报告(2005)[M]．北京:中国林业出版社,2006.

[24]国家林业局经济发展研究中心,国家林业局发展计划与资金管理司．国家林业重点工程社会经济效益监测报告(2007)[M]．北京:中国林业出版社,2008.

[25]国家林业局经济发展研究中心,国家林业局发展计划与资金管理司．国家林业重点工程社会经济效益监测报告(2008)[M]．北京:中国林业出版社,2009.

[26]国家林业局经济发展研究中心,国家林业局发展计划与资金管理司．国家林业重点工程社会经济效益监测报告(2009)[M]．北京:中国林业出版社,2010.

[27]李世东,李文华．中国森林生态治理方略研究[M]．北京:科学出

版社,2008.

[28]李世东,陈幸良,马凡强,等.新中国生态演变60年[M].北京:科学出版社,2008.

[29]刘燕.西部地区生态建设补偿机制及配套政策研究[M].北京:科学出版社,2010.

[30]刘俊昌,李红勋,姜恩来,等.现代林业生态工程管理模式研究[M].北京:中国林业出版社,2008.

[31]国家林业局.全国林业生态建设与治理模式[M].北京:中国林业出版社,2003.

[32]李世东.中国退耕还林研究[M].北京:科学出版社,2004.

[33]国家林业局退耕还林办公室.退耕还林工程政策文件[M].北京:知识产权出版社,2006.

[34]罗贤伟,张键,胡庭兴,等.退耕还林理论基础及林草模式的实践应用[M].北京:科学出版社,2009.

[35]李育材.中国的退耕还林工程[M].北京:中国林业出版社,2005.

[36]张小燕,杨改河,等.中国西北地区退耕还林还草研究[M].北京:科学出版社,2005.

[37]崔海兴.退耕还林工程社会影响评价理论及实证研究[M].北京:知识产权出版社,2009.

[38]张蕾,Jeff Bennett,等.中国退耕还林政策成本效益分析[M].北京:经济科学出版社,2008.

[39]李世东.中国退耕还林优化模式研究[M].北京:中国环境科学出版社,2006.

[40]柯水发.农户参与退耕还林行为理论与实证研究[M].北京:中国农业出版社,2007.

[41]徐晋涛,秦萍,等.退耕还林和天然林资源保护工程的社会经济影响案例研究[M].北京:中国林业出版社,2004.

[42]杨明洪.退耕还林(草)工程的持续推进:农户补偿、自我发展与政府支持[M].成都:四川出版集团巴蜀书社,2007.

[43]樊根耀.生态环境治理的制度分析[M].西安:西北农林科技大学

出版社,2003.

[44]陈祖海．西部生态补偿机制研究[M]．北京:民族出版社,2008.

[45]董有浦．长江三峡库区坡耕地的侵蚀[J]．济南大学学报(自然科学版),2009,23(1).

[46]梁福庆．三峡库区生态环境保护研究[J]．水利经济,2008,26(1).

[47]王辉,等．三峡库区退耕还林模式的创建运用与评价[J]．林业科技与开发,2007,21(3).

[48]廖纯艳．三峡库区水土流失防治的实践与发展对策[J]．中国水土保持,2009(1).

[49]倪九派．三峡库区水土流失空间尺度效应与尺度转换研究[D]．重庆:西南农业大学,2005.

[50]贾卫国．我国退耕还林政策持续性研究[D]．南京:南京林业大学,2005.

[51]杨旭东．中国西部地区退耕还林工程效益评价及其影响研究[D]．北京:北京林业大学,2004.

[52]李周．生态环境治理评价[J]．林业经济,2001(8).

[53]支玲,邵爱华．退耕还林的实践与思考[J]．林业经济,2001(3).

[54]奉国强．退耕还林还草与发展西部经济政策建议[J]．林业经济,2001(1).

[55]奉国强．退耕还林政策分析与建议[J]．林业经济,2000(5).

[56]杨旭东,李敏,杨小勤．试论退耕还林的经济理论基础[J]．北京林业大学学报,2002,1(4).

[57]刘璠．退耕还林行为动因的经济分析[J]．北京林业大学学报,2003,2(4).

[58]张蕾．我国西部退耕还林经济学分析:基于外部性视角[J]．林业经济,2008(6).

[59]王继军．退耕还林还草的生态经济学基础[J]．农业经济问题,2003(8).

[60]王万山,廖卫东．退耕还林政策的产权经济学分析与优化构想

[J]. 中国农村经济,2002(12).

[61]王磊. 不完全产权视角下退耕还林补偿标准及期限研究[J]. 生态经济,2009(9).

[62]占绍文,赵尔奎. 退耕还林的经济学依据和可持续性分析[J]. 内蒙古大学学报,2004,36(5).

[63]郝爱民. 政府与农户的"委托—激励"模型的构建[J]. 云南财经大学学报,2009(2).

[64]王小龙. 退耕还林:私人承包与政府规制[J]. 经济研究,2004(4).

[65]樊耀东. 退耕还林边际内部成本中"信息不完全"的经济学福利分析[J]. 林业经济问题,2004(5).

[66]李文刚,罗剑朝,朱兆婷. 退耕还林政策效率与农户激励的博弈均衡分析[J]. 西北农林科技大学学报,2005(1).

[67]于转利,罗剑朝,张海鹏,等. 退耕还林(草)的博弈分析[J]. 西北农林科技大学学报,2005(3).

[68]柳亮,陈志丹. 政府与农户博弈的一个分析框架:基于退耕还林政策的分析[J]. 求索,2009(1).

[69]邢礼祖. 退耕还林中的寻租行为:基于四川省内江市的实例[J]. 中国农村观察,2008(3).

[70]赵新民,蒲春玲. 退耕还林政策博弈分析[J]. 新疆农垦经济,2009(8).

[71]柯水发,赵铁珍. 退耕还林工程利益相关者行为动态博弈分析[J]. 林业经济问题,2008(1).

[72]董捷. 退耕还林绩效问题研究[D]. 武汉:华中农业大学,2004.

[73]姚清亮. 河北省退耕还林工程效益评价研究[D]. 北京:北京林业大学,2009.

[74]安和平,卢名华. 贵州省退耕还林绩效与持续发展研究[J]. 亚热带水土保持,2008(3).

[75]王飞,李锐,温仲明. 退耕工程生态环境效益发挥的影响因素调查研究——以安塞县退耕还林(草)试点为例[J]. 水土保持通报,2002,

22(3).

[76]周文渊,赵岩,等. 安定区退耕还林工程的生态效益评价[J]. 中国农学通报,2009,25(20).

[77]秦伟,朱清科. 退耕还林工程的生态价值评估[J]. 北京林业大学学报,2009(5).

[78]王珠娜. 三峡库区退耕还林工程生态效益计量评价研究[D]. 海口:华南热带农业大学,2007.

[79]赵玉涛,余新晓,等. 退耕还林工程效益及社会影响[J]. 林业经济,2008(2).

[80]崔海兴. 退耕还林工程社会影响评价理论及实证研究[D]. 北京:北京林业大学,2007.

[81]周红,缪杰,安和平. 贵州省退耕还林工程试点阶段社会经济效益初步评价[J]. 林业经济,2003(4).

[82]吴转颖. 退耕还林试点阶段社会、经济、生态效益评价研究[D]. 北京:北京林业大学,2004.

[83]徐晋涛,曹轶瑛. 退耕还林还草的可持续发展问题[J]. 国际经济评论,2002(2).

[84]支玲,杨明,等. 退耕还林工程可持续发展能力评价指标体系研究[J]. 林业经济,2009(5).

[85]周映梅. 退耕还林(草)工程效益监测与评估技术[J]. 草业科学,2005,22(1).

[86]杨建波,王利. 退耕还林生态效益评价方法[J]. 中国土地科学,2003,17(5).

[87]尹少华,朱玉雯,等. 退耕还林工程综合效益评价指标体系研究[J]. 林业经济,2008(5).

[88]汪小勤,黎萍. 从“退耕还林”和“禁伐”政策的实施看对农民利益的补偿[J]. 改革,2001(3).

[89]黄富祥,康慕谊,张新时. 退耕还林还草过程中的经济补偿问题探讨[J]. 生态学报,2002,22(4).

[90]刘震,姚顺波. 黄土高原退耕还林补偿标准与补偿年限的实证分

析[J]. 林业经济问题,2008(1).

[91]杨明洪. 外部性校正之争与建立退耕还林还草补偿机制[J]. 财经科学,2002(3).

[92]张军连,陆诗文. 退耕还林工程中补贴政策的经济学分析及相关建议[J]. 林业经济,2002(7).

[93]黄立洪,柯庆明,林文雄. 生态补偿机制的理论分析[J]. 中国农业科技导报,2005,7(3).

[94]秦鹏,唐绍均. 退耕还林生态补偿制度的经济分析[J]. 重庆大学学报,2005,28(4).

[95]陈源泉. 基于生态经济学理论与方法的生态补偿量化研究[J]. 系统工程理论与实践,2007(4).

[96]延军平. 中国西北生态环境建设与制度创新[M]. 北京:中国社会科学出版社,2004.

[97]吴学灿,洪尚群,吴晓青. 生态补偿与生态购买[J]. 环境科学与技术,2006,29(1).

[98]马丽梅,樊胜岳,张卉. 建立市场化的退耕还林补偿制度探讨[J]. 中国生态农业学报,2009(3).

[99]联合国环境规划署,世界卫生组织. GEMS:全球环境监测系统全球环境污染评价[M]. 北京:中国环境科学出版社,1990.

[100]左伟. 基于RS、GIS的区域生态安全综合评价研究[M]. 北京:测绘出版社,2004.

[101]潘双庆. 国内发展指数(MDP)对我国国民经济核算的启示[J]. 统计与决策,2006(12).

[102]樊万选,戴其林,朱桂香. 生态经济与可持续性[M]. 北京:中国环境科学出版社,2004.

[103]宋先松. 西部地区生态建设补偿机制和评价体系研究[D]. 兰州:西北师范大学,2005.

[104]陈振明. 政策科学——公共政策分析导论[M]. 北京:中国人民大学出版社,2003.

[105]宁骚. 公共政策学[M]. 北京:高等教育出版社,2004.

[106]张金马．公共政策分析[M]．北京:人民出版社,2004.

[107]滕藤．生态经济与相关范畴[J]．生态经济,2002,18(12).

[108]尤飞,王传胜．生态经济学基础理论、研究方法和学科发展趋势[J]．中国软科学,2003(3).

[109]戴兴安,胡日利．退耕还林的经济特性及其风险分析[J]．林业经济问题,2007,18(1).

[110]李贤伟．退耕还林理论基础及林草模式的实践应用[M]．北京:科学出版社,2009.

[111]伍山林．企业性质解释:节约交易费用与利用社会生产力[M]．上海:上海财经大学出版社,2001.

[112][美]威廉姆森．企业制度与市场组织[M]．上海:上海三联书店,1996.

[113][美]诺斯．制度、制度变迁与经济绩效[M]．上海:上海三联书店,1994.

[114]杨小凯．经济学:新兴古典与新古典框架[M]．北京:社会科学文献出版社,2003.

[115][美]科斯,等．财产权利与制度变迁[M]．上海:上海人民出版社,1994.

[116]吴健．排污权交易——环境容量管理制度创新[M]．北京:中国人民大学出版社,2005.

[117][英]约翰·伊特韦尔,[美]默里·米尔盖特,[美]彼得·纽曼．新帕尔格雷夫经济学大辞典(第三卷)[M]．北京:经济科学出版社,1996.

[118][美]埃莉诺·奥斯特罗姆．公共事物的治理之道[M]．上海:上海三联书店,2000.

[119]卢现祥．西方新制度经济学[M]．北京:中国发展出版社,1996.

[120]戴星翼．环境与发展经济学[M]．上海:立信会计出版社,1995.

[121] Williamson O. E. The Economic Insititutes of Capitalism[M]. New York:Free Press,1985.

[122]黄少安．产权经济学导论[M]．济南:山东人民出版社,1995.

[123]林毅夫．财产权利与制度变迁[M]．上海:上海三联书店,1994.

[124]樊胜岳,马丽梅. 基于农户的生态治理政策绩效评价研究[J]. 干旱区地理,2008,31(4).

[125]王亚娟,刘小鹏,马俊杰. 贫困山区退耕还林(草)和禁伐政策实施低效的博弈解析[J]. 水土保持通报,2002,22(3).

[126]杨明洪. 退耕还林还草工程实施中经济利益补偿的博弈分析[J]. 云南社会科学,2004(6).

[127]李豫新,殷朝华. 退耕还林工程利益主体的博弈分析[J]. 石河子大学学报(哲学社会科学版),2004,4(4).

[128]曹扬,刘晶晶. 退耕还林过程中政府与农户行为的博弈分析[J]. 宁夏社会科学,2005(5).

[129]蔡邦成,温林泉,陆根法. 生态补偿机制建立的理论思考[J]. 前沿论坛,2005(3).

[130]环境科学大辞典编委会. 环境科学大辞典[M]. 北京:中国环境科学出版社,1991.

[131] Cupers Ruud. Guidelines for Ecological Compensation Associated with Highways[J]. Biological Conservation,1999(90).

[132]毛显强,钟瑜,张胜. 生态补偿的理论探讨[J]. 中国人口·资源与环境,2002(4).

[133]孔凡斌. 中国退耕还林工程政策[M]. 北京:中国环境科学出版社,2006.

[134]黄立洪,柯庆明,林文雄. 生态补偿机制的理论分析[J]. 中国农业科技导报,2005,7(3).

[135]蔡庆华,余晓龙. 对西部大开发中建立生态环境经济补偿机制的探讨[J]. 西部论坛,2004,6(6).

[136]吴礼军,赵铁珍,等. 全国退耕还林工程进展成效综述[J]. 林业经济,2009(9).

[137]马志林. 三峡库区坡耕地水土流失特征及防治效应研究[D]. 北京:北京林业大学,2009.

[138]胡晓静. 基于MMS的三峡库区森林流域暴雨水文过程研究[D]. 北京:北京林业大学,2007.

[139]赵剑,郭宏忠,等. 三峡库区水土流失类型划分及防治对策[J]. 中国水土保持,2010(1).

[140]殷洁,张京祥. 贫困循环理论与三峡库区经济发展态势[J]. 经济地理,2008(4).

[141]王海燕,周元. 关于三峡库区发展与移民工作的几点建议[R]. 中国科学技术发展战略研究院调查报告,2006(35).

[142]梁福庆. 水库城镇移民安置稳定问题研究[J]. 三峡大学学报(人文社会科学版),2007,(29)6.

[143]顾朝林,黄春晓. 三峡库区城镇移民迁建的问题与对策[J]. 长江流域资源与环境,1999(4).

[144]陈敏. 三峡库区的经济困局[J]. 瞭望新闻周刊,2004(19).

[145]崔莉,苏维祠,等. 三峡重庆库区产业空心化的成因与对策——以万州区为例[J]. 农业现代化研究,2009(2).

[146]张创新,刘雪华. 社会调查理论与方法[M]. 长春:吉林大学出版社,2003.

[147]高旺盛. 农业宏观分析方法与应用[M]. 北京:中国农业大学出版社,2009.

[148]卢敏. 农业应用技术创新中的农民参与式方法研究[D]. 北京:中国农业大学,2001.

[149]姚顺波. 产权残缺的非公有制林业[J]. 农业经济问题,2003(6).

[150]李璨. 退耕还林工程后续政策研究[D]. 北京:北京林业大学,2008.

[151]李晓峰. 中国新时期退耕还林(草)工程的经济分析[M]. 北京:中国农业出版社,2009.

[152]徐家琦,等. 在山区退耕还林工程中应用参与式方法及其问题分析[J]. 林业与社会,2004(1).

# 后　记

本书是在我的博士论文《三峡库区退耕还林政策绩效评估及后续制度创新》的基础上修改、完善而成。本书在写作过程中，得到了我的导师樊胜岳教授的悉心指导，他在整体框架的构筑、内容的充实、创造性思维开拓到最终成文定稿的全过程中都倾注了大量的心血。中央民族大学经济学院的刘永佶教授、张丽君教授、谢丽霜教授、宋才发教授、李克强教授，中国人民大学农业农村发展研究院的马九杰教授、中国科学院地理与资源研究所的董锁成研究员提出了宝贵意见，在此深表谢意。

在三峡库区实地调研期间，得到了重庆市万州区林业局和相关乡镇提供的方便，同时也收获了诸多宝贵建议。重庆三峡学院公共管理学院2008级学生潘嫣、汤海林、何建、陈奉兰、吴孝平、李婷婷、田维扬、陈晓华、蔡超凡、黄春红、柯贤鑫、闫新新、汤蕗、王崴峰、游传江、谭宝莲、向秀华等参与了实地调研和相关信息收集整理，湖北民族学院硕士研究生胡泽尧、杨秋浪、杨红、陈坦、左刻非、龚兆庆、宋文池等在本书的写作中进行了数据和相关材料的整理，对他们付出的辛勤劳动，在此表示衷心的感谢。

感谢湖北民族学院科技处、教务处、经济与管理学院、鄂西生态文化旅游研究中心的领导和老师们对本书出版的大力支持与帮助。

王孔敬

2013年10月